Hartwig Hausdorf/
Peter Krassa



# Satelliten der Götter

## In Chinas verbotenen Zonen

Ullstein

Ullstein Buchverlage GmbH,
Berlin
Taschenbuchnummer: 35686

Aktualisierte Ausgabe
Mit 56 Fotos und 11 Abbildungen
Umschlagentwurf: Vera Bauer
Unter Verwendung einer Abbildung von SSI/Bavaria

Die Taschenbuchausgabe erscheint mit freundlicher Genehmigung
der F. A. Herbig Verlagsbuchhandlung GmbH, München

Printed in Germany 1997
Druck und Verarbeitung:
Clausen & Bosse, Leck
ISBN 3 548 35686 9
April 1997
Gedruckt auf chlorfrei gebleichtem Papier

Die Deutsche Bibliothek – CIP-Einheitsaufnahme

**Hausdorf, Hartwig:**
Satelliter der Götter: in Chinas verbotenen Zonen / Hartwig
Hausdorf; Peter Krassa. – Aktualisierte Ausg. – Berlin:
Ullstein, 1997
(Ullstein-Buch; 35686: Ullstein-Sachbuch)

ISBN 3-548-35686-9
NE: Krassa, Peter:; GT

»Kommt ein Freund von weit her,
dann verdoppelt sich die Freude.«

*Altes chinesisches Sprichwort*

In Bewunderung und Dankbarkeit
dem Leiter der Forschungsakademie
im historischen Museum von Xian,
Herrn Professor Wang Shiping,
einem Wissenschaftler mit wachem Verstand...

*Die Autoren*

# Inhalt

Vorwort
*Keine Scheu vor kühnen Gedanken!* ............. 11

Auftakt
*Eine nicht ganz alltägliche Reise* ................ 15

Begegnung in Las Vegas 16 – Phantomjagd 18 – Eine heiße Spur? 20 – Schützenhilfe 21

1 Die »Himmelssöhne« kamen aus dem All
*Raumfahrt im alten Reich der Mitte* .............. 23

Grausame Bestimmung 24 – Himmelstempel kontra Kornkreise 25 – Rätselhafte Koinzidenz 26 – Die Steine der sieben Sterne 28 – Der Mythos vom »Fackeldrachen« 29 – Die »fliegenden Glocken« vom Kunlun-Gebirge 30 – Göttlicher P'an Ku 32 – Rückkehr zu den Sternen 33 – Das Volk der Flugzeugbauer 34 – Eine Raumstation? 34 – Licht für den Pharao – Licht für die Himmelssöhne? 36 – Ein phantastisches Zeichen 38 – Eine Buchstabenschrift in China 41 – Die Glyphen von Glozel 42 – Kosmonauten in Australien 44 – Ein »Gelber Gott« in Mittelamerika 45

2 Mythen und harte Tatsachen
*Unheimliche Begegnungen – damals und heute* .... 47

Rätselhafte »Glückswolken« 49 – Die fliegende Perle 51 – Bauer von einem UFO entführt 53 – Parallelen zu einem »klassischen« Fall 54 – Li Fu Siens verschollenes Regiment 56 – Aufregung in Fujian 58 – Der leuchtende Mann 59 – Begegnung mit einem »Man in Black« 60 – Der »Mann mit dem Riesenkopf« 63 – Mysteriöser Tod des Zeugen 64 – Verlorene Zeit 66 – »Blackout!« 67

3 Verbotenes Land
*Das Tabu der großen gelben Wüste* . . . . . . . . . . . . . 69

Was ist an der Story von den Glassicheln dran? 70 – Auf der Suche nach der »Schwarzen Stadt« 71 – Tödliche Nachbarschaft 72 – Chronologie der Plünderungen 75 – Antworten auf hartnäckige Fragen 76 – Blick in den geheimnisvollen »Strahlenschacht«? 80 – Rätselhafte Fundgrube 81 – Funde, die unser Weltbild wackeln lassen 83 – Zugang in die »Unterwelt«? 85 – Atomexplosion im Jahre 1910 86 – Unrühmliches Ende eines Alchimisten 87 – Hat der CIA die Beweise? 89 – Zwischenfall im Grenzgebiet 90 – In geheimer Mission verschollen 92 – Blitzkrieg 93 – Atomschlag gegen UFO-Basis? 94

4 So weit das Auge reicht
*Wir fanden die sagenumwobenen Pyramiden Chinas!* . . . . . . . . . . . . . . . . . . . . . . . . . 97

Rätselhafte Kräfte 98 – Pyramiden auf dem Mars? 99 – Ein Stich ins Wespennest! 100 – Qin Shi Huangdis letzte Ruhestätte 102 – Erst im Jahre 1991 entdeckt 104 – Shao Hao und der Goldene Schnitt 108 – Eine sehr alte Bauform 109 – Ein Wissenschaftler mit wachem Verstand 110 – Exakte Landvermessung 112 – Einflugschneisen der Götter? 113 – Die Pyramiden von Mao Ling 114 – Schlechte Aussichten 115 – Fremdwort »Denkmalschutz« 118 – Hat Gaussman Mao Ling fotografiert? 119 – Wo steht die »Weiße Pyramide«? 120 – Der Astronaut und die Pyramiden 122 – Auf dem Holzweg 123 – Im Tal der hundert Pyramiden 124 – Resümee 126

5 Auf den Spuren eines Mythos
*Neues von den »Schallplatten aus dem Kosmos«* . . . 129

Unheimliche Legenden nehmen Gestalt an 130 – Affen oder Außerirdische? 132 – »Wir wissen nichts...« 135 – Das atemberaubende Experiment 136 – Expedition ins »unheimliche Land« 137 – Dzopa = Dropa 139 – Ein Mythos – zwei Versionen? 140 – Auf Spurensuche vor Ort 141 – Eine Kopie in Ton? 143 – Mysteriöses Verschwinden 145 – Die »Kleinen mit den großen Köpfen« – Ein Exkurs 146 – Gelbe Sendboten im alten Amerika? 148 – Die Entdeckungen des William Niven 150 – Baian-Kara-Ula läßt grüßen 152 – »Astronauten« in Mexiko? 154 – Die »Kleinen mit den großen Köpfen« – Zurück vom Exkurs 157 – »Alles olle Kamellen« 158 – Das Dorf der Zwerge 159 – Sind sie's? 160 – Erstaunlich: kein Dementi! 161 – Wer war Tsum Um Nui? 162 – Tonträger vor 12000 Jahren? 164

6 Stille Wasser am Dongting-See
*Zu guter Letzt ein hochbrisanter Fund!* . . . . . . . . . . . 167

Geheimnisvolle Schreie 168 – Runde Pyramiden 171 – Spuren von einem Erdbeben? 173 – Der Drachenkönig vom Dongting-See 176 – Die Legende von der Dracheninsel 177 – »Wo, bitte, geht's zur Schlangeninsel?« 178 – Unter dem Boden des Dongting-Sees 180 – Die Suche geht weiter 181 – Ma Wang Dui – die hochbrisante Entdeckung 183 – Eine tadellos erhaltene Mumie 184 – Unerklärliches Wissen 185 – Phänomenale Kenntnisse der Astronomie 186 – Die Karte aus dem All 188 – Signale aus dem Weltraum 189 – Ein Satellit der »Götter« 191 – Mit Absicht im Orbit plaziert 193

7 Ein verschollener Beweis?
*Die »Chinakarte« des Piri Reis* . . . . . . . . . . . . . . . . 195

Wer ist der »richtige« Professor Leitner? 196 – Vetternwirtschaft auf osmanisch 198 – Sein Vorbild war Kolumbus 199 – Mallerys sensationelle Entdeckung 201 – »Seekönige« vor 12000 Jahren? 202 – Oder doch »von oben«? 205 – Satelliten? Welche Satelliten? 207 – Wer war Piri Reis? 209 – Ein unrühmliches Ende 210 – Außerirdische Einflüsse? 212 – Professor Leitners Erwägungen 214 – Spuren nach Fernost 215 – »Eine Karte von dieser Art...« 217 – Verschollene Vorlagen 219 – Wir suchen gemeinsam 220 – Ein Fall für die UNESCO! 222

Ausklang
*Es begann in Las Vegas* . . . . . . . . . . . . . . . . . . . . 225

Liebe Leserin, lieber Leser . . . . . . . . . . . . . . . . . . . 229

Danksagung . . . . . . . . . . . . . . . . . . . . . . . . . . . . 231

Dokumente . . . . . . . . . . . . . . . . . . . . . . . . . . . . . 233

Quellennachweis . . . . . . . . . . . . . . . . . . . . . . . . 235

Register . . . . . . . . . . . . . . . . . . . . . . . . . . . . . . . 241

# Vorwort
# Keine Scheu vor kühnen Gedanken!

Vor unzähligen Jahren lebte in den Bergen, am Rand des ewigen Eises, der steinalte Greis Yüan Shi Tien Wang. Er erzählte am liebsten von längst vergangenen Zeiten. Dies vermochte er so fesselnd und in solch bildhafter Sprache zu tun, daß all jene, die ihm gebannt lauschten, felsenfest davon überzeugt waren, Yüan Shi wäre bei all diesen Ereignissen selber zugegen gewesen. Einer seiner Zuhörer, Chin Hung, fragte den uralten Mann, wo er denn gelebt habe, bevor er sich auf diesem Berg niedergelassen hatte. Als Antwort hob Yüan Shi nur beide Arme empor und deutete schweigend auf die leuchtenden Sterne am unermeßlichen Firmament.

Chin Hung aber wollte sich damit nicht zufriedengeben. Er begehrte von dem weisen Mann zu wissen, wie dieser sich in der grenzenlosen Leere des Himmels zurechtfinden konnte. Während der noch darüber schwieg, traten plötzlich zwei erhabene Götter in ihren blanken Rüstungen hinzu. Einer der Götter tat kund: »Komm, Yüan Shi, wir wollen nun gehen. Wir werden durch die Dunkelheit des Universums wandern und an fernen Sternen vorbeifahren in unsere Heimat.«

Das ist die Legende von Yüan Shi Tien Wang, wie sie im »Dictionary of the chinese Mythology« geschrieben steht. Der Name des alten Mannes bedeutet übrigens soviel wie »der, den man König des Himmels nennt«.

Von den Sternen gekommene »Götter« in der Frühzeit Chinas ebenso wie in der Vorgeschichte vieler anderer Kulturen auf unserem Planeten?

Das Reich der Mitte ist ein wahrer Tummelplatz zahlloser Ungereimtheiten. Chinas Mythologie ist voll von »Königen des Himmels«, »Söhnen des Drachens« und weiterer des Fliegens mächtiger ominöser Gestalten, deren Herkunft geradewegs in den Weltraum weist. In unseren bisher erschienenen

Büchern[1,2,3] hatten wir schon einige Beispiele dafür angeführt – in diesem Buch jedoch findet der Leser Dinge, die er bislang noch nirgends präsentiert bekam.

Chinas zum Teil noch immer für den Normalsterblichen streng gesperrte, endlose Weiten stecken voller Rätsel und Geheimnisse, voller Hinweise auf die Präsenz der »Götter aus dem Kosmos«. Greifbare Artefakte, die so unglaublich erscheinen, daß man sie hier bei uns im Westen lieber gar nicht erst zur Kenntnis nimmt. Die sogar in China selbst kaum bekannt sind, da der Informationsfluß dort so gut wie nicht funktioniert. Immer wieder mußten wir feststellen, daß Chinesen die berichteten »handfesten« Tatsachen ungläubig und kopfschüttelnd aufnahmen, von ein paar Dingen allenfalls vage Gerüchte vernommen hatten. Anders bei einer Reihe von Wissenschaftlern, mit denen wir sprachen: Mit einigen Fakten haben wir voll in ein Wespennest gestochen!

Noch immer liegt über vielem ein Tabu. Die Angst, riskante Ideen zu denken oder gar auszusprechen, ist noch weit verbreiteter, als wir angenommen hatten. Bis auf ganz wenige, rühmliche Ausnahmen...

Über viele Rätsel aus dem Fernen Osten wurde bei uns in den letzten Jahrzehnten viel spekuliert – und noch mehr von Autor zu Autor zitiert. Voran ging aber nichts. Das konnte und wollte uns nicht mehr genügen. So machten wir uns als *erste* Ausländer auf den Weg, um endlich an jene Stätten zu gelangen, über die nicht nur wir in unseren Büchern berichtet hatten. In der Hoffnung, endlich den einen oder anderen weißen Fleck auf unserer Landkarte der »Götterbesuche« auf dem blauen Planeten Erde tilgen zu können.

Was wir fanden, übertraf alle unsere Erwartungen! So haben wir tatsächlich die geheimnisumwobenen chinesischen Pyramiden ausfindig gemacht und fotografiert – sie lassen sich nicht mehr wegdiskutieren. Wir fanden zahlreiche neue Mosaiksteine für unsere Theorie der »Götterbesuche« aus dem All, aber auch unerwartet neue Aspekte zu »alten« Rätseln. Es ist Bewegung in die ganze Sache gekommen. Und wir konnten mit führenden Archäologen des Landes sprechen.

Dabei trafen wir einen Wissenschaftler von der Art, wie man sich mehr wünscht: Professor Wang Shiping, den Leiter der Forschungsabteilung des historischen Museums der Provinz Shaanxi zu Xian. In ihm lernten wir einen Forscher kennen, der es wagt, auch ungewöhnliche Dinge beim Namen zu nennen. Er war es auch, der uns auf eine sensationelle Entdeckung aufmerksam gemacht hat, über die Sie, liebe Leser, in diesem Buch erstmalig informiert werden. Es handelt sich um eine Landkarte aus einem über 2000 Jahre alten Grab, die so verblüffend genau ist, daß uns der oben erwähnte Professor wörtlich erklärte:

»Wenn es nicht so phantastisch klingen würde, müßte man sagen, das Vorbild für diese Karte – oft und immer wieder kopiert – war eine Satellitenaufnahme, die damals von einem im Erdorbit kreisenden Raumschiff aus gemacht worden ist.«

Diese phantastische Schlußfolgerung, ausgesprochen von einem anerkannten, hochrangigen Archäologen, zeigt uns, daß wir auf der richtigen Spur sind. Uns ist es als ersten Ausländern gelungen, Chinas verbotene Zonen zu betreten. Wir haben jetzt »den Fuß in der Tür«, und weitere, aufsehenerregende Entdeckungsreisen werden folgen. Begleiten Sie uns auf dieser Expedition in eine Welt voller Rätsel und Geheimnisse, die sich nun ganz vorsichtig zu öffnen beginnt.

Und keine Scheu vor kühnen Gedanken!

*Hartwig Hausdorf*
*Peter Krassa*

# Auftakt
# Eine nicht ganz alltägliche Reise

Es war der 8. Juli 1993. Erich von Däniken war zu Gast und hielt mir für eine Studienreise nach Peru und Bolivien einen Lichtbildervortrag. Er war eigens dafür aus seinem Schweizer Domizil nach Burghausen gekommen, einem kleinen Städtchen direkt an der österreichischen Grenze. Ein interessiertes Publikum dankte dies mit einem bis auf den letzten Platz besetzten Saal. Etwa fünfhundert Zuschauer hatten diesen warmen Sommerabend schlicht ignoriert, zogen die Diaschau unseres berühmten Schweizer Freundes anderen Vergnügungen vor.

Kurz zuvor hatte ich das Manuskript für mein erstes Buch, »Die Weiße Pyramide« – damaliger Titel war noch »Rückkehr der gelben Götter« in Anlehnung an einen früheren Buchtitel meines jetzigen Co-Autors Peter Krassa[1] –, an den Verlag gesandt. Nun war die Zeit der Ergänzungen und Verbesserungen, die Stunde des Lektorats gekommen. Und mein Gehirn war fast am Platzen. Mir gingen jede Menge weitere mögliche Themen für ein Buch durch den Kopf. Mein Lektor Hermann Hemminger hielt mich konstant auf Trab. Und Erich von Däneken gab mir für die im Oktober bevorstehende Südamerikareise reihenweise wertvolle Insidertips. Er weiß aus Erfahrung am besten, an welchen Stellen wirklich sensationelle Funde liegen, die aber von den offiziellen Fremdenführern ungern den Touristen präsentiert werden.

Bevor wir mit ihm den erfolgreich verlaufenen Abend in der Gastronomie eines ehemaligen bayerischen Innenministers gemütlich ausklingen ließen, meldete sich ein gewisser Herr Chen Jianli zu Wort. Chinese, wie sein Name schon vermuten läßt, und aus der Stadt Xian stammend, arbeitet er seit dem erfolgreich bestandenen Abschluß seines Touristikstudiums in Deutschland. An diesem Abend berichtete ich ihm von rätselhaften Artefakten in seiner Heimat, über die ich in meinem gerade fertiggestellten Manuskript geschrieben hatte.

Unter anderem auch von teilweise riesigen Pyramiden in der Umgebung seiner Geburtsstadt Xian. Hellhörig geworden, entsann er sich, schon selbst von mehreren Pyramiden in jener Gegend gehört zu haben. Mehr noch, er wußte sogar einen Ort zu benennen. Unweit von Mao Ling, etwa 50 Kilometer westlich von Xian, würden etliche große Pyramiden stehen. Mit Plattformen an deren Spitzen, wie bei ihren Pendants in Mexiko und in Guatemala. Es entspann sich eine lebhafte und interessante Diskussion, in deren Verlauf mir der freundliche Chinese ein verlockendes Angebot machte. Er habe gute Freunde in einflußreichen Positionen in der Volksrepublik, und er würde versuchen, alle seine guten Kontakte in die Waagschale zu werfen. Er wollte mir und eventuell ein paar Interessierten die Reise an jene geheimnisumwobenen Orte ermöglichen. Als Chinese weiß er nur zu gut, daß es in seiner Heimat noch viele Landstriche gibt, die sogar dem »Normalchinesen« verwehrt sind. Darum sieht er die Berichte über mysteriöse Funde und riesige Pyramiden im Reich der Mitte keineswegs als Unsinn an.

Es *konnte* gar nicht anders kommen: Mir wurde klar, daß ich wieder nach China *mußte*!

## Begegnung in Las Vegas

2. August 1993, knapp vier Wochen später, am anderen Ende der Welt. In Las Vegas hatte der Weltkongreß der »Ancient Astronaut Society« (AAS) begonnen. Man feierte das zwanzigjährige Bestehen dieser Organisation, deren Mitglieder das Sammeln und Publizieren von Indizien betreiben, die auf außerirdische Besuche in der Geschichte der Menschheit hindeuten.

Die Einreise- und Zollformalitäten auf dem L. A. International Airport hatte ich zügig hinter mich gebracht; der Immigration Officer sprach schnelle, aber freundliche Worte. Amerikaner haben eben für gewöhnlich wenig Zeit und sprechen dafür um so schneller.

Eine Stunde Flug nach Las Vegas, der größten Spielhölle der Welt in der Wüste von Nevada. Höllisch heiß war es auch draußen mit 48 Grad Celsius – im Schatten, wohlgemerkt! Im klimatisierten »Imperial Palace Hotel« traf ich Peter Krassa. Ihn hatte ich erst wenige Tage zuvor in einem Brief um Hilfe bei der Beschaffung des bislang einzigen bekannten Fotos der »Weißen Pyramide« gebeten – es wurde erstmalig in meinem gleichnamigen Buch veröffentlicht. Nun konnten wir alles persönlich viel besser besprechen. Peter war natürlich am Thema China und Fernost brennend interessiert, hatte er doch selbst zwei lesenswerte Bücher über dortige Götterspuren verfaßt.[1,2] Als ich ihm ganz vorsichtig meine berechtigten Aussichten andeutete, an einige gesperrte Orte in der Volksrepublik China zu gelangen, packte auch ihn das Expeditionsfieber. Ich fragte Peter frei heraus, ob er sich vorstellen könne, an solch einer Forschungsreise teilzunehmen. Er sagte gleich zu – und ich war froh, in ihm einen so kompetenten Begleiter dabeizuhaben.

Was mir imponierte, war seine zielgerichtete Spontaneität. Sie ist mir irgendwie vertraut, bin ich doch selbst fast drei Monate im Jahr auf Reisen und lasse mich gerne von plötzlichen Eingebungen leiten.

In den beiden darauffolgenden Wochen war ich mit Erich von Däniken in Mexiko unterwegs. Es ging an die wichtigsten Stätten seiner Bücher in diesem Land: Chichen-Itza, Teotihuacan und vor allem Palenque. Dort befindet sich, tief im Innern einer Pyramide, jene Grabplatte, die durch Erichs Erstlingswerk[4] berühmt wurde. Eine steile, glitschige Treppe führt zu ihr hinunter. Wer nach diesem nicht ungefährlichen Abstieg dann unbefangen vor ihr steht, dem stellt sich die darauf verewigte Gravur tatsächlich als technisches Szenario dar. Über die Interpretationsversuche der klassischen Archäologie – »stilisierte Barthaare des Wettergottes« oder »mythologisches Monster« und ähnlicher Habakuk – konnte ich nur mehr verhalten lächeln. Zu deutlich springt dem Betrachter die Ähnlichkeit mit einem Raumfahrer in seinem Weltraumvehikel ins Auge.

Für mich selbst war diese Reise auch ein persönliches Highlight. Fast auf den Tag genau 25 Jahre nachdem ich mich erstmals für diese Rätsel der Menschheitsgeschichte zu interessieren begann, stand ich an einem der Hauptschauplätze. Zusammen mit dem Menschen, der die ganze Lawine ins Rollen gebracht hatte. Ich fühlte mich großartig, trotz der fast hundertprozentigen Luftfeuchtigkeit des tropischen Urwaldes. Sie rann – als Schweiß – einfach an mir herab.

Doch zurück zu der geplanten Expedition nach China. Bereits in Las Vegas hatte mir Diplombibliothekar Ulrich Dopatka eine Landkarte der Provinz Hunan in die Hand gedrückt. Dort befindet sich – ebenfalls in für Touristen gesperrtem Gebiet – der geheimnisumwitterte Dongting-See. Auch dort waren wir die ersten Ausländer, die man suchen ließ, und auf einer zweiten Expedition im Oktober 1994 sollte ich noch mehr von diesem Sperrgebiet zu sehen bekommen. Die Karte und die Kopie einer Satellitenaufnahme sollten uns bei unseren Nachforschungen am Dongting-See noch gute Dienste leisten.

## Phantomjagd

Zurückgekehrt nach Deutschland, ging es jetzt ans Konkretisieren der Reisepläne. Welche Orte sollte man ins Auge fassen? Gibt es verläßliches und genaues Kartenmaterial, oder fallen diese Stätten noch immer unter strengste militärische Geheimhaltung? Über allem schwebte ja auch noch das allgegenwärtige Damoklesschwert, ob wir überhaupt eine Genehmigung bekommen würden, die Orte unseres Begehrens zu besuchen. Denn *vor uns* hat es ja, zumindest in den letzten 50 Jahren, kein Mensch geschafft, dorthin zu gelangen!

Was die Karten betraf, sollte es noch bis Januar 1994 dauern, bis meine chinesischen Bekannten aus der Reisebranche einigermaßen fündig geworden waren. Immerhin hatten sie in ihrer Heimat Gott und die Welt in Bewegung gesetzt, nur weil sich zwei Buchautoren eine höchst abenteuerliche und spektakuläre Sache in den Kopf gesetzt hatten. Die ganze Aktion nahm oft genug den Charakter einer richtigen Phantomjagd an.

Zwischenzeitlich feilte ich am Reiseplan. Ausgangs- wie Endpunkt sollte die Hauptstadt Beijing sein, sie verfügt ja auch über die besten internationalen Flugverbindungen in ganz China, einmal abgesehen von Hongkong. Von Beijing in die Hauptstadt der Provinz Shaanxi, Xian, wo die ersten Highlights warteten: das »Banpo-Museum« und vor allem die umstrittenen Pyramiden in der weiteren Umgebung der Stadt. Weiter per Flugzeug nach Lanzhou und Jiuquan, dem Ausgangsort für einen in Aussicht stehenden Abstecher in die Wüste Gobi. Würden wir Char Choto, diesen sinistren Ort nördlich der legendären Seidenstraße, nahe der Grenze zur Mongolei, erreichen? Schließlich nach Changsha in der Provinz Hunan, dem nächstgelegenen Flugplatz in der Nähe des vielzitierten Dongting-Sees. Auf den Besuch dieser Stätten hoffte Peter Krassa schon seit fast 20 Jahren. Noch 1982 wurde ihm der Zugang kategorisch verwehrt, und jetzt konzentrierten sich alle Erwartungen auf diese Forschungsreise.

Eines wurde uns, je näher der Abreisetag rückte, immer deutlicher bewußt: Wir würden sehr viel improvisieren müssen! Und diese Notwendigkeit lag nicht etwa an einer mangelnden Kooperationsbereitschaft der Chinesen. Beileibe nicht. Doch es gibt ein altbekanntes Problem in China. Das Land ist riesengroß, Informationsaustausch in den allermeisten Fällen noch immer reine Glückssache. Und viele Orte sind der staatlichen Tourismus-Organisation »Lüxingshe« bzw. »CITS« schlicht und ergreifend kein Begriff. Weil sie in kein Schema der gängigen China-Rundreisen passen.

So kabelte man noch Anfang Februar 1994 aus China die bange Frage: »Was und wo ist Char Choto?« Nachdem sich der allererste Schreck einigermaßen gelegt hatte, schlug ich meinen altbewährten Weltatlas auf, machte eine vergrößerte Fotokopie der betreffenden Seite und schickte sie an Chen Jianli mit der Bitte um sofortige Weiterleitung. Schließlich sollten unsere Partner in der Volksrepublik auch von unserer Seite mit möglichst vielen Informationen versorgt werden.

Um es gleich vorwegzunehmen: Auf eine Erkundung der Wüste Gobi mußten wir vorerst verzichten. Dies hatte zwei gewichtige Gründe. Zum einen befindet sich in diesem Gebiet eine Militäreinheit der Chinesen, die mit taktischen Atomwaffen ausgerüstet ist. No-go-area, da gab es nichts zu machen, und die Gefahr, als potentieller Spion erschossen zu werden, ist selbst bei vergleichbaren Einrichtungen in westlichen Ländern gegeben. Der zweite Grund war wesentlich profaner, wovon wir uns auf dem Hinflug durch einen Blick aus dem Flugzeugfenster überzeugen konnten. Mitte März herrschte noch tiefster Winter in der Gobi, alles war schneeweiß! Und der Flughafen von Jiuquan war geschlossen.

Aber trotz alledem: Mit leeren Händen kamen wir – selbst in Sachen Wüste Gobi – nicht zurück. Und aufgeschoben ist bekanntlich auch nicht aufgehoben...

## Eine heiße Spur?

Irgendwann um die Jahreswende 1993/94 klingelte das Telefon. Peter Krassa rief aus Wien an und erging sich in höchst geheimnisvollen Andeutungen, einer »ganz heißen« Sache auf der Spur zu sein. Ein Professor Wilhelm Leitner habe Informationen über einen bis dato verschollenen Teil der berühmten Piri-Reis-Karte. Im Jahre 1929 in einem Nebenraum des Topkapi-Palastes in Istanbul zufällig wiederentdeckt, zeigen die Karten die Küstenlinien des südamerikanischen Kontinents und der Antarktisregion. Pikanterweise in ihrem Zustand vor der letzten Eiszeit – denn selbst einzelne Buchten, die heute unter dem Eis liegen, sind in ihren Umrissen exakt eingezeichnet.

Es wurde festgestellt, daß der überwiegende Teil der Angaben auf den Anfang des 16. Jahrhunderts benutzten Karten geradezu unheimlich genau der Wirklichkeit entspricht. Aber eines fiel den Kartographen, die sie in den fünfziger und sechziger Jahren genau untersuchten, sehr bald auf: eine Verzerrung, die den Eindruck erweckt, als wären sie (beziehungsweise ihre Vorlagen) aus großer Höhe aufgenommen worden. Und zwar noch *vor* Beginn der letzten Vereisungsperiode! Vergleiche mit modernen Aufnahmen zeigen frappierende Übereinstimmungen. Wer waren die unbekannten Wesen, die unseren Planeten schon vor so langer Zeit aus großer Höhe vermessen und kartographiert haben?

In irgendeinem Pekinger Archiv nun sollte ein bislang unbekannter und seit Jahrhunderten verschollener Teil dieser Karten, und zwar mit der östlichen Hemisphäre darauf, verborgen sein. Tatsächlich konnte Co-Autor Peter Krassa nach kurzer Suche jenen Professor Leitner ausfindig machen. In der steirischen Hauptstadt Graz traf er sich wenige Wochen vor unserer Abreise nach China zu einem Interview mit ihm. Gab es Anhaltspunkte über den Verbleib des Reliktes, dessen Entdeckung eine echte Sensation bedeuten würde?

Professor Leitner konnte zu unserer Spurensuche den Hinweis beitragen, das gesuchte Stück sei wahrscheinlich in der Akademie der Wissenschaften in Beijing archiviert – ein unschätzbar wertvolles Relikt, von aller Welt vergessen. Wir müßten dann vor Ort versuchen, den zuständigen Experten ausfindig zu machen.[5]

Uns stand die berühmte »Suche nach der Stecknadel im Heuhaufen« bevor – doch wir sollten zu guter Letzt hochkarätige Unterstützung aus einer gänzlich unerwarteten Ecke erhalten!

## Schützenhilfe

Zu unserer Unterstützung, als Dritte im Bunde, gesellte sich schließlich noch Julia Zimmermann zu der Expedition. Heute pensioniert und in Bonn lebend, war sie lange Zeit als Diplombibliothekarin an der Universität Düsseldorf tätig. Mehrere Jahre lebte sie in Indien, wo sie als Mitarbeiterin von Professor Dileep Kumar Kanjilal tätig war. Als profunder Kenner des

*Sanskrit* wies dieser in seiner akribisch ausgeführten Dokumentation[6] die »Vimanas« aus den altindischen Heldenepen eindeutig und zweifelsfrei als Flugapparate technischer Herkunft nach. Und Julia Zimmermann übersetzte das Werk ins Deutsche.

Sie interessiert sich nebenbei auch für die seltsamen Kornkreise und hat in diesem Zusammenhang eine verblüffende Entdeckung gemacht. Peter Krassa hat diese im Bildteil seines vorhergehenden Buches nur ganz kurz angerissen.[7] Ihr fiel auf, daß das Aussehen einiger Kornkreise in England nahezu haargenau dem Grundriß des Himmelstempels in Beijings »Verbotener Stadt« gleicht. Ist alles nur Zufall, oder steckt etwas Mysteriöseres dahinter? Alles über diese höchst seltsame Koinzidenz hat uns Julia Zimmermann ausführlich für dieses Buch berichtet.[8]

Julia hatte ein paar Jahre zuvor die legendäre *Seidenstraße* bereist, per Bus und in einer Reisegruppe. Da sie wie Peter Krassa und ich an Götterspuren im bisher vernachlässigten Ostasien brennend interessiert ist, packte sie ihre Koffer und flog mit.

Das Abenteuer China konnte beginnen!

*H. H.*

# 1 Die »Himmelssöhne« kamen aus dem All
## Raumfahrt im alten Reich der Mitte

»A more open China is waiting for you« – »Ein offeneres China erwartet Sie«, lautete das Motto auf einer mehr als haushohen Plakatwand, als wir auf dem neuerbauten »Airport Expressway«, der Stadtautobahn Beijings, in die atemberaubend wachsende Hauptstadt der Volksrepublik gefahren wurden.

Nur eine knappe Stunde zuvor waren wir nach ruhigem, etwas über neunstündigem Nonstopflug von Frankfurt aus mit einer Boeing 747 der Deutschen Lufthansa gelandet. Die Paßformalitäten waren erstaunlich schnell erledigt, Fahrer und Dolmetscher hatten uns im Gewühl des Flughafens schon erwartet. Jetzt machten wir uns Gedanken, inwieweit wir diesem überdimensionierten Begrüßungsspruch trauen durften. Denn schließlich war unser Trip alles andere als eines jener Standardprogramme, die den Touristen aus aller Herren Länder geboten werden, die seit ein paar Jahren – nach den unseligen Vorfällen vom »Platz des Himmlischen Friedens« – wieder in Scharen nach China kommen. Eines ist sicher: Die »Große Mauer« und die »Terrakotta-Armee« gehören noch immer zu den unbestrittenen Rennern unter Chinas touristischen Attraktionen. Die Ziele *unserer* Reise waren sie nicht!

Und doch kam uns eine schaurige Überlieferung in den Sinn, die sich um die Entstehung eines dieser staunenswerten Relikte aus der Vergangenheit des Reiches der Mitte rankt.

## Grausame Bestimmung

Der Blutzoll an Menschenleben, den der Bau der Chinesischen Mauer vor rund 2200 Jahren forderte, war erschreckend hoch. Jeden Tag starben viele Arbeiter an Unfällen, Krankheiten oder schlicht vor Erschöpfung. Dies kümmerte den Bauherrn, Kaiser Qin Shi Huangdi (259–210 v. Chr.), aber herzlich wenig. Er hatte nur das eine Ziel vor Augen: die nördliche Grenze des Reiches gegen die »Barbaren« und »Dämonen« aus dem Norden zu sichern. Wir wissen zumindest, wer mit »Barbaren« gemeint war: die Mongolen.

Der Kaiser setzte zunächst seine Armee zum Bau der Befestigungsanlage ein. Den Aufzeichnungen damaliger Historiker zufolge sollen 300 000 Soldaten mit den Arbeiten beschäftigt gewesen sein. Damit kam man aber nicht mit der gewünschten Schnelligkeit voran. Also öffnete man die Gefängnisse und schickte auch Räuber, Mörder und andere Schwerverbrecher an die Großbaustelle. Als nächste ließ der unerbittliche Bauherr Gelehrte und Geschichtsschreiber – heute würde man sie »Intellektuelle« nennen – einspannen. Als auch diese Maßnahmen noch nicht ausreichten, wurden kurzerhand große Teile der Bevölkerung dienstverpflichtet. Nach den zeitgenössischen Aufzeichnungen holte man jeden dritten männlichen Chinesen zum Mauerbau. »Wenn dir eine Tochter geboren wird, dann ertränke sie«, hieß es in einem chinesischen Klagelied aus jenen Tagen, »wenn dir aber ein Sohn geboren wird, so ziehe ihn nicht auf. Siehst du nicht, wie die Große Mauer auf Haufen von Leichen errichtet wird?«

Als die Zahl der Opfer begann, ins Grenzenlose zu steigen, verbreitete sich unter den Geschundenen eine unheilvolle Prophezeiung. Noch bevor der letzte Stein des Walls eingefügt und das Werk vollendet sei, hieß es, würden zehntausend Menschen darin ihr Grab gefunden haben.

Die Voraussage drang bald bis zu Kaiser Shi Huangdi vor. Der verfügte, dafür zu sorgen, daß sie in Erfüllung geht, denn er spekulierte darauf, daß sich die aufkeimende Unruhe unter den Arbeitern dann legen würde und diese dann noch härter als ohnehin schufteten. Er ließ seine Schergen im ganzen Reich suchen, bis sie einen Mann gefunden hatten, der den Namen »Wan« trug, was im Chinesischen soviel wie »zehntausend« bedeutet. Auf den Bedauernswerten wartete nun ein grausames Schicksal: Lebendig wurde er in der »Mauer der zehntausend Meilen«, oder auf chinesisch »wan li chang ching«, eingeschlossen.

Sein Name ist in Erinnerung geblieben an die unmenschliche Bestimmung, die ihm der Qin-Kaiser zugedacht hatte. Und noch heute liegen seine Gebeine unter der Mauer begraben, wie auch die Überreste jener *hunderttausend* anderen, die mit ihm zu Tode kamen. Als ein »Wall aus Blut und Tränen« ging die Chinesische Mauer in die Geschichte ein.[9, 10]

Eine ganz andere Geschichte wird gleichfalls mit dem unseligen Bau der Großen Mauer in Verbindung gebracht. Viele Chinesen haben übereinstimmend berichtet, daß sie in den letzten Jahren wilde »Affenmenschen« in der Gebirgsregion der Provinz Hubei beobachtet hätten. Ein Zeuge will sogar von einem dieser Wesen angegriffen worden sein. Zuletzt konnte er sich nicht anders helfen, als die am ganzen Körper behaarte Kreatur zu erstechen.

In einer uralten Überlieferung findet sich eine eigenwillige Interpretation über die Herkunft dieser Affenmenschen. Es heißt, daß sich eine Gruppe von Untertanen geweigert habe, beim Bau der Chinesischen Mauer zu helfen. Von den Soldaten des Kaisers verfolgt, blieb ihnen nichts übrig, als in die Berge zu fliehen, wo sie sich in einen primitiven Zustand zurückentwickelt hätten. Sie wurden schließlich, so die Überlieferung, zu haarigen und affenähnlichen Geschöpfen.[11]

## Himmelstempel kontra Kornkreise

Unsere Reisebegleiterin Julia Zimmermann – die wie wir bereits mehrmals in China war – hat zwei Fotos beigesteuert, die merkwürdige Assoziationen zu wecken vermögen. Auf diesen Bildern sind eine Kornkreisformation aus der englischen Grafschaft Wiltshire zu sehen sowie eine Luftaufnahme des Himmelstempels in Beijing, des »Tiantan«. Beide aus derselben Perspektive fotografiert. Die Übereinstimmung der Grundrisse ist verblüffend!

Wie sie auf den Vergleich und die frappierende Ähnlichkeit gekommen ist, schrieb Julia Zimmermann einem der Autoren wenige Tage vor der Abreise nach China:

»Die Kornkreise begannen mich zu faszinieren. 1990 und 1991 versuchten wir (eine Kornkreis-Studiengruppe, d. Verf.), soviel wie möglich über sie zu erfahren. Im Jahr darauf hatte ich die Möglichkeit, in England an einem Kornkreis-Kongreß teilzunehmen und auf den Feldern auch Kreise aufzuspüren. Von dem Kongreß brachte ich Bilder von Piktogrammen und die Berichte darüber mit. Und natürlich diskutierten wir auch intensiv über Fälschungen.

Noch ganz erfüllt von der ›Kornkreiserei‹, fuhr ich kurz danach mit einer Gruppe in die Volksrepublik China, um zu einer Reise auf den Spuren von Marco Polo zu starten. Selbstverständlich nicht, ohne zuerst Beijing zu durchstreifen. Am zweiten Tag ging es zum ›Tiantan‹, dem Tempel des ›Himmlischen Friedens‹, meist nur kurz Himmelstempel genannt. Diesen betritt man durch das südliche Tor, um linkerhand auf eine großbemessene Schautafel zu stoßen, die in eindrucksvoller Weise ein Luftbild der gesamten Anlage zeigt. Eine Luftaufnahme, wie man sie bekommt, wenn man mit einem kleinen Flugzeug schräg von oben auf den Tempelkomplex zufliegt.«

## Rätselhafte Koinzidenz

»Überrascht blieb ich stehen, denn haargenau diese Grundformation hatte ich von einer Fotografie der englischen Kornkreise noch klar im Gedächtnis. Ich fotografierte die Tafel, aber Wochen später mußte ich feststellen, daß gerade dieser Film nichts geworden war. Doch das Bild bekam ich trotzdem. Während sich nämlich die restliche Gruppe auf den steilen

Steigen der Großen Mauer dem Sturm und Wind aussetzte, kramte ich in verschiedenen Buchläden der Hauptstadt und wurde fündig. Ein Bildband zeigte tatsächlich diese Schautafel mit dem Grundriß des Himmelstempels. Jenem Grundriß, der in so verblüffender Vollendung einem Kornkreis glich, den der englische Forscher Busty Taylor 1991 nahe der Stadt Marlborough im Süden von England aus derselben Perspektive fotografiert hatte.

Ich erstand den Bildband. Und als ich ein paar Wochen später nach Deutschland zurückkehrte, stellte ich fest, daß meine Erinnerung mich nicht getrogen hatte. Ich sandte beide Bilder an Mr. Taylor. Auch er war sehr verblüfft. Eine plausible Erklärung für diese rätselhafte Koinzidenz haben wir nicht gefunden.«[8]

Der Vollständigkeit halber bleibt hier nur noch nachzutragen, was über die Tempelanlage bekannt ist. Der Himmelstempel ist ein Meisterwerk der Architektur aus der Ming-Zeit (1368–1644). Er wurde im fünfzehnten Jahrhundert für wichtige Rituale erbaut und sollte die immerwährende Herrschaft der Dynastie dokumentieren. Erinnern wir uns: Die kaiserlichen Dynastien im alten China leiten ihre Herkunft von den Göttern aus dem Himmel ab! Der Kaiser stellte an diesem Ort die Eintracht zwischen Himmel und Erde her (!), wenn er den Göttern über die Tätigkeit seiner irdischen Regierung berichtete. Den Himmelsaltar verstand man als höchsten Punkt der Erde, der vom Kaiser mit dem niedrigsten Punkt des Himmels mittels bestimmter Zeremonien verbunden werden mußte.[12]

Zuletzt wurde der Tempel von Yuan Shihkai zum Beten benutzt. Dieser, vormals General der Mandschu-Herrscher, erzwang 1911 zusammen mit Sun Yat-Sen deren Abdankung und unterstützte die bürgerliche Regierung, bis er sich selbst zum Kaiser ausrief. Danach wurde es ruhig um die Anlage, bis sie als Ziel von Touristen aus aller Herren Länder interessant wurde.

## Die Steine der sieben Sterne

Eine Gruppe von sieben behauenen Monolithen, die »Steine der sieben Sterne«, befindet sich auf einem freien Gelände auf der südöstlichen Seite des Himmelstempels. Der Legende zufolge fielen die großen Brocken an dieser Stelle vom Himmel.

Hierzu sei gesagt: Die Steine wurden erst an diesen Ort gebracht, nachdem sie bearbeitet worden waren. Dies geschah etwa um das Jahr 1530 herum.[13] Aber könnte die Bezeichnung nicht eine Anspielung auf die Plejaden sein, die auch das »Siebengestirn« genannt werden? In der altchinesischen Mythologie gibt es zahlreiche Hinweise auf diese etwa 400 Lichtjahre von uns entfernte Konstellation.

War dies die Heimat der von den Sternen gekommenen »Götter«, und erinnert dieser Mythos vielleicht an ihre Landung in grauer Vorzeit an diesem Ort?

Immer und immer wieder geistern auch Anspielungen auf »sagenhafte« Ungeheuer, »göttliche« Wesen und den Himmel durcheilende Feuerdrachen durch das mythologische Erbe der alten Kulturen. Ging den Chronisten die Phantasie durch, müßte man dies alles nicht eher »psychologisch«, »kultisch-religiös« oder als reine Einbildung der tumben Altvorderen sehen?

Aber würden heutige Vertreter einfacher, die Steppen und Regenwälder Neuguineas oder Südamerikas bewohnender Stämme eine Begegnung mit der Zivilisation und ihrer technischen Wunderdinge nicht in ähnliche Worte zu fassen versuchen? Die exakten Bezeichnungen für einen mit dem dumpfen Dröhnen seiner Rotoren landenden Hubschrauber oder einen hoch am Himmel dahinjagenden Düsenjet sind den zu Tode erschrockenen Eingeborenen natürlich nicht geläufig. In ihrer einfachen, einzig und allein von der Notwendigkeit des Überlebens in der Wildnis geprägten Sprache werden sie versuchen, das Geschehene so gut als möglich zu umschreiben. Dafür müssen sie – ganz klar – Vergleiche mit ihnen bekannten Dingen des täglichen Daseins bemühen.

So wird aus dem landenden Hubschrauber ein mit einer

1 Die »große, gelbe Wüste«, hier zum Teil noch mit Schnee bedeckt …

2 … und hier schneefrei. Deuten die rechteckigen Strukturen auf eine Atomfabrik hin?

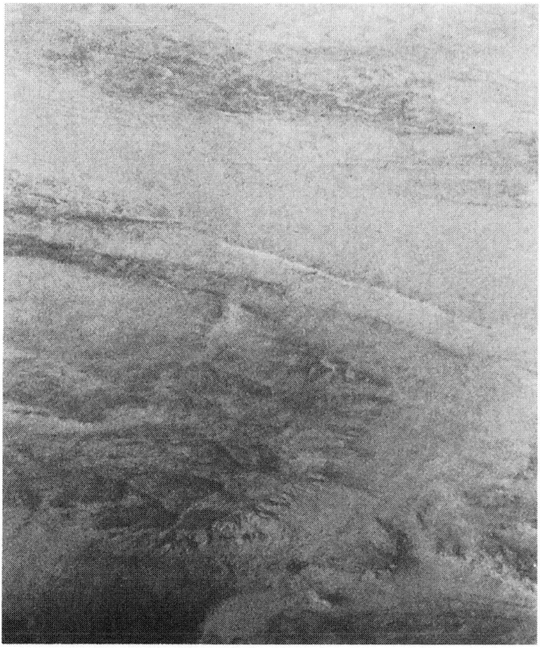
1

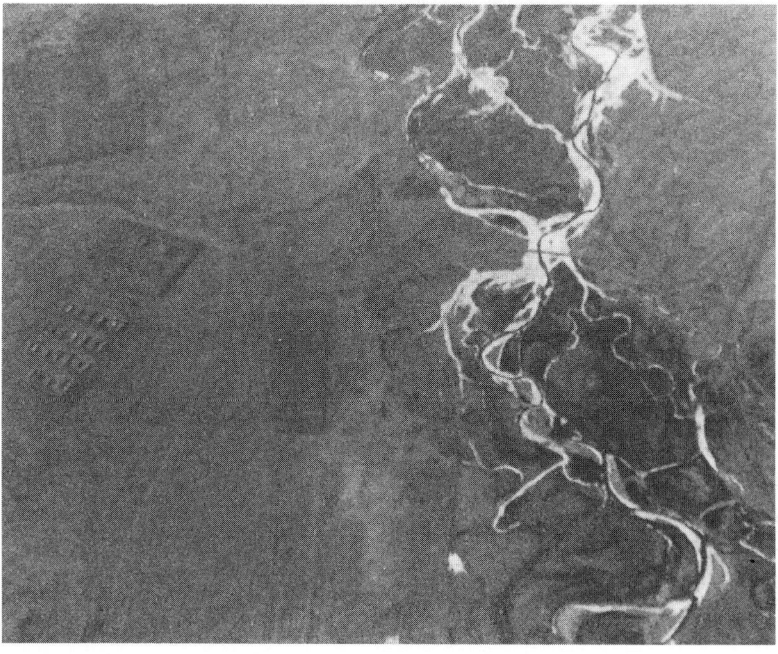
2

3

4

5

3, 4 Der Himmelstempel in Beijing (oben) und einer jener mysteriösen Kornkreise, wie sie zum Beispiel in Großbritannien immer wieder auftreten. Bloßer Zufall, geschickte Fälschung, oder steckt letzten Endes doch mehr dahinter?

5 Steingewordene Mythologie: Die sogenannten »Steine der sieben Sterne« auf dem Areal des Himmelstempels in Beijing. Der Legende nach fielen sie an diesem Ort zur Erde hernieder. Immer wieder gibt es in den altchinesischen Mythen Anspielungen auf Ereignisse, die mit »Göttern« und Besuchern aus dem Weltraum zu tun haben.

6 

7 

6 Artefakte von eindeutig technischer Herkunft, heimlich fotografiert im Provinzmuseum von Xian. Solche Werkstücke lassen sich nur mit Präzisionsfräsen herstellen!

7 Darstellung eines alten »Flugwagens«. Wer waren die Xi Gong, jenes geheimnisvolle Volk der Flugzeugbauer? Kamen sie von einer Raumstation, die um unsere Erde kreiste? War ihre Heimat das Weltall?

8

8 Das phantastische Schriftzeichen oben rechts auf dieser Stele bedeutet »wiederkehren«. Weiterer Kommentar überflüssig!

9

9 Im »Banpo-Museum« fanden wir eine Anzahl Tontäfelchen mit denselben Schriftzeichen, wie sie in Glozel (Frankreich) entdeckt wurden. P, K, X, S, I sind auf diesem Foto deutlich zu erkennen.

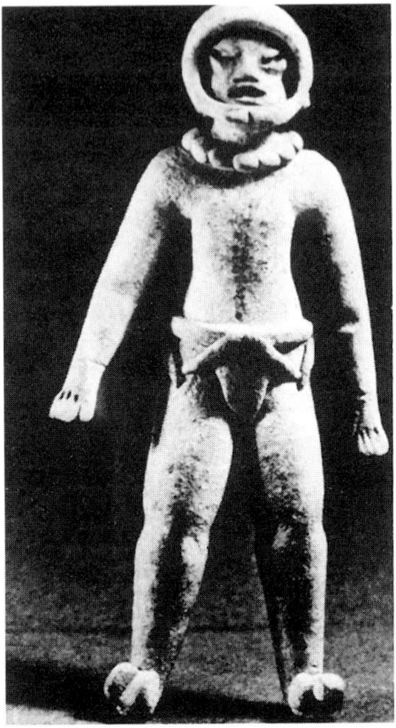

10

10 Deutlich sinide Züge trägt diese behelmte Figur eines »Gottes« mit eindeutigen astronautischen Merkmalen. Gefunden wurde sie – in Mexiko!

11 In der altehrwürdigen Akademie der Wissenschaften in Beijing. Professor Ma Wen Kuan (rechts) gehörte zu dem Archäologenteam, das in den Jahren 1980/82 zum bislang letzten Mal in Char Choto gegraben hat.

11

12 Mit den Fotos aus dem Buch »Die Weiße Pyramide« schienen wir in ein Wespennest gestochen zu haben! Weiß Professor Xie Duan Ju mehr, als er uns sagt?

13 Co-Autor Peter Krassa im Gespräch mit den chinesischen UFO-Forschern Zhu Fu-Zheng und Shi Bo. Auch aus China kommen zunehmend Berichte über unheimliche Begegnungen der 3. und 4. Art, also auch über Entführungen!

12

13

14

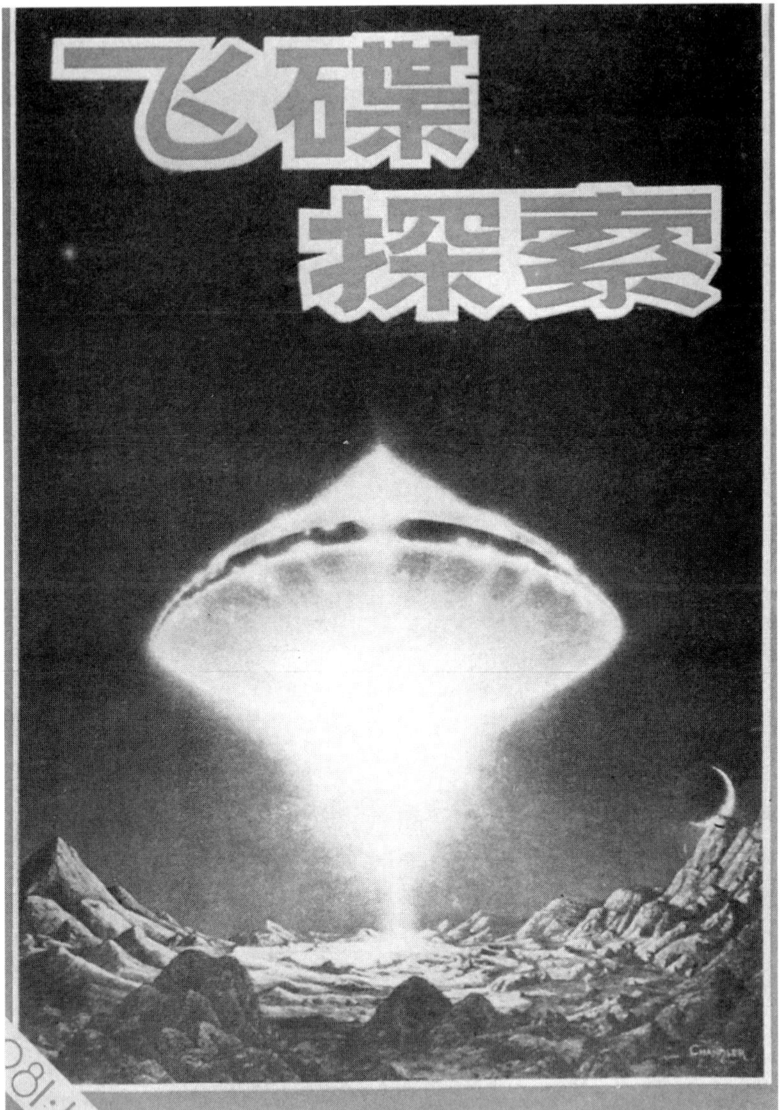


14 Titelseite der ersten chinesischen Publikation über das UFO-Phänomen: »The Journal for UFO-Research«.

Donnerstimme sprechender Vogel, aus dem Düsenjet ein metallener Drache oder eine feuerspeiende Schlange am Himmel. Und wer steigt aus dem »Bauch« dieser mythologischen Fabeltiere?

Natürlich die »Götter«.

## Der Mythos vom »Fackeldrachen«

Aus der Zeit der legendären Urkaiser ist uns der Mythos vom »Fackeldrachen« erhalten geblieben. Das Gesicht dieses furchterregenden Geschöpfes sei menschenähnlich gewesen, sein Leib aber habe blutrot geleuchtet.

Dieses Monster muß sich nicht allzuviel Beliebtheit eingehandelt haben, sonst hätte Urkaiser Yao nicht einiges darangesetzt, das Ding unschädlich zu machen. Es muß schon eine merkwürdige Bewandtnis mit dem neunköpfigen Biest gehabt haben: Die Überlieferung charakterisiert es als ein Wesen, das weder ißt noch trinkt und auch nicht atmet. »Wenn er aber atmet, entsteht der Wind.« Es wurde also genau unterschieden, ob der ominöse »Fackeldrachen« in Betrieb war oder nicht. Ein düsengetriebenes Kampfflugzeug könnte nicht besser umschrieben werden. Am Boden stehend, macht es sicher nicht viel Wind, wohl aber beim Starten und während des Fluges.

Das Ende der Geschichte ist, daß Urkaiser Yao seinen »Göttlichen Baumeister« Yü gegen den »Fackeldrachen« in Marsch setzte. Um das fliegende Ungeheuer zu vernichten, hatte der sich eine besondere Strategie ausgedacht. Inmitten eines künstlichen Sees errichtete er einen Beobachtungsturm, von dem aus es möglich war, alle Flugmanöver des gefürchteten Drachens am Himmel zu verfolgen. Und tatsächlich: Der göttliche Yü brachte das Ungeheuer zum Absturz.[14]

»Tower meldet Volltreffer.«

Zum Vergleich: In der japanischen Nationalchronik »Nihongi« wird geschildert, wie Ninigi-No-Mikoto, der Enkel der Sonnengöttin Amaterasu, zur Erde herabflog. Dies tat er bezeichnenderweise auf einer »schwimmenden Brücke«. An einer »himmlischen Wegkreuzung stieß er unvermutet auf eine seltsame Gottheit mit Namen Sarute-Hiko. Deren Nase sei sieben Spannen lang gewesen, Mund und Hinterteil strahlten ein lebhaftes Licht aus. Ein Fackeldrachen »made in Japan«?[15]

Eine interessante Parallele, aber eigentlich müßten wir gar keine Anleihen beim östlichen Nachbarn machen. Denn die chinesische Mythologie ist voll von Drachen, die sich als technische Flugobjekte der aus dem Weltraum gekommenen »Götter« interpretieren lassen.

So etwa die silbern glänzenden Flugdrachen, die der legendäre Kriegsheld No-Cha im Kampf gegen seine Feinde einsetzte. Genau wie unsere modernen Kampfjets waren auch seine Flugdrachen mit allerlei raffinierten Waffensystemen bestückt. So etwa mit einem »Wind-Feuer-Rad«, mit dem er seinen Erzrivalen Chang-kuei-feng vernichtete. Und mit Hilfe seines »Himmel-und-Erde-Armbandes« ließ er den Boden unter all jenen erzittern, an deren Wohlwollen er zweifeln mußte.

Cruise Missiles und Boden-Luft-Raketen im Kampfeinsatz über dem alten China?

## Die »fliegenden Glocken« vom Kunlun-Gebirge

Aus dem Gebiet des Kunlun-Gebirges, das mit seinen mehr als siebentausend Meter hohen Gipfeln im Westen Chinas das Tibetische Hochland von den Wüsten Takla Makan und Gobi trennt, stammen uralte Überlieferungen, die von »fliegenden Glocken« erzählen. So wurde diesen glockenförmigen Flugobjekten unter anderem die Eigenschaft nachgesagt, auf geheimnisvolle Art und Weise aufzutauchen, um ebenso unvermittelt wieder zu verschwinden.[16] Auch viele UFO-Berichte unserer Tage beschreiben das plötzliche Erscheinen und Verschwinden ähnlich geformter Flugkörper und vergleichen den Vorgang mit dem An- und Ausknipsen eines Lichtschalters.

Was, um alles in der Welt, phantasieren die alten Chinesen da schon wieder von allerlei möglichen fliegenden Dingen? Genügt es ihnen nicht, daß der Himmel über dem Reich der

Mitte sowieso schon mit feurigen Drachen bevölkert ist? Doch halt, kennt man nicht – ein paar tausend Kilometer weiter südlich – etwas Ähnliches, nur in Stein?

Nordwestlich der indonesischen Provinzhauptstadt Jogyakarta, auf der Insel Java, liegt mitten im Dschungel die Tempelpyramide von Borobodur. Ursprünglich einmal stolze 42 Meter hoch, kommt sie heute noch auf 35 Meter, unterteilt in neun Terrassen. Dieses im achten Jahrhundert n. Chr. erbaute Weltwunder nannten die Einheimischen einen »Götterberg«, eine wirklich gut zutreffende Bezeichnung für das riesige Sakralbauwerk.[9]

Herausragend an dieser Anlage sind die 1472 Stupas oder Dagobas. Damit sind meist glockenförmige, zuweilen auch halbkugelartig gestaltete Steingehäuse gemeint, durch deren gitterförmige Aussparungen man in das Innere blicken kann. In nicht wenigen davon sitzt eine Buddhastatue als »Steuermann«, und der Religionsgründer ist meist beim Verrichten seltsamer Handbewegungen abgebildet. Tatsächlich gilt der Stupa schon seit frühesten Zeiten bei den Buddhisten wie bei den Hindus als ein »Beförderungsmittel zur Götterwelt«, als heiliges Götterfahrzeug, in dem »rituelle Bewegungen« zu vollziehen waren.[17]

Was mögen die Altvorderen da beobachtet haben, welche Bewegungen eher technischer denn ritueller Art führten dazu, daß das Fahrzeug der »Götter« vom Boden abhob und sich in himmlische Gefilde aufschwang? Die Übereinstimmungen mit den modernen »Cargo-Kulten« unseres Jahrhunderts sind unübersehbar, man kann sie nicht einfach wegdiskutieren. So bauten die Eingeborenen auf Neuguinea in den Tagen des Zweiten Weltkriegs »Flugzeuge« aus Stroh und stampften »Landepisten« für die »Silbervögel« aus dem Boden. Ebenso vollführten sie »rituelle Bewegungen«, die sie bei den gelandeten Truppenverbänden der Alliierten beobachtet hatten. Dies taten sie in der Hoffnung, die silbernen »Vögel« würden vom Himmel kommen, um ihnen von deren unermeßlichem Reichtum den ihnen zustehenden Teil – das »Cargo« – zukommen zu lassen.[18, 19, 20]

Mißverstandene Technologie der hier wie dort als »Götter« verehrten fremden Wesen. Genauso wie bei den Stupas von Borobodur und den »fliegenden Glocken« vom Kunlun-Gebirge.

## Göttlicher P'an Ku

Durch die altchinesische Mythologie geistert er abwechselnd als Götterbote, Sohn oder Bezwinger des Chaos und als Erbauer des Universums: P'an Ku. Der Legende nach wurde er »aus einem Ei« geboren, das der »göttliche Vogel« auf einem Berggipfel gelegt hatte. Der besagte P'an Ku spielt vor allem in den Überlieferungen aus der Zeit der Xia-Dynastie (ca. 2100–1600 v. Chr.) eine Rolle, ebenso bei der Volksgruppe der Dai (Thai) im Süden Chinas.

Er muß ein recht patenter »Sohn des Himmels« gewesen sein, schuf er doch – laut Überlieferung – die Erde aus Granitbrocken, die im Weltall umherflogen, teilte er auch die Wasser und stieß ein riesiges Loch in den Himmel. Auch die Schaffung der harmonischen Grundkräfte Yin und Yang, die in der chinesischen Weltanschauung alles Geschehen unserer wahrnehmbaren Welt bestimmen, geht auf das Konto dieses Chaos-Bezwingers und Schöpferwesens.

Vielleicht werden heutige Kosmologen ihre Freude an ihm haben, scheint doch das in der Überlieferung beschriebene Chaos, das mit einem Ei verglichen wird, an moderne Denkmodelle und Spekulationen über den Zustand des Universums vor dem großen Urknall zu erinnern. Ebensogut aber ließe sich das Ei, dem P'an Ku entstieg, auch als technisches Flugobjekt identifizieren, in dem der göttliche Bote auf unseren Planeten kam. So kann man über sein Erscheinen auf dieser Welt lesen:

»Aus diesem Ei wurde P'an Ku geboren. Nach 18 000 Jahren öffnete sich das Chaos, und seine schweren und groben Bestandteile bildeten Yin, die Erde. Die leichten und reinen Bestandteile formten Yang, den Himmel. Jeden Tag stieg der Himmel zehn Fuß höher. Die Erde verdichtete sich jeden Tag um zehn Fuß nach innen. Und jeden Tag wurde P'an Ku um zehn Fuß größer. So geschah es, daß nach 18 000 Jahren sein Körper den Abstand zwischen Himmel und Erde ausfüllte.«[16]

Zweifellos stecken in diesen Mythen einige Wahrheiten, die jedoch im Lauf der Jahrtausende heillos verzerrt und reichlich ausgeschmückt worden sind. Könnte der Kern der obigen Beschreibung, wie die Erde sich »jeden Tag um zehn Fuß verdichtete«, nicht – mit modernen Denkansätzen interpretiert – bedeuten, daß bei der Annäherung von P'an Kus Raumfahrzeug an die Erde diese immer größer erschien?

## Rückkehr zu den Sternen

Einer ähnlichen Schilderung, wenn auch mit umgekehrtem Effekt, liegt der Abschied des tibetischen Lehrmeisters Padmasambhava von seinen Schülern zugrunde:[21]

»Als sie hinblickten, sahen sie Padmasambhava so groß wie einen Raben; als sie abermals hinsahen, sahen sie ihn so groß wie eine Drossel, und dann wieder gleich einer Fliege. Schließlich erschien er ihnen unklar und verschwimmend, so groß wie ein Läuseei. Und als sie wieder hinsahen, da erkannten sie ihn nicht mehr.«

Die Mythologie weiß nicht nur zu berichten, daß Wesen aus dem Weltraum zu uns gekommen sind. Logischerweise erwähnen viele Überlieferungen auch die Rückkehr der Besucher zu ihren Sternen. Was der Theorie, die »Götter« seien in Wirklichkeit Raumfahrer aus den Tiefen des Alls gewesen, weitere Glaubwürdigkeit verleiht. Wären es Menschen unserer Welt oder gar nur Phantasiegestalten gewesen, woher hätte sich dann die Notwendigkeit ergeben, wieder zurück in die himmlischen Gefilde zu fliegen oder »entrückt« zu werden, wie es in den heiligen Schriften auf der ganzen Welt heißt?

Der Kaiser Li (852–839 v. Chr.) aus der Zhou-Dynastie soll der letzte Herrscher Chinas gewesen sein, der nicht eines mehr oder weniger natürlichen Todes starb, sondern »emporgestiegen« ist. Zurück zu den Sternen!

## Das Volk der Flugzeugbauer

Chieh Kuei, der letzte Kaiser aus der legendären Xia-Dynastie (ca. 2100–1600 v. Chr.), soll ein blutrünstiger Diktator gewesen sein. Und so war es nur eine Frage der Zeit, bis seiner Herrschaft ein gewaltsames Ende bereitet wurde. Das besorgte Cheng T'ang, der als erster Kaiser der Shang-Dynastie (etwa 1600–1100 v. Chr.) in die Annalen einging.

Über Cheng T'ang wird berichtet, er habe »fliegende Wagen« besessen, die von einem mysteriösen Volk mit dem Namen Xi Gong (alt: Chi Kung) stammen sollten. Es müssen seltsame Individuen gewesen sein, denn in einer Überlieferung steht über sie geschrieben:

»Die Xi Gong sind ein kunstreiches Volk. Sie kennen viele Dinge, die anderen Völkern verborgen bleiben. Auf großen Wagen reisen sie mit Windeseile durch die Luft. Als der Kaiser T'ang die Welt regierte, trug ein westlicher Wind die Wagen bis nach Yüchow (die heutige Provinz Hunan, d. Verf.), wo sie landeten. T'ang ließ die Wagen auseinandernehmen und verbergen. Denn zu leicht glaubte das Volk an übernatürliche Dinge, aber der Kaiser wollte seine Untertanen nicht in Unruhe versetzen. Die Besucher blieben hier zehn Jahre, dann bauten sie ihre Flugwagen wieder zusammen, luden die Ehrengeschenke des Kaisers ein und flogen auf einem starken östlichen Wind davon. Wohlbehalten erreichten sie das Land der Xi Gong, 40 000 Li (die alte chinesische Meile zu 0,6444 Kilometer) jenseits des Jadetores. Mehr ist über sie nicht bekannt.«

## Eine Raumstation?

Es ist sehr viel gerätselt worden, wo jenes geheimnisvolle Land dieser Xi Gong gelegen haben könnte. Immerhin entsprechen 40 000 Li einer Strecke von fast 26 000 Kilometern – das ist etwas mehr als die Hälfte des Erdumfanges! Hatten die unbekannten Wesen ihre Basis auf der entgegengesetzten Seite der

Erde, oder sollten wir unsere Suche vielleicht in eine gänzlich andere Richtung lenken? Die Überlieferung drückt sich an dieser Stelle etwas nebulös aus, darum stellen wir hier die Frage: Könnte es sich etwa um eine Raumstation gehandelt haben, die da auf einer Kreisbahn in annähernd 26000 Kilometer Entfernung die Erde umrundete? Waren die »fliegenden Wagen« der Xi Gong Landfahrzeuge – ähnlich dem vom biblischen Propheten Hesekiel (Ezechiel) beschriebenen und in unseren Tagen rekonstruierten[22] –, mit denen die mysteriösen Besucher die Distanz zwischen ihrer Orbitalstation und der Erde zurücklegten?

Auch der chinesische Chronist Guo Po (270–324 n. Chr.) beschäftigte sich mit den Xi Gong und schrieb:

»Bewundernswert sind die geschickten Arbeiten dieses Volkes. In Verbindung mit dem Wind strengte es seine Gehirne an und erfand einen fliegenden Wagen, der steigend und sinkend, je nach seinem Wege, es als Gäste zum Kaiser T'ang brachte.«

Der befürchtete für seine Untertanen offenbar eine Art »Götterschock«, wenn sie die Flugobjekte der außerirdischen Besucher zu Gesicht bekommen würden. Also ließ er die »fliegenden Wagen« für die Zeit, da die Fremden in seinem Reich weilten, in demontiertem Zustand einlagern, um sie vor neugierigen Blicken zu verbergen.

Kursieren seit einigen Jahren nicht ähnliche Berichte, denen zufolge die Geheimdienste der Vereinigten Staaten einige abgestürzte und geborgene UFOs in den Hangars ihrer Luftwaffenbasen verstecken? Der erwähnte Chronist Guo Po zitierte in seinen Werken noch ein paar weitere Begebenheiten mit jenen Flugobjekten der Xi Gong. Zuweilen beschrieb er sie auch als »fliegende Räder«.[23,24,25]

Chinas Überlieferungen sind eine richtige Fundgrube für Berichte über vom Himmel gekommene Wesen, die sich einer für damalige Zeiten »unmöglichen« Technologie bedienten. Doch wenden wir uns nun Spuren zu, die man auch anfassen und fotografieren kann.

## Licht für den Pharao – Licht für die Himmelssöhne?

In seinen beiden Büchern über ungelöste Rätsel aus Ägyptens großartiger Vergangenheit warf Co-Autor Peter Krassa zusammen mit Reinhard Habeck die Frage auf, ob die sogenannten »Djed-Pfeiler« auf bestimmten altägyptischen Reliefs nicht – modern interpretiert – so etwas wie elektrische Isolatoren gewesen sein könnten.[26, 27] Von heutigen Archäologen schlichtweg und nichtssagend als »Kultgegenstände« klassifiziert, in Wirklichkeit aber auf einer hochentwickelten Technologie beruhend. Was die birnenförmigen »Kultobjekte« im Hathortempel von Dendera angeht, gelang sogar der Nachweis ihres realen technischen Ursprunges. Der Wiener Elektroingenieur Walter Garn hielt sich genau an die Reliefs, die die Wände der Krypta bedecken. Nach ihrer Vorlage rekonstruierte er eine Glühlampe mit dem gewundenen Draht, die lotosblütenförmige Fassung sowie den Isolator, der im Relief als »Djed-Pfeiler« dargestellt ist. Dann ließ er elektrischen Strom in die Versuchsanordnung fließen: Es ging ein Licht auf!

Anhand einer Reihe seltsamer Gebilde auf den Mauern des Putuozongsheng-Tempels bei Chengde stellte Co-Autor Hartwig Hausdorf in seinem vorhergehenden Buch die Frage, ob dort nicht gleichfalls vorzeitliche Hochspannungsisolatoren symbolisch dargestellt worden sind.[3]

Der aus Dortmund stammende Autor Hans-Werner Sachmann sieht Anlaß zu der Vermutung, ein chinesisches Pendant zum obenerwähnten »Djed-Pfeiler« entdeckt zu haben. Dafür mußte er sich jedoch nicht bis ins Reich der Mitte bemühen, denn auch Nachforschungen im eigenen Land können sich zuweilen als äußerst fruchtbar erweisen. Vom 12. August bis zum 11. November 1990 fand nämlich in Dortmund die Kulturausstellung »Jenseits der Großen Mauer« statt. Dort konnten neben einigen tönernen Kriegern aus Xians bekanntester Ausgrabungsstätte eine Vielzahl an Steinabreibungen beschrifteter Stelen sowie Schrifttypen altchinesischer Kalligraphie besichtigt werden.

Im Verlauf seines Besuches dieser Ausstellung fiel Sachmann auf einer Schrifttafel ein seltsames Zeichen auf, dessen Übereinstimmung mit dem »Djed-Pfeiler« vom Nil frappierend ist. Es befindet sich auf einer Abreibung eines Nachschnittes der sogenannten »Yishan-Stele«, deren Entstehung auf das Jahr 219 v. Chr. datiert wird. Sie trägt eine Inschrift zum Ruhm der Qin-Dynastie (221 – 206 v. Chr.), deren bedeutendster Vertreter der legendäre Qin Shi Huangdi war (siehe auch im Kapitel über die chinesischen Pyramiden). Das Zeichen steht für das Wort »Yi«, welches in der chinesischen Sprache mehrfach auftritt und durch verschiedene Schriftsymbole mit diversen Bedeutungen dargestellt wird:

- menschliche Bande
- Bedeutung, Sinn
- gerecht, Gerechtigkeit
- rechtschaffen, Rechtschaffenheit
- Verbundenheit

Auf der nachstehenden Abbildung 1 ist die Version von der besagten »Yishan-Stele« zu sehen. Welche tiefere Bewandtnis hat es mit diesem chinesischen Symbol aus alter Zeit? Auffallend erinnert es – genauso wie sein Gegenstück aus dem alten Ägypten – an die zeichnerische Wiedergabe eines elektrischen Isolators, ähnlich jenen aus unseren Tagen.[28]

Im Gegensatz zu unserem aus 26 Buchstaben und einigen Umlauten bestehenden »lateinischen« Alphabet ist die chinesische Schrift aus bildhaften Darstellungen konkreter Gegenstände hervorgegangen. Im Laufe der Jahrtausende erfuhren die Schriftzeichen dann erhebliche Veränderungen. Was am Beispiel für den Begriff »Himmel« par excellence demonstriert werden kann. In Anyang in der Provinz Henan wurden uralte sogenannte »Orakelknochen« ausgegraben, die man auf ein Alter von 4000 bis 5000 Jahren datiert. Auf einem dieser Relikte fand man das ursprüngliche Zeichen für »Himmel«. Es gleicht haargenau einer Gestalt, die einen klobigen Kopf und dünne Extremitäten besitzt. In den längst vergangenen Zeiten hatte die Glyphe noch eine andere Bedeutung. Sie lautete »der vom Himmel Gekommene«.[3]

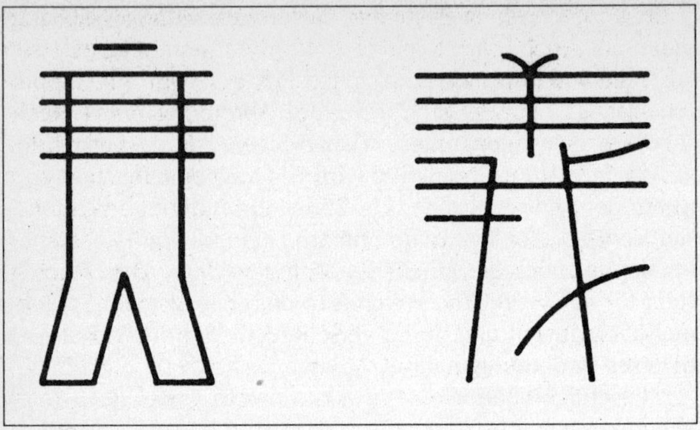

*Abb. 1 Im Vergleich: das altägyptische Djed-Symbol (links) und das chinesische Schriftzeichen »Yi« (rechts)*

Gibt es womöglich noch mehr Beispiele für Darstellungen von Begriffsinhalten in den Frühformen der chinesischen Schriftzeichen, die sich im Sinne unserer Annahmen deuten ließen?

Wir haben noch eines gefunden!

## Ein phantastisches Zeichen

Shisanling oder, uns geläufiger, die »Ming-Gräber«, liegen rund 40 Kilometer nordwestlich des Stadtzentrums von Beijing. In einem etwa 40 Quadratkilometer großen Talkessel liegt hier die Nekropole der Ming-Herrscher, im Norden, Osten und Westen eingerahmt von der Bergkette des Tian Shou. Die Hauptattraktion der Anlage ist die über einen Kilometer lange »Geisterallee« mit den beiderseits der Straße aufgestellten Marmorstatuen von tatsächlichen Tieren und Fabelwesen. Doch stellt diese nur einen kleinen Teil des insgesamt acht Kilometer messenden Grabbezirkes dar.

Am Ende jener kilometerlangen Allee der Ming-Gräber, an einen Berghang gebaut, schließt die Chang-Grabstätte (oder auch »Changling«) die Anlage ab. Es handelt sich hierbei um das bis jetzt ungeöffnete Grab des dritten Ming-Kaisers, Yong-Le, der in seiner von 1403 bis 1424 währenden Regierungszeit den Beinamen »Architekt von Beijing« erhielt. Er war es, auf dessen Betreiben hin dieses Tal als Bestattungsbezirk für ihn und seine Nachfolger bestimmt wurde.

In einem Innenhof der streng nach den Regeln der »heiligen Geomantie« ausgerichteten Chang-Grabstätte befindet sich die Rekonstruktion einer jahrhundertealten Stele. Auf dieser, in deren oberstem Abschnitt, fanden wir ein noch weit phantastischeres Schriftzeichen, als es das bereits erwähnte Symbol für den Begriff »Himmel« darstellt.

Es paßt ausgesprochen gut in diesen Kontext. Spielt man das Spiel »sieht aus wie...«, so glaubt man, eine Rakete vor sich zu haben, die an eine Art Versorgungsrampe angedockt ist. Dies klingt vollkommen verrückt, nur – das Zeichen auf jener Stele sieht haargenau so aus! Man fühlt sich beim Betrachten an die bekannten Bilder aus den »Weltraumbahnhöfen« Cape Canaveral und Baikonur erinnert.

Die Bedeutung dieses Schriftsymbols wird mit dem Begriff »wieder« definiert. Aber das Zeichen wurde ursprünglich auch in der Bedeutung von »wiederkommen« oder »wiederkehren« verwendet. So kann man durchaus legitim die Frage stellen, ob auch in diesem Fall auf das wiederholte Auftauchen von »Irgendwem von da draußen« angespielt wird. Das beschriebene Zeichen auf der Stele erweckt auf jeden Fall einen definitiv technischen Eindruck (s. Abb. 2).

Bei seiner zweiten China-Expedition im Oktober 1994 konnte einer der Autoren (H. H.) in Erfahrung bringen, daß mittlerweile sogar chinesische Archäologen eine recht ähnliche Deutung für das erwähnte Zeichen für Himmel in Betracht ziehen. Die ursprüngliche Schreibform des »thien«-Zeichens führen sie auf die Überzeugung der alten Chinesen zurück, ihre Vorfahren wären mit »Vögeln« respektive »Drachen« auf die Erde herabgekommen.

*Abb. 2 Beispiele für Urformen der chinesischen Schriftzeichen. Links das Zeichen für Himmel in seiner Ur-Bedeutung »der vom Himmel Gekommene«. Rechts das alte Zeichen für »wiederkehren«. Jetzt können wir sogar schon einen richtigen Satz bilden: »Der vom Himmel Gekommene kehrt zurück.« Es wird unheimlich!*

*Wir* können uns darüber nur freuen, daß die Interpretationen solcher Ungereimtheiten manchmal gar nicht mehr so differieren, wie es bislang den Anschein hatte. Wird unsere Forschungsrichtung, die Präastronautik, wohl langsam gesellschaftsfähig auch in den Kreisen der Historiker? *Wait and see!*

Auf jeden Fall wären hier die Sprachforscher mit aufgefordert, sich ein paar Gedanken unkonventioneller Art darüber zu machen. Welche Anspielungen, welche mehr oder weniger deutlichen Hinweise auf phantastische Begebenheiten aus der Zeit der legendären Himmelssöhne verbergen sich noch hinter den im Grau der Zeiten verlorenen Ursprüngen der chinesischen Sprache und Schrift? Da sie auf Bildsymbole zurückgeht, ist sie wie keine andere geeignet für Nachforschungen in dieser Richtung. Wer wagt sich an dieses heiße Eisen? *Per aspera ad astra* – auf rauhen Pfaden zu den Sternen...

Bleiben wir noch etwas bei den Schriftzeichen, die man im Reich der Mitte findet. Da warten noch einige brandneue Überraschungen, die unser festgefahrenes Geschichtsbild ganz schön aus dem Lot bringen könnten.

## Eine Buchstabenschrift in China

In den Tagen, an denen wir uns in Xian, der Hauptstadt der Provinz Shaanxi aufhielten, zählte das »Banpo-Museum« zu unseren wichtigsten Zielen. In erster Linie natürlich wegen dieser Steinscheiben von Baian-Kara-Ula, auf deren mysteriöser Fährte wir schon länger jagen. Ungeklärte Umstände hatten zwei Exemplare in das kleine Museum verschlagen.

Die zum Museum gehörige Ausgrabungsstätte ist das »Banpo-Dorf«. Arbeiter, die mit Nivellierungsarbeiten für eine geplante Fabrik in einem östlichen Vorort von Xian beschäftigt waren, stießen im Jahre 1953 auf die Überreste einer steinzeitlichen Siedlung. Die Fabrik wurde in der Folge an anderer Stelle errichtet und ein Teil des Areals überbaut, um die Funde vor möglicher Zerstörung zu bewahren.

Das »Banpo-Dorf« wird ungefähr auf 6000 v. Chr. datiert und ist eine reiche Fundgrube für Tonwaren aller Art. Zugeordnet werden diese Relikte der jungsteinzeitlichen »Yanshao-Kultur«, die in der Zentralebene der Provinz Shaanxi beheimatet war.[29]

In einer der Museumshallen entdeckten wir hinter dem Glas einer Vitrine eine Anzahl von Exponaten, die uns elektrisierten. Dort lagen – stellvertretend für Hunderte, die gefunden wurden – tönerne Scherben, in die Schriftzeichen eingeritzt sind. Schriftzeichen, die allerdings *unseren* Buchstaben des lateinischen Alphabets zum Verwechseln ähnlich, um nicht zu sagen, mit ihnen identisch sind (s. Abb. 3).

Stammt aber aus China nicht *das* klassische Beispiel schlechthin für den Schrifttyp, der sich aus der kontinuierlich fortschreitenden Abstraktion von Bildsymbolen entwickelt hat? Was soll aber dann diese Buchstabenschrift hier? War sie

*Abb. 3 Zeichen einer Buchstabenschrift, ganz ähnlich jener, wie sie in den zwanziger Jahren in Glozel/Frankreich entdeckt wurde, fand man auf zahlreichen Tontäfelchen in der Umgebung von Xian, die nun im »Banpo-Museum« ausgestellt sind.*

vielleicht doch die ursprünglich im alten Reich der Mitte verbreitete Schriftart, und wurde sie in der Folge von einer Bilderschrift verdrängt? Oder gab es schon in der Steinzeit einen regen Kommunikationsaustausch mit der übrigen Welt?

## Die Glyphen von Glozel

Das sind Fragen über Fragen, die alle auf eine Antwort warten. Hoffentlich bleibt *diesen* beschrifteten Tonscherben das Schicksal jener Funde erspart, die im Frankreich der zwanziger und dreißiger Jahre für heftige Kontroversen und Schlammschlachten unter den Beteiligten sorgten: die gravierten Tonplatten von Glozel.

Am 1. März 1924 fanden der französische Bauer Claude Fradin und sein Enkel Emile auf ihren Feldern beim Dörfchen Glozel – rund 20 Kilometer südlich von Vichy im Departement Allier – unter anderem zahlreiche gravierte Tafeln und Steine, die augenscheinlich Inschriften trugen. Mehrere Zeugen, darunter Lehrer und Pfarrer der Gemeinde, bestätigten die Echtheit der Funde und bescheinigten den Entdeckern einen tadellosen Ruf, nachdem sie sich an Ort und Stelle überzeugt hatten.

Aber in den darauffolgenden Jahren setzte ein unglaubliches Gerangel unter den Archäologen ein, die einerseits die Lorbeeren für sich selbst einheimsen wollten, andererseits aus Mißgunst die Funde in Verruf zu bringen trachteten. Selbst die »Graue Eminenz« der französischen Prähistoriker, der berühmte Abbé Henri Breuil (1867–1961), war in diesen Wissenschaftsskandal erster Ordnung verstrickt. Der Abbé zählte in jenen Tagen, zusammen mit den Museumsdirektoren Capitan und Peyroni, zu der gefürchteten »Dreieinigkeit«, die in der prähistorischen Forschung der »Grande Nation« einzig das Sagen hatte. Nun drohte die Entdeckung der Fundstelle von Glozel diese drei Koryphäen völlig unvorbereitet zu treffen und ihre Thesen umzuwerfen, ohne ihnen die Zeit zu lassen, ihre Reaktion darauf untereinander abzustimmen.

Wäre diese Entdeckung von Wissenschaftlern gemacht worden, es wäre alles anders abgelaufen. Doch der Finder war ein Laie, ein einfacher Landwirt, ungebildet in den Augen der allgewaltigen Größen der Archäologie. Und er hatte es abgelehnt, sich unter ihre Schirmherrschaft zu stellen. Man hatte ihm angeboten, daß sein unbekannter Name bescheiden hinter den anderen aufscheinen dürfe. Das aber wollte Claude Fradin nicht, schließlich war er ja der rechtmäßige Entdecker. So wurde jedes Mittel ins Spiel gebracht, um ihn in Mißkredit zu bringen und seinen Fund als Schwindel hinzustellen.

Inzwischen ist der Streit Vergangenheit, oder sagen wir besser, ein unrühmliches Kapitel in der Geschichte der Irrtümer der Wissenschaft. Die Beteiligten haben längst das Zeitliche gesegnet, und Glozel ist rehabilitiert. Es waren ganz außergewöhnliche Artefakte, die der Zufall dem Bauern Fradin bescherte. Eine richtige jungsteinzeitliche Bibliothek von mehr als 100 mit alphabetischen Zeichen beschrifteten tönernen Täfelchen, denen immerhin ein Alter von 10 000 bis 15 000 Jahren zugestanden wird. Nicht allein auf die Scherben aus gebranntem Ton, sondern auch auf Steine und Schmuckstücke ritzten die unbekannten Schöpfer Zeichen ein, von denen nicht wenige die genaue Form unserer heute gebräuchlichen, lateinischen Buchstaben aufweisen: G, H, I, K, L, O, T, V, W, X.

Diese Zeichen stellen mit überzeugender Sicherheit ein Alphabet dar, ebenso sind sie in Linien angeordnet, was auf eine reguläre Schrift schließen läßt.[30]

Und eine übereinstimmende Anzahl dieser Zeichen fanden wir, gleichfallls in Tonscherben geritzt, im »Banpo-Museum« in Xian. Professor Wang Zhijun, der stellvertretende Museumsdirektor, widmete diesen für China ungewöhnlichen Glyphen ein Kapitel in seinem Buch über die dreißigjährigen Forschungsarbeiten an den Funden aus dem »Banpo-Dorf« und der Region.[29] Und auch Wang Zhijun stellt sich diese Frage, wer für diesen steinzeitlichen Wissenstransfer über eine Distanz von mehr als 12 000 Kilometern gesorgt haben könnte. Ist der klassischen Archäologie irgend etwas entgangen?

## Kosmonauten in Australien

Gehen wir noch ein Stück weiter, auf den angeblich »geschichtslosen« Kontinent. In den australischen Kimberley Mountains fand man bereits im letzten Jahrhundert Höhlenmalereien, die die Aborigine-Gottheit »Wondijna« darstellen. Die auf einer drei Meter hohen Zeichnung abgebildete, unheimlich anzusehende Gestalt erscheint von Kopf bis Fuß in eine Art unförmigen Overall gekleidet. Sie erinnert uns stark an die berühmt gewordene Felszeichnung des »Großen Marsgottes«, die der französische Archäologe Henri Lhote im algerischen Tassili-N'Ajjer-Gebirgsmassiv fand und die gleichfalls unverkennbare astronautische Züge trägt.

Ein doppelter Kreis in den Farben Rosa und Gold umgibt den Kopf der uralten Aborigine-Malerei. Auf dem rosafarbenen Teil findet man sechs Schriftzeichen abgebildet, die frappierende Ähnlichkeit mit dem aus lateinischen Buchstaben bestehenden Alphabet von Glozel – und Banpo! – zeigen.[31]

Glozel in Frankreich, Banpo-Dorf in China und Australiens Outback: Gibt es einen gemeinsamen Nenner? Sind es auch hier wieder die vom Himmel gestiegenen »Götter«, die den Menschen nach ihrem Ebenbild schufen und ihm die Kultur brachten?

## Ein »Gelber Gott« in Mittelamerika

In Mexiko entdeckte man eine Sandsteinfigur, die neben auffalllenden astronautischen Merkmalen so deutlich chinesische Gesichtszüge trägt, daß sich der Gedanke aufdrängt, es habe jene »Gelben Götter« auch in diesen Teil der Welt verschlagen. Aber was ist *noch* ungewöhnlich an diesem Fund?

Das Forscherpaar Dr. Milton A. Leof und seine Frau fanden in Xochipala im Bundesstaat Guerrero diese Figur, die beständig an unserem Weltbild rütteln könnte – würde man nicht Funde wie diesen noch immer totschweigen. Diese 17 Zentimeter große Figur, die ganz grob in die Periode zwischen 1150 und 100 v. Chr. datiert wird, trägt unübersehbar einen enganliegenden Helm. Im Gesicht sind deutlich die etwas schräggestellten Schlitzaugen zu erkennen. Faszinierend und zugleich funktionell gelöst ist der Übergang des Helmes durch eine Art »Halskrause« zur Schulterpartie hin. Es hat den Anschein, als müsse dieser Bereich abgedichtet werden, als würde der Helm Fortsetzung in einer Art Overall finden.

In einer Beschreibung dieser sich in Privatbesitz befindenden »behelmten Statuette« ist sogar zu lesen: »Vollkommen natürlich proportioniert, zeigt diese Figur olmekische Züge, die in den runden Helm (!) meisterhaft hineinmodelliert wurden.« Doch dann wird Tierisches beschrieben, wo absolut nichts Tierisches zu erkennen ist: »Seine Tierfüße und ein

›Schwanz‹, der von seinem Gürtel hängt, lassen darauf schließen, daß er möglicherweise als Jaguar verkleidet ist, um an einem Tanz oder irgendeiner Zeremonie teilzunehmen.«[32]

Was dieses eher einem Astronauten ähnelnde Figürchen angeht, sei bemerkt, daß unseres Wissens noch niemand eine Raubkatze mit einem enganliegenden Helm zu Gesicht bekommen hat. Und wer überhaupt unschlüssig sein sollte, wie diese possierlichen Räuber aussehen, der sollte vielleicht den Weg in den nächsten Zoo nicht scheuen! Aber Spaß beiseite: Lassen wir doch den Leser selbst sich einen Reim auf das Aussehen der Sandsteinfigur machen. Ein Bild sagt bekanntlich mehr als tausend Worte. Deshalb haben wir das Foto in den Bildteil dieses Buches aufgenommen.

Ebenso wie jenes, das Autor Hartwig Hausdorf beim zweiten Anlauf im Provinzmuseum von Xian – trotz strengstem Fotografierverbot – machen konnte. Es zeigt einzigartige, über 2000 Jahre alte bronzene Gegenstände, deren technischer Verwendungszweck nicht zu leugnen ist. Komplizierte Rillen und Nuten, wie sie heute nur mit Präzisionsfräsen hergestellt werden können, zieren diese als »Kultgegenstände« katalogisierten Unikate. Es ist immer wieder dasselbe: Paßt ein Fund nicht in unser altbewährtes Weltbild, so wird gleich irgendein »Kult« als letzter Ausweg kreiert.

Aber Kulte hin oder her, eines steht fest: Das Reich der Mitte bietet ein wahrhaft unerschöpfliches Sammelsurium an Ungereimtheiten aus ältesten und nicht ganz so alten Zeiten. Und wie der kleine Ausflug in überseeische Gefilde gezeigt hat, sollte man die Rätsel Chinas nicht unbedingt isoliert vom Rest der Welt betrachten.

# 2 Mythen und harte Tatsachen Unheimliche Begegnungen – damals und heute

Sollten Sie, liebe Leser, einmal in die keineswegs so unmögliche Verlegenheit kommen, urplötzlich und ohne jede Vorwarnung auf geringe Entfernung mit einem Unbekannten Flugobjekt konfrontiert zu werden, so würde man Ihr aufwühlendes Erlebnis als »unheimliche Begegnung« bezeichnen. Erblicken Sie in jenem UFO oder in der Nähe des Flugkörpers humanoide (menschenähnliche) Gestalten, wird Ihre Beobachtung als »unheimliche Begegnung der dritten Art« definiert. Und sollten Sie gar zu diesem immer größer werdenden Personenkreis zählen, welcher von jenen Wesen unfreiwillig an Bord ihrer geheimnisvollen Flugkörper gebracht und schmerzhaften medizinischen Experimenten unterzogen wird, dann haben Sie es mit einer »unheimlichen Begegnung der vierten Art« zu tun. Die einschlägige Literatur der jüngsten Zeit ist voll von derartigen Entführungsberichten. Und die zwischenzeitlich sehr professionell durchgeführte Untersuchung so geartetеer Fälle durch Ärzte und Psychologen legt den Schluß nahe, daß es sich dabei nicht immer um pure Phantasie handelt.[33, 34, 35]

Ganz im Gegenteil: Da es häufig ärztlich feststellbare, unangenehme Nachwirkungen gibt, dürfte sich hier ein schwerwiegendes Problem anbahnen, das man nicht länger ignorieren kann. Und das nicht allein auf die USA beschränkt ist, wie neueste Fälle auch aus dem deutschsprachigen Raum zeigen.[3, 36]

»Unheimliche Begegnungen« – wir wollen in diesem Abschnitt hauptsächlich jene der dritten und vierten Art (UB III bzw. UB IV) behandeln – hat es zu allen Zeiten gegeben. Und vermutlich auch bei allen Völkern dieser Erde. Die Pendants zu den zeitgenössischen Fällen, die wir den Archiven diverser UFO-Studiengruppen entnehmen können, müssen wir uns aus den Mythen, Legenden und Überlieferungen aus alter Zeit zusammensuchen. Kurzum, wir haben die mehr oder weniger »heiligen« Texte alter Völker und Religionen auf gleichlautende und ebenso unerklärliche Vorkommnisse abzuchecken. Und auch in Annalen und Chroniken von profaneren Schreibern, den Historikern, herumzustöbern. Lohnend wird es für uns in jedem Fall werden, denn die alten Quellen bieten mehr als reichlich Stoff für unsere Suche nach Konfrontationen mit fremden Intelligenzen, die sich wie ein roter Faden durch die Geschichte der Menschheit ziehen. An dieser Stelle seien nur kurz – und stellvertretend für so viele – einige Beispiele aus den Mythen rund um unsere Welt genannt:

– Der Schöpfergott des Stammes der Pende im südlichen Kongo ist Mawese. Dieser brachte Leben und Kultur auf die Erde herab, und als ihm diese schließlich ausreichend kolonisiert schien, nahm er bei seiner Rückkehr in den Himmel einige Menschen mit. Nach einiger Zeit schickte er diese jedoch »mit dem Feuer« wieder zur Erde zurück.

– Die biblischen Propheten Elias und Hesekiel wurden »durch die Hand des Herrn in den Himmel entrückt« und fuhren in den Himmel auf. Selbst der Religionsstifter Moses blieb anläßlich der Übergabe der »Zehn Gebote« am Berg Sinai sage und schreibe 40 Tage und Nächte verschwunden. Mittlerweile hatte ihn sein Volk totgeglaubt und sich anderen Göttern ergeben.

– Yudhishtira, dem ältesten Prinzen aus der indischen Sippe der Pandhavas, bot Gott Indra höchstpersönlich an, lebendig in den »Himmel« aufzufahren.[37,38]

Ebenso stecken auch die alten Mythen Chinas voller Vorkommnisse, in denen man ohne viel Phanatsie – aber mit moderner Brille betrachtet – unheimliche Begegnungen der dritten und vierten Art erkennen kann. Ma Tse Yan, einer der großen Ärzte im alten China und Lehrer des Taoismus, fuhr lebend in den »Himmel« auf.[3] Der bereits im Vorwort erwähnte

Yüan Shi Tien Wang wurde, während er noch mit Chin Hung sprach, von zwei »Göttern in ihren blanken Rüstungen« abgeholt und in deren Heimat gebracht. Diese lag weit draußen im unendlichen Universum, und die Fahrt dorthin ging vorbei an fernen Sternen.

Am genauesten bringen es die Überlieferungen auf den Punkt, die sich auf die sagenhaften »Himmelsdrachen« im alten Reich der Mitte beziehen. Nicht selten mußten sie junge Frauen entführen und sie zu ihren himmlischen Herrschern tragen. Oder die legendären Urkaiser, von denen es heißt, daß sie von jenen »Himmelssöhnen« abstammten, die auf feurigen Drachen aus den Tiefen des Alls zur Erde kamen. Sie starben auch keines natürlichen Todes, sondern wurden – genau wie einige der biblischen Propheten – »in den Himmel entrückt«.

## Rätselhafte »Glückswolken«

Im 14. Regierungsjahr des Urkaisers Shun sah man eine seltsame »Wolke« am Himmel, und Shun befahl seinem Minister Yü, zu diesem Vorfall genaue Untersuchungen anzustellen.

In diesem schicksalhaften Jahr kam vor dem Ende einer Aufführung mit Glocken, Klangsteinen, Trommeln und Flöten ein gewaltiger Gewittersturm auf. Der Wind zerstörte viele Häuser, er riß ganze Bäume aus. Die Trommeln wurden auf der Erde umhergestreut, Glocken und Steine durcheinandergewirbelt. In dem entstandenen Durcheinander fielen auch die Menschen übereinander, und der Musikmeister lief in panischem Schrecken davon. Kaiser Shun jedoch, der sich an dem Gerüst festhielt, von dem Glocken und Klangsteine herabhingen, lachte nur und rief: »Wie klar es doch ist, daß dieses Reich keines Menschen Reich ist.« Daraufhin stellte er seinen Minister Yü dem Himmel vor und veranlaßte den Beamten, sich wie ein »Sohn des Himmels« gegenüber dem Herrscher zu verhalten. Danach wurde die Luft ruhig nach allen Seiten, es erschienen »Glückswolken« am Himmel.

»Sie waren wie Rauch und doch kein Rauch, und sie waren

wie Wolken und doch keine Wolken, alle durcheinanderstrahlend, und wirbelnd und sich wie Scheiben drehend (!), oder wie Spiralen gegeneinander schwebend...

Als die Herrlichkeit erschöpft war, hoben die ›Wolken‹ ihre Schleppen und rollten sich ein und gingen fort. Darauf drehten sich die acht Winde, und die ›Glückswolken‹ rollten sich ein. Die feurigen Drachen kamen schnell aus ihren Lagern.

Shun aber errichtete eine Plattform am Flusse Ho, wie sein Vorgänger Yao es getan hatte in alter Zeit. Als der Tag sich neigte, sah man ein glänzendes Licht. Ein gelber Drache erschien und ließ sich auf der Plattform nieder. Er trug eine Tafel, die 32 Fuß lang und neun Fuß breit war, mit roten und grünen Zeichen, die besagten, daß Shun zugunsten Yüs abdanken sollte.«[39]

Bereits zu den Zeiten von Shuns Amtsvorgänger Yao ereigneten sich ganz ähnliche Begebenheiten. Urkaiser Yao beschloß im 70. Jahr seiner Regierung erstmals, zugunsten von Shun abzudanken. Beide bestiegen den Shou-Shan, den »Berg des Erhabenen«. Währenddessen schwebten über den Inseln des Flusses Ho die sogenannten »fünf Weisen der fünf Planeten«. Was verbirgt sich hinter dieser Bezeichnung? Waren womöglich unbekannte Flugobjekte einer außerirdischen Zivilisation beziehungsweise deren Besatzungen gemeint?

Die Fremden verkündeten Yao und Shun: »Aus dem Flusse wird eine Tafel kommen, die dem Herrscher die Zeit kündet.« Daraufhin »flogen die fünf Weisen wie strömende Sterne empor, um in die Plejaden einzutreten«.

Noch einige Male hatte Urkaiser Yao Begegnungen mit fremden Intelligenzen, die ihn jedesmal zum Abtreten zugunsten Shuns aufforderten. Doch erst nach seinem einhundertsten Regierungsjahr (!) trat Yao endgültig ab, um danach in den Himmel aufzusteigen.[39]

Die Zeit der sagenhaften Urkaiser muß voller »unheimlicher Begegnungen« gewesen sein. Wer nun die Meinung vertreten sollte, die alten Mythen dürften nicht als Indizien in unsere Betrachtungen einbezogen werden, dem sei ein Satz des chinesischen Gelehrten Yuan Ke ans Herz gelegt. Er schrieb: »Viele sind der Ansicht, daß Mythen eine Ausgeburt der Phantasie sind und mit der Wirklichkeit nichts gemein haben. Das ist ein schwerer Irrtum.«

Wären alle Statements doch so klar: *Diesem* ist nichts hinzuzufügen!

Stammen diese Überlieferungen auch aus weit zurückliegenden Epochen, so haben wir es bei dem folgenden Vorfall mit Ereignissen zu tun, die in einem der unseren Zeit näheren Jahrhundert stattgefunden haben. Und die von einem kompetenten Chronisten jener Tage gewissenhaft aufgezeichnet wurden.

## Die fliegende Perle

Shen Kuo, ein berühmter Wissenschaftler, der im elften Jahrhundert n. Chr. in China lebte, hinterließ der Nachwelt unter vielem anderen das bekannte wissenschaftliche Werk »Meng-Xi-Gespräch«. Darin finden wir die Schilderung einer unheimlichen Begegnung mit einem nichtidentifizierten Flugobjekt aus nächster Nähe.

Von 1056 bis 1063 konnte man des öfteren in der Stadt Yangzhou, die in der Provinz Jiangsu liegt, eine »fliegende Perle« am Himmel beobachten. Am Anfang erschien diese »Perle« im Hügelgebiet des Tianchang-Bezirkes, dann flog sie häufiger über dem See Bishe-Hu, und schließlich wurde sie über dem Xinkai-See gesichtet.

Eines Nachts bemerkte ein Schüler, der gerade ein Buch studierte, daß die besagte »Himmelsperle« direkt zu ihm herniederschwebte. Zuerst sah er nur einen schmalen Spalt im Körper des unbekannten Objektes. Dann beobachtete er ein hell strahlendes Licht, das genau von diesem Spalt ausging. Es sah aus wie ein leuchtender Faden. Im selben Augenblick öffneten sich an der »Perle« zwei kugelartige Schalen, wodurch sich das gelandete Objekt gewaltig zu vergrößern begann. Das geheimnisvolle Licht ging jetzt von den beiden Kugelschalen aus und strahlte dermaßen hell, daß der Beobachter die Augen abwenden mußte, weil er fürchtete, zu erblinden. Der grelle Schein riß die Bäume über ein Gebiet von fünf Kilometern aus der Dunkelheit und ließ sie sogar Schatten werfen. Es schien, als würde ein gewaltiges Feuer am Firmament brennen. Kurze Zeit später flog die »himmlische Perle« über das Wasser des Sees davon. Binnen kurzem war sie nicht mehr zu sehen.

Hatte der Schüler Shen Kuos eine unheimliche Begegnung? Die akribisch verzeichnete Beobachtung mußte auf einem absolut realen Phänomen beruht haben, das wir heutzutage als UFO bezeichnen. Erinnert uns das seltsame Gebaren der »fliegenden Perle« nicht frappierend an die scheinbar sinnlosen Manöver, die bei UFO-Sichtungen in unseren Tagen kurios wirken, ja sogar totale Verwirrung aufkommen lassen? Viele UFO-Forscher unserer Tage vertreten die Ansicht, daß das ganze Phänomen in gewisser Weise sorgfältig inszeniert wirkt.[3] So als versuchten die fremden Entitäten ganz bewußt, unsere Aufmerksamkeit zu erregen.

Und genau *das* ist ein gleichbleibender Aspekt des Rätsels durch die Jahrtausende seines Bestehens! Es macht nachdenklich: Den Propheten des Alten Testaments wurde aufgetragen, alles gewissenhaft aufzuschreiben, was ihnen gesagt und gezeigt wurde. »Du Menschenkind, sieh her und höre fleißig zu und merke auf alles, was ich dir zeigen will, denn dazu bist du hierher gebracht, daß ich dir dies zeige...« (Hesekiel, Kap 40,4). Wohl um späteren Generationen zu zeigen, daß »sie« hier gewesen sind. Doch um unsere Aufmerksamkeit dürfte es zur Zeit nicht zum besten bestellt sein, und so versuchen »sie« wieder, unsere schlafenden Sinne wach zu bekommen, wieder in unserer aller Bewußtsein zurückzukehren.

Doch zurück zu dem Fall aus Shen Kuos Werk. Bedauerlicherweise läßt sich der hochinteressante Bericht nicht näher über den Zeitraum aus, wie lange die Beobachtung gedauert hat. So ist es denn auch müßig, darüber zu spekulieren, ob dem gelehrigen Schüler nicht sogar ein »missing-time-phenomenon« widerfahren ist. Ob er, so wie es bei Entführungsfällen unserer Tage häufig vorkommt, eine Erinnerungslücke für die

Zeit des Geschehens hatte. Ganz ausgeschlossen wäre es nicht.

Die Quelle, aus der wir von dem unheimlichen Vorfall Kunde erhielten, können wir getrost als sehr zuverlässig einstufen. Denn der Verfasser jenes »Meng-Xi-Gesprächs«, Shen Kuo, war zu jener Zeit ein berühmter Gelehrter auf dem Gebiet der Astronomie, der Mathematik und der Geschichtsschreibung. Er genoß wegen seines profunden Wissens ein hohes Ansehen, und seinen Worten wurde unbedingter Glaube geschenkt.[40]

Um eine vollendete Entführung nach heutigen Strickmustern handelt es sich aber bei dem folgenden Fall, geschehen im ausgehenden 19. Jahrhundert.

## Bauer von einem UFO entführt

Im Kapitel 19 der Lokalgeschichte von Songxi in der Provinz Hubei wird über eine unheimliche Begegnung der vierten Art berichtet, die sich im Jahre 1880 in der Umgebung der Stadt zugetragen hat.

Nicht weit von der Stadt Songxi lebte im Dorf Xinianzui ein Bauer mit Namen Tan. Am 8. Mai 1880 stand Tan sehr früh auf und ging in einem Waldstück hinter seinem Haus spazieren. Auf einmal erblickte er ein vielfarbig leuchtendes Objekt, das von der Morgendämmerung grell abstach. Weil er glaubte, ein Feuer wäre ausgebrochen, lief er in die Richtung, um es zu löschen. Unmittelbar darauf hatte der Bauer das Gefühl, in einer »Wolke« zum Himmel zu fliegen: Ein leises, schwer zu beschreibendes Signal ertönte, und Tan verlor das Bewußtsein.

Einige Augenblicke später – nach seinem Zeitempfinden – kam Tan wieder zum Boden zurück. Nachdem er das Bewußtsein wieder voll erlangt hatte und sich nach allen Seiten umwandte, bemerkte er, daß er sich in einem Gebirge befand. Wie er hierher geraten sein mochte, das war ihm auch bei angestrengtem Nachdenken absolut schleierhaft. Als er verwirrt durch die fremde Gegend irrte, kam ihm ein Holzfäller entgegen und fragte besorgt, was ihm zugestoßen sei. Tan antwortete, er sei ein Bauer aus Songxi in der Provinz Hubei und berichtete dem anderen sein unheimliches Erlebnis.

Überrascht entgegnete ihm der Holzfäller, er wäre hier im Gebirge in der Provinz Guizhou, mehr als 1000 Kilometer von seiner Heimatstadt entfernt.

Dann zeigte er dem Bauern die Richtung, die dieser einschlagen müsse. Tan machte sich alsbald auf den Heimweg, und er kam, nachdem er 18 Tage und Nächte lang gewandert war, endlich daheim an. Seine Familie trauerte bereits um ihn, denn sie hatte ihn tot geglaubt. Um so erstaunter waren seine Angehörigen, ihn wieder gesund, aber erschöpft zu Gesicht zu bekommen.[41]

## Parallelen zu einem »klassischen« Fall

Verlorene Zeit. Aufwachen des Betroffenen Tausende Kilometer von seinem Heimatort entfernt. Es gibt hier erstaunliche Parallelen zu einem klassischen Fall aus Südamerika, der sich beinahe 80 Jahre später zugetragen hat.

Der Rechtsanwalt Dr. Gerardo Vidal aus Buenos Aires (Argentinien) war an einem Tag im Mai 1958 mit seiner Frau im Auto von einer Familienfeier zurückgefahren. Vor ihnen fuhren Freunde in einem anderen Wagen: Diese kamen in Buenos Aires an, die Vidals jedoch nicht. Das Absuchen der Strecke in der umgekehrten Richtung blieb ohne Ergebnis.

48 Stunden später erreichte die Freunde ein Telefonanruf – aus dem argentinischen Konsulat im 5000 Kilometer entfernten Mexico City! Nach einigen Tagen kehrte das Ehepaar Vidal nach Argentinien zurück und konnte schildern, was Unglaubliches geschehen war. Gerade hatten sie eine Ortschaft auf der Strecke passiert, als sich plötzlich ein dichter »Nebel« oder eine Art »Wolke« über ihren Wagen legte: Beide verloren das Bewußtsein. Als sie wieder zu sich kamen, befanden sie sich mit ihrem Auto am Rande einer Straße, aber in einer ihnen völlig unbekannten Gegend. Sie hielten Vorbeifahrende an und

fragten diese, wo sie denn seien. Sie fragten ungläubig staunend noch ein paar andere Leute, die des Weges kamen. Aber die Antwort war jedesmal dieselbe: »In Mexiko.« Ihre Uhren waren stehengeblieben, doch mit Hilfe des Kalenders konnten sie feststellen, daß seit dem Erlebnis mit dem unheimlichen »Nebel« zwei volle Tage verstrichen waren.

Der Wagen des Ehepaares Vidal lief übrigens unverändert gut, allein der Lack war verbrannt, als wäre irgend jemand mit einem Schweißbrenner darübergefahren. Dr. Vidal und seine Frau fühlten sich, als seien sie nach einem unglaublich langen Schlaf aufgewacht. Außer Schmerzen im Nacken hatten sie jedoch keine weiteren Beschwerden. Was war in den 48 Stunden geschehen, für die dem Paar jegliche Erinnerung fehlt?[42]

Doch zurück zu den unheimlichen Begegnungen, welche uns aus China gemeldet wurden. In der Zeit zwischen der Jahrhundertwende bis in die Tage Mao Zedongs erreichten uns leider nur wenige UFO-Berichte. Erst nach dem Tode Maos und nach der Verhaftung der berüchtigten »Viererbande« im Jahre 1976 begann eine Liberalisierung einzusetzen – und gleichzeitig ungeheures Interesse an diesem so lange Zeit totgeschwiegenen Thema.

Nachdem erstmalig im November 1978 in Beijings größter Tageszeitung »Renmin Ribao« – »Volkszeitung« – ein Artikel zum Thema UFOs erschien, war die Lawine nicht mehr aufzuhalten. In Hunderten von Leserbriefen, auch auf nachfolgende Zeitungsartikel, setzte man sich vehement für eine Untersuchung des unheimlichen Phänomens ein. Die Regierung handelte auffällig rasch: Sie beauftragte die Universität von Wuhan (Provinz Hubei) mit der Bildung einer wissenschaftlichen UFO-Studiengruppe. Und zwei engagierte Amateurforscher, Zhu Fu-Zheng und Shi Bo, gaben auf privater Basis eine eigene Publikation heraus. Ihr »Journal for the UFO-Research« brachte es auf eine Auflagenhöhe von stolzen 300 000 Exemplaren! Mitverleger Shi Bo zeichnete auch verantwortlich als Verfasser des ersten chinesischen UFO-Buches, das außer in der Volksrepublik nur noch in Frankreich erschienen ist.[41]

Doch nun zu einem äußerst unheimlichen Fall aus dem China der ausgehenden dreißiger Jahre, der jeder Erklärung trotzt.

## Li Fu Siens verschollenes Regiment

Wir wissen von spektakulären Vorfällen, bei denen eine ungewöhnliche Anzahl von Menschen unter haarsträubenden Begleitumständen spurlos verschwunden ist. Beispielsweise dieser unglückselige (und nicht unumstrittene) Fall von »Flight 19«, der im Dezember 1945 im berühmt-berüchtigten Bermudadreieck restlos von der Bildfläche verschwand. Oder das immer noch ungeklärte Schicksal des britischen 1./4. Norfolk-Bataillons im Ersten Weltkrieg. Im August 1915 marschierten auf dem türkischen Kriegsschauplatz bei Gallipoli (an der Meerenge der Dardanellen gelegen) sage und schreibe 267 Mann in eine dicht auf dem Erdboden liegende, linsenförmige »Wolke«. Nachdem der letzte Soldat des Bataillons die sinistre »Wolke« betreten hatte, hob diese ab und flog davon.

China hat einen ähnlichen Fall aus seiner jüngeren Geschichte zu bieten, der, was die Anzahl der Betroffenen angeht, allerdings jeden Rahmen sprengt. Er spielte sich im Kriegsjahr 1939 ab, während des von 1937 bis 1945 tobenden Japanisch-Chinesischen Krieges. Das »Land der aufgehenden Sonne« hatte seine Hände nach den Weiten Chinas ausgestreckt.

Die sieggewohnte japanische Infanterie bewegte sich auf die Stadt Nanking (Nanjing) zu. Oberst Li Fu Sien von der Regierungsarmee standen ganze 3100 Mann zur Verfügung, um den unaufhaltsamen Vormarsch der Elitetruppen des Tenno zu stoppen. Ein schier aussichtsloses Unternehmen, von vornherein zum Scheitern verurteilt.

Li Fu Siens Soldaten gingen 25 Kilometer nördlich von Nanjing in Stellung und gruben sich ein. Nur gut einen Kilometer entfernt begab sich der Oberst mit seinem Stab in sein

Hauptquartier. Am darauffolgenden Morgen war die Überraschung perfekt! Fast das gesamte Regiment war spurlos verschwunden. Im Laufe weniger Stunden waren 2988 Soldaten buchstäblich vom Erdboden verschluckt worden. Nur mehr eine Abteilung von 113 Mann, die abgesondert vom Haupttroß eine Brücke sicherten, war noch auf ihrem Posten.[43, 44]

Was war geschehen? Waren die Soldaten massenhaft desertiert, weil der zu erwartende Kampf mit der japanischen Übermacht auf keinen Fall zu gewinnen war und zwangsläufig in einem Blutbad enden mußte? Der Gedanke mag naheliegen und auch einleuchten, aber: Keiner dieser verschwundenen Soldaten tauchte jemals wieder auf! Nach der Kapitulation des japanischen Kaiserreichs am 14. August 1945 fanden sich in den Kriegsakten des Verlierers keinerlei Hinweise auf die Gefangennahme eines so großen Truppenteiles. Kämpfe hatten in der fraglichen Nacht nicht stattgefunden. Und wer an etwas Schlimmeres denkt – Greueltaten am Kriegsgegner ziehen sich bedauerlicherweise wie ein roter Faden durch die Geschichte der Menschheit –, kommt in diesem Fall auch nicht weiter. Schüsse wurden im nahen Hauptquartier Li Fu Siens keine vernommen, Massengräber wurden nicht gefunden. Ein vom verhaßten Feind verübtes Massaker wäre zudem als Wasser auf die Mühlen der eigenen Kriegspropaganda willkommen gewesen.

Aber die 2988 Männer sind und bleiben verschwunden – ohne auch nur die geringste Spur zu hinterlassen!

Nach den Wirren des Krieges, auch lange danach und in weit friedlicheren Zeiten, wurde das Militär immer wieder mit dem Unbekannten konfrontiert. Glücklicherweise nicht mehr mit einem so spektakulären Ausgang wie im eben geschilderten Fall. Doch für reichlich Verwirrung wurde stets gesorgt.

## Aufregung in Fujian

Von der Landung eines nichtidentifizierten Flugkörpers, die in militärischen Kreisen große Aufregung verursachte, berichtet dieser Fall aus der Provinz Fujian. Diese Region liegt dem Inselstaat Taiwan auf dem Festland genau gegenüber.

An einem nicht mehr genau zu datierenden Tag im Jahre 1970, gegen 22.00 Uhr abends, sah ein Bauer aus dem Bezirk Traing in der Provinz Fujian ein metallisch wirkendes, schüsselförmiges fliegendes Objekt herabsinken und hinter einem Hügel landen. Der Flugkörper strahlte ein glänzendes grünes Licht ab und sandte einen seltsamen melodischen Ton aus. Der Bauer meldete seine Beobachtung dem Vorsteher der Landkommune, und der örtliche Armeekommandant alarmierte sofort seine gesamte Garnison. Hunderte von Soldaten begannen daraufhin, das gelandete UFO einzukreisen. Die Truppe hielt sich jedoch beobachtend zurück. Es wurde weder Schießbefehl gegeben, noch rückte man dem »Eindringling« zu nahe. Nach etwa einer Stunde sandte das UFO plötzlich ein glänzendes weißes Licht aus. Dann hob es mit so hoher Geschwindigkeit vom Boden ab, daß sich die Soldaten erschrocken zurückzogen. Ein Armeeangehöriger, der auf Anonymität bestand, erklärte, daß während der Beobachtung durch die Truppe keinerlei Geräusch von dem Flugobjekt zu hören war, obwohl alle in Sichtweite des glänzenden Dinges waren.

Konnte man in diesem Fall nur mittelbar darauf schließen, daß das Objekt unter intelligenter Kontrolle stand, so wird im folgenden sogar von fremdartigen Gestalten die Rede sein. Denn neuerdings häufen sich Berichte über Begegnungen mit offenbar humanoiden Wesen in der Volksrepublik China. In den Jahren der Herrschaft des »großen Vorsitzenden« Mao Zedong waren derlei Themen verpönt, und kaum jemand überwand sich damals, Erlebnisse dieser Art preiszugeben. Nun wagen es viele Zeugen endlich, offen über ihre unheimlichen Begegnungen zu sprechen, die zum Teil schon mehrere Jahre zurückliegen. Viele dieser lange unterdrückten Berichte reichen zurück in die Jahre Mao Zedongs.

## Der leuchtende Mann

Ke Jingzhi, ein Student aus Lanzhou (Provinz Gansu), hatte eine unheimliche Konfrontation mit einem schwarzen, leuchtenden Mann. Da er anfangs befürchtete, sich lächerlich zu machen oder, noch schlimmer, ernste Unannehmlichkeiten zu bekommen, wagte er es nicht, mit irgend jemandem darüber zu sprechen. Als jedoch auch in der Volksrepublik zunehmend über solche Phänomene geschrieben und diskutiert wurde, entschloß er sich, den UFO-Forschern Zhu Fu-Zheng und Shi Bo sein unvergeßliches Abenteuer zu erzählen.

»Ich bin Student an der Universität für Bauwesen in Lanzhou (Gansu). Ich erinnere mich noch recht gut an eine aufwühlende Begebenheit, die ich selbst auf dem Lande erlebt hatte. Das Ganze passierte im Sommer 1974. Ich war der Gruppe Nr. 9 der Produktionsbrigade Daba in der Kommune von Xiliang, Distrikt Genqing, in der Provinz Gansu zugeteilt. Wir arbeiteten in der großen Wüste von Tengkeli im Norden des Landes. Damals durften die jungen Kader aus den Großstädten nicht in der Stadt bleiben, sondern mußten im Gebirge oder auf den Feldern arbeiten. Dem Befehl folgend, verließ ich meine Familie und meldete mich zur Arbeit in der Landkommune, die in der Wüste Tengkeli liegt.

Am 29. Juli 1974 kehrte ich spätabends nach der Arbeit in das Gasthaus zurück, das für unsere Brigade reserviert war. Während ich an einem Gemüsegarten entlangging, sah ich plötzlich in ungefähr acht oder neun Metern Entfernung einen vollkommen schwarzen Mann auf mich zukommen. Er schien kräftig gebaut und für Chinesen ungewöhnlich groß, etwa 1,80 Meter. Obwohl er ganz dunkel war, konnte man ihn doch sehr gut in der Nacht erkennen, da sein Körper leuchtete! In seinem Gesicht waren jedoch keine Einzelheiten zu erkennen.

Zunächst dachte ich, es sei ein Bauer, der die Berieselungsanlage kontrolliert. Ich sprach ihn an, aber er antwortete mir nicht und begann nur noch stärker zu leuchten. Dann versteckte er sich unvermittelt in dem hohen Gesträuch, das den Weg säumte. Ich drang, einer kühnen Eingebung folgend, gleichfalls in das Gestrüpp ein, um ihn zu finden. Aber er war plötzlich wie vom Erdboden verschwunden. Da packte mich große Angst, und ich lief in panischem Entsetzen davon. Im Gasthaus berichtete ich meinen Zimmergenossen von dem unheimlichen Erlebnis. Aber wir wagten nicht, diesen Vorfall der Leitung zu melden, und auch nicht, mit den Bauern darüber zu sprechen. Denn es war noch immer die Zeit der Kulturrevolution. In dieser Periode der politischen Unsicherheit hätte solch eine »verrückte« Geschichte mit Sicherheit größere Unannehmlichkeiten nach sich gezogen!

Doch zwei Tage später begegnete dem Leiter der Produktionsbrigade und unserem Gruppenleiter an derselben Stelle gleichfalls ein schwarzer, leuchtender Mann. Vielleicht war es derselbe? Wir glaubten lange Zeit, daß es sich um ein ›Ungeheuer‹ gehandelt hätte, und wagten nicht mehr, an der Gemüsepflanzung vorbeizugehen. Nicht einmal am hellichten Tage.

Ich habe seither sehr oft über dieses unheimliche Abenteuer nachgedacht, das ich wohl bis an mein Lebensende nicht mehr vergessen kann, verstehe aber bis heute nicht, was ich da gesehen habe. Ein Artikel in der Ausgabe Nr. 4 Ihrer Zeitschrift (›The Journal for UFO-Research‹, d.Verf.) über ›schwarze Männer‹ in Amerika hat mich schließlich dazu veranlaßt, Ihnen meine Begegnung zu berichten.«[45]

## Begegnung mit einem »Man in Black«

Immer mehr Berichte über unheimliche Begegnungen der dritten und vierten Art erreichen uns aus China, und es verwundert überhaupt nicht, daß das Phänomen dieselbe Komplexität besitzt wie bei uns im Westen – oder wie überall auf der Welt. So erfährt man zunehmend auch Einzelheiten, die von einem Personenkreis stammen, welcher – hier wie dortzulande – eigentlich einer strengen Schweigepflicht unterliegt.

Wang Shili, Journalist eines Provinzblattes in Shanxi, hatte ein interessantes Interview mit Li Jingyang, einem Kader in der Sicherheitsabteilung einer militärischen Anlage. Dieser berichtete ihnen von einer UFO-Sichtung, die er bereits im Alter von sechs Jahren, im Jahre 1963, gehabt hatte. Was bemerkenswert an diesem Fall erscheint, ist das Zusammentreffen des jugendlichen Augenzeugen mit einer Person, die im einschlägigen Sprachgebrauch als »Man in Black« oder kurz als »MIB« bezeichnet wird. Diese ominösen Männer in Schwarz sind ein höchst unheimlicher Begleitaspekt des ganzen UFO-Phänomens. Beängstigend an ihnen ist, daß sie UFO-Zeugen massiv bedrohen und sie nötigen, nichts von ihren Erlebnissen verlauten zu lassen. Und das zumeist, bevor die betreffende Person auch nur ein Wort hierüber an andere verloren hat.[46, 47, 48] Aber lassen wir den Zeugen berichten:

»Der Tag war sehr schön, nur einige Wolken standen am Himmel. Zusammen mit einigen Freunden spielte ich auf einer Straße im Bergwerksviertel der Stadt Yangquan, Provinz Shanxi. Es waren zu dieser Zeit nur wenige Leute unterwegs. Wir blickten zum Himmel und bemerkten zu unserem großen Erstaunen ein scheibenförmiges Objekt, das die Wolken bestrahlte. Diese Scheibe stand still und ohne ein Geräusch zu machen am Himmel. Sie war silbern, leuchtete intensiv oder reflektierte die Sonnenstrahlen. Um ganz genau zu sein, das ›Ding‹ glich zwei gegeneinander gekehrten Tellern. Es war nicht allzu weit von uns Jungen entfernt und auch nahe dem Erdboden. Wir konnten es ganz genau sehen, sein Durchmesser betrug etwa sieben bis acht Meter. Da wir keinerlei Ahnung hatten, was das war, dachten wir an einen neuen Flugzeugtyp. Zwei Minuten später verschwand das Objekt hinter einer Wolke.«

»Wann sahen Sie den ›Mann in Schwarz‹?«

»Gleich am nächsten Tag. Ich war allein auf der Straße, als mir ein schwarzer Mann entgegenkam.«

Er trug schwarze Kleidung?«

»So ist es.«

»Wie groß war dieser ›Mann in Schwarz‹?«

»Sehr groß. Er versperrte mir den Weg und fragte mich, ob ich tags zuvor eine Scheibe am Himmel gesehen hätte. Als ich ihn nicht gleich verstand, wiederholte er seine Frage. Ich bejahte. Da hob er seinen rechten Arm zum Himmel, dorthin, wo diese Scheibe gestanden hatte, und fragte: ›War es da?‹ Ich bejahte wieder. Da befahl er mir, mit niemandem darüber ein Wort zu sprechen. Ich mußte ihm mein Wort geben, zu schweigen, damit er mich wieder laufen ließ.«

»Können Sie mir den ›Mann in Schwarz‹ noch ein wenig näher beschreiben?«

»Ich erinnere mich, daß ich sehr ängstlich war und mir deshalb nicht allzu viele Einzelheiten einprägen konnte. Aber seine Haut war braun. Die Form seines Gesichtes habe ich vergessen, ebenso seine Aussprache. Aber viele Leute aus dem Viertel haben ihn gesehen. Alle redeten über ihn und konnten sich sein Auftreten nicht erklären.«

»Welcher Zusammenhang besteht Ihrer Meinung nach zwischen dem fliegenden Objekt und dem ›Mann in Schwarz‹?«

»Ich denke mir das so: Dieser ›Mann in Schwarz‹ marschierte auf eine geradezu mechanische Art; er sprach, aber sein Mund schien sich nicht zu bewegen, und plötzlich war er hinter einer Hausecke verschwunden. Es dürfte irgendein Zusammenhang bestanden haben.«

»War es ein normaler Mensch?«

»Vielleicht doch, ich weiß es nicht. Aber ich schwöre Ihnen, daß alles, was ich berichtet habe, der Wahrheit entspricht. Es ist nicht meine Art, Märchen zu erzählen. Ich bitte Sie, mir zu glauben.«[41]

Was für die Glaubwürdigkeit des Zeugen spricht, ist die unbestrittene Tatsache, daß er Begleitumstände des UFO-Phänomens erfuhr, die genau mit jenen übereinstimmen, die auch unzählige Augenzeugen in anderen Teilen der Welt erlebten. Da sich die Volksrepublik zu jener Zeit konsequent vom Westen abgeschirmt hat, kann Li Jingyang schwerlich sein »MIB-Erlebnis« nach Vorlagen fabuliert haben.

Die Übereinstimmung seiner Begegnung mit Fällen aus unserer Hemisphäre ist und bleibt verblüffend!

## Der »Mann mit dem Riesenkopf«

In einem Brief an das »Journal for UFO-Research« berichtet ein Herr Li Chun aus Chongqing (Provinz Sichuan) von einer unheimlichen Begegnung der dritten Art, die einem älteren Bauern aus seinem Ort widerfahren war.

Ende August 1971 arbeitete ein Bauer namens Zhang Rongchang in der Produktionsbrigade, der auch Li Chun angehörte, auf den Maisfeldern der Kommune. Eines Mittags, als er gerade zu Tisch heimkehren wollte, sah er plötzlich mitten auf seinem Weg einen Mann mit einem riesigen Kopf, der ihm entgegenkam. Als der Bauer Zhang noch etwa fünf bis sechs Meter von der unheimlichen Kreatur entfernt war, blieb diese stehen. Verschreckt durch die Anwesenheit dieses so merkwürdigen Wesens, verhielt auch Zhang Rongchang seinen Schritt. Verängstigt rief er dem Wesen entgegen: »Was wollen Sie? Was wollen Sie?«

Das beängstigende Geschöpf zeigte jedoch keinerlei Reaktion. Der alte Bauer hatte inzwischen Gelegenheit, den »Mann mit dem Riesenkopf« genauer zu betrachten. Er sah einen menschenähnlichen Körper, der in einem Anzug steckte, welcher aus nur einem Teil zu bestehen schien. Dieser Anzug ähnelte einer Fliegerkombination, war metallisch glänzend und hinten wie vorne mit einer Art Knöpfe versehen. Er glänzte intensiv in der Sonne. Arme und Beine waren schwer zu erkennen, der Gang des Wesens war steif, aber geräuschlos.

Der Kopf war das unheimlichste an dem Geschöpf. Er erschien dreimal so groß wie ein normaler menschlicher Kopf und war von einem Helm bedeckt, so daß der Zeuge keinerlei Einzelheiten dahinter erkennen konnte. Zhang Rongchang hatte furchtbare Angst. Er wich auf einen Seitenweg aus und rannte, außer sich vor panischer Furcht, davon. In einiger Entfernung drehte er sich noch einmal um, aber da war das alptraumhafte Wesen schon verschwunden. Außer Atem und vor Erregung zitternd kam der alte Mann nach Hause und rief gleich mehrere junge Leute zusammen, die nach dem »Mann mit dem Riesenkopf« suchen sollten. Aber der blieb spurlos verschwunden.

Die Redakteure der UFO-Zeitschrift wurden neugierig. So beschlossen sie, den Briefschreiber Li Chun um weitere Fakten zu bitten, um die merkwürdige Geschichte des alten Mannes zu untermauern. Sie forderten ihrerseits an:

– einen detaillierten Bericht des Augenzeugen selbst,

– einen Bericht jener jungen Leute, die sich auf Bitten des Zeugen auf die Suche nach dem unheimlichen Wesen gemacht haben,

– und schließlich eine Bestätigung durch die Direktion der Kommune, in der Zhang Rongchang lebt, daß die Zeugenberichte der Wahrheit entsprechen.

Zwei Monate vergingen, und die UFO-Forscher dachten bereits, daß der Brief des Herrn Li Chun nicht auf Tatsachen beruht habe, da kam dessen Antwortschreiben: »Sie baten mich, Ihnen einen Bericht des Zeugen Zhang Rongchang zu schicken. Leider ist dies nicht mehr möglich, denn der alte Mann ist im Januar 1972 verstorben. Ich bat also seinen Sohn Zhang Chuangxiu, Ihnen all das zu erzählen, was er von der mysteriösen Sache weiß. Hierüber sandte er mir den nachfolgenden Bericht.«

## Mysteriöser Tod des Zeugen

»Zhang Rongchang war mein Vater. Ich erinnere mich, wie er eines Tages – es war Ende August 1971 – völlig außer Atem zum Essen nach Hause kam. Er sagte zu uns und einigen Nachbarn: ›Ich habe eben einen Mann mit einem Riesenkopf gesehen.‹

Ich fragte: ›Wann hast du ihn gesehen?‹

›Jetzt gerade, als ich auf den Maisfeldern gearbeitet habe und eben zum Essen heimgehen wollte. Mitten auf dem Weg sah ich ihn. Ich trug meinen Strohhut und hielt den Kopf etwas gesenkt. Plötzlich bemerkte ich etwas vor mir. Ich hob den Kopf und sah diesen Mann auf mich zukommen.‹

›Wie sah er aus?‹

›Als er etwa zehn Meter vor mir war, hielt er an. Ich sah seinen Kopf, der so groß wie ein Waschbecken war, sein Körper war sehr kräftig. Er trug einen dicken Anzug aus einem Stück, der auch die Füße bedeckte. Seine Beine waren gespreizt. Ich sah auch seine Arme, aber keine Hände. Der ganze Anzug war so glänzend, daß ich nicht direkt hinsehen konnte.‹

›Wie war sein Kopf?‹

›Sehr groß, aber ich konnte keine Ohren sehen, weder Nase noch Mund oder Augen, weil der ganze Kopf von einem Helm verdeckt war. Der Helm war auch nicht rund, sondern hatte Vorsprünge daran.‹

›Ging der Mann schnell?‹

›Er ging zwar unbeholfen, aber trotzdem schneller wie unsereiner.‹

›Hattest du Angst?‹

›Sein Erscheinen erschreckte mich furchtbar. Als er stehenblieb, fragte ich ihn mehrmals: »Was wollen Sie?« Er sprach jedoch kein Wort und blieb unbeweglich stehen. Da ergriff mich große Angst, und ich wich auf einen Seitenweg aus. So schnell, wie ich nur konnte, lief ich nach Hause. Einmal drehte ich mich noch um, aber da war er bereits verschwunden. Daheim angekommen, bat ich mehrere junge Leute, auf den Feldern nach ihm zu suchen, aber ihre Suche war vergeblich.‹

Seit dieser unheimlichen Begegnung war mein Vater vollkommen verstört. Er hatte immer Angst und wurde nie mehr der alte. Sein Zustand wurde immer schlechter, und trotz bester Pflege starb er im Januar 1972.«[41]

War bei der beängstigenden Konfrontation vielleicht mehr vorgefallen, als das, woran sich der bedauernswerte alte Mann vorderhand erinnern konnte? Was war es, das Zhang Rongchang so in Panik versetzt hat, daß er nur ein knappes halbes Jahr nach diesem Vorfall verstarb? Oder trug er bei der Begegnung gesundheitliche Schäden davon, die wenige Monate später zum Tod führten? Spekulationen...

## Verlorene Zeit

Über einen Entführungsfall mit einhergehendem unerklärlichem Zeitverlust und weiteren höchst mysteriösen Begleiterscheinungen berichteten die chinesischen UFO-Forscher Zhu Fu Zheng und Shi Bo einem der Autoren (P. K.) anläßlich eines früheren Besuches in der Volksrepublik.[49]

Zwei Angehörige der »Volksbefreiungsarmee« waren im Jahre 1975 in einem Militärlager in Jianshui in der südchinesischen Provinz Yünnan stationiert. Die beiden waren zum nächtlichen Wachdienst vor dem Kasernentor abkommandiert. Plötzlich wurden sie mit einem riesigen, rot-orange leuchtenden Flugobjekt konfrontiert. Es tauchte völlig unerwartet am sternenklaren Nachthimmel über ihnen auf und tauchte die gesamte Umgebung des Militärcamps in ein grelles und unwirkliches Licht. Das UFO drehte sich und manövrierte hin und her, als ob es die Kaserne und das Militärgelände untersuchen wollte.

Der erste Gedanke war, man habe es mit einem Spionageflugzeug einer feindlichen Nation zu tun. So verließ einer der beiden Wachsoldaten sofort seinen Posten, um den Vorfall seinem Vorgesetzten zu melden. Als er kurz darauf mit Verstärkung zum Schauplatz des Geschehens zurückkehrte, war sein Kamerad spurlos verschwunden.

Der Kommandant des Lagers versetzte auf der Stelle die ganze Mannschaft in Alarmbereitschaft. Waffen und Munition wurden ausgegeben, denn man befürchtete einen Überfall. Eine großangelegte Suchaktion wurde gestartet, aber von dem Verschwundenen fand sich erst einmal keine Spur. Erst einige Stunden später wurden vier Soldaten – man hatte inzwischen die Wachen verdoppelt – durch ein leises Stöhnen aufmerksam gemacht. Sie fanden ihren vermißten Kameraden halb besinnungslos unter dem Kasernentor liegen. Er war zwar ansprechbar, machte jedoch einen völlig verstörten Eindruck.

Den unheimlichsten Aspekt an dieser offensichtlichen Begegnung der vierten Art bemerkten die Kameraden des entführten Soldaten jedoch erst bei näherem Hinsehen. Denn in den wenigen Stunden seiner Abwesenheit waren dem Mann nämlich Kopf- und Barthaare so stark nachgewachsen, als habe er sich wochenlang weder rasiert noch den Truppenfriseur aufgesucht. Das ist um so erstaunlicher, wenn man weiß, daß die Haartracht der chinesischen Soldaten buchstäblich bis auf wenige Millimeter gekürzt wird und jede Art von Bart in der Truppe nicht geduldet wird. Bürstenschnitt ist »in«!

## »Blackout!«

Der Entführte hatte für all dies keinerlei plausible Erklärung zu bieten. Was die fehlende Zeit betrifft, so klaffte in seiner Erinnerung eine totale Gedächtnislücke. Wurde der Soldat vielleicht von der Besatzung des unbekannten fliegenden Objekts gekidnappt? Hatte man mit dem Betroffenen, wie das von so vielen Abduktionen in aller Welt berichtet wird, experimentiert und sein Erinnerungsvermögen durch eine posthypnotische Sperre blockiert? Ein weiterer verblüffender Umstand an diesem Fall ist, daß seine Uhr stehengeblieben war. Da sie jedoch keine Datumsanzeige hatte, wußte man nicht, wie lange der Soldat aus unserem Raum-Zeit-Kontinuum »herausgefallen« war. Genauso rätselhaft ist der Umstand, daß das Sturmgewehr und die Uhr magnetisch geworden waren.

Leider lag der Fall, als er den beiden UFO-Forschern Shi Bo und Zhu Fu Zheng berichtet wurde, schon ein paar Jahre zurück, und die Betroffenen waren mittlerweile aus dem Militärdienst ausgeschieden. Und was die im Westen angewandten regressiven Hypnosetechniken angeht, dürften diese selbst heute noch in China ein Fremdwort darstellen.

Doch weiß man zumindest von einem weiteren gleichgearteten Entführungsfall, der sich zwei Jahre später in einem südamerikanischen Land abgespielt hat.

Um Mitternacht des 25. April 1977 löste sich der chilenische Armeekorporal Armando Valdez vor den Augen von sechs buchstäblich zu Tode erschrockenen Kameraden in Nichts auf. Von einem zum nächsten Moment hörte er einfach zu existieren auf. Auch dieses Mal lief – nur am anderen Ende der Welt – genau dasselbe Spiel ab: Alarmbereitschaft, eine sofortige Suchaktion und absolute Ratlosigkeit bei allen Beteiligten. In diesem Fall allerdings dauerte es nicht so lange, bis der vom Erdboden verschluckte Soldat wieder auftauchte. Er erschien etwa eine Viertelstunde später auf der Bildfläche. Zu aller Erstaunen zeigte der Kalender auf Valdez' Armbanduhr, daß für ihn volle fünf Tage verstrichen sein mußten. Und sein Gesicht zierten unzählige starke Bartstoppeln, so als hätte er sich eine knappe Woche lang nicht mehr rasiert...

Auch Korporal Armando Valdez hatte nicht die Spur einer Erklärung für die unheimlichen Vorgänge, die ihn im Verlaufe einer Viertelstunde fünf Tage seines Lebens kosteten.[50]

Es ist also keineswegs so abwegig, plötzlich und ohne jede Vorwarnung in eine unheimliche Begegnung der dritten oder der vierten Art verwickelt zu werden. Auch China macht da keine Ausnahme. Die ganze Palette des Phänomens offenbart sich auch dort, wie wir anhand der vorangegangenen Fälle darstellen konnten.

Und das seit undenklichen Zeiten.

# 3 Verbotenes Land
## Das Tabu der großen gelben Wüste

In seinem vorangegangenen Buch »Die Weiße Pyramide« hatte einer der Autoren einen Bericht über Funde aus der Wüste Gobi zitiert, der sich so spektakulär ausnimmt, daß er in seiner Bizarrheit ohne weiteres an die Geschichte von den Steinscheiben aus dem Baian-Kara-Ula-Gebirge heranreicht. Die Rede ist von den ominösen »Glassicheln« aus der Wüste Gobi. Es ist fast überflüssig zu erwähnen, daß wir nichts unversucht ließen, im Verlauf unserer Forschungsreise möglichst vor Ort neue Informationen über diese Angelegenheit zu bekommen.

Weit über tausend Familien, die in den Städten am südlichen Rand der Wüste Gobi beheimatet sind, hätten demnach schon seit einem längeren Zeitraum – der Bericht spricht von ungefähr 100 Jahren – sichelförmige Gläser in großer Zahl gesammelt. Als »Souvenir« bewahren sie diese in ihren vier Wänden auf, sozusagen als merkwürdige Erbstücke ihrer Vorfahren. Höchst rätselhaft seien die Eigenschaften und absolut unerklärlich die Technik, mit der jene Glassicheln hergestellt wurden, von denen in der Zwischenzeit mehr als zehntausend Stück im so bezeichneten »Strahlenschacht« der Ruinenstadt Char Choto (Khara Khota) gefunden worden sein sollen.

In diesen auf ein stattliches Alter von 12 000 Jahren geschätzten Ruinen sei ein Schacht von 1850 Meter Tiefe entdeckt worden, in dem noch weit mehr dieser »unmöglichen« Glasgegenstände in großer Anzahl herumliegen sollen. Die Wände dieses absolut senkrecht in die Erde führenden Schachtes würden gleich blauschimmerndem Schmelzglas aussehen. Ganz außergewöhnliche Dinge sollen mit den dort aufgefundenen Sichelgläsern geschehen, wenn man sie – ähnlich wie einen Bumerang – in die Luft wirft. Durch den Brennpunkt des Glases werde das Sonnenlicht so stark reflektiert, daß es als dünner, scharf gebündelter Strahl die Erdoberfläche versengt. Eine Art Laserstrahl also? So weit wäre ja alles noch im Rahmen des Erklärbaren. Das Erstaunlichste aber geschehe, während das Glas durch die Lüfte schwirrt. Da werde dann eine Art Rakete an einem Fallschirm erkennbar sowie eine männliche Gestalt mit einem unheimlichen »Birnenkopf«. Kein Mensch könne sich einen Reim darauf machen, wodurch diese fremdartigen Bilder verursacht würden, und vor allem, wie sie in die iminösen Glassicheln hineingekommen sein könnten. »Vielleicht mit Hilfe eines unbekannten Materials oder einer für uns nicht erklärbaren ›Lichtstrahltechnik‹«, spekuliert denn auch der Verfasser der Sensationsstory, um wenigstens eine vage Hypothese anzubieten.

Der mehr als phantastisch klingende Report schließt mit der Ankündigung, daß sich das Museum für Vorgeschichte in Beijing fortan näher mit den außergewöhnlichen Artefakten beschäftigen wolle. Frühere Wissenschaftlergenerationen hätten sich nie um diese rätselhaften Funde aus der Wüste Gobi gekümmert. Doch jetzt wolle man das gesamte zur Verfügung stehende technisch-physikalische Wissen unserer Zeit aufbieten, um hinter das Geheimnis der gläsernen Sicheln zu kommen. Ein geradezu phantastisches Szenario bietet sich hier an: Erzählen sie uns vielleicht von der Landung einer außerirdischen Expedition, deren Mitglieder zehntausend Jahre vor unserer Zeitrechnung den Planeten Erde erreicht haben?[51,52,3]

## Was ist an der Story von den Glassicheln dran?

*»Si non è vero, è ben trovato«* – »Wenn die Geschichte aber nicht wahr ist, so ist sie wenigstens gut erfunden«, sagt ein Sprichwort.

Soweit also, kurz zusammengefaßt, jener Korrespondentenbericht eines gewissen Patrick Collington, wie er im Jahre 1986 durch die Weltpresse ging. Entspricht er der Wahrheit, oder ist alles nur die Fiktion eines phantasiebegabten Journalisten, der um jeden Preis einen »Knüller« landen wollte? Nach unseren Recherchen in China sind wir sicher, daß die Story einige grobe Ungenauigkeiten aufweist. Allerdings sind wir auch auf ein paar Hinweise gestoßen, die *für* sie sprechen. Unternehmen wir also den Versuch, wenigstens etwas Licht in die geheimnisträchtige Angelegenheit zu bringen.

Es geht aus der Geschichte nicht zweifelsfrei hervor, aus welcher Zeit die Erkenntnisse über die Sichelgläser stammen. Da gibt es eine ungenaue Anspielung auf »frühere Wissenschaftlergenerationen«, die die unerklärlichen Artefakte glatt ignoriert hätten. Immerhin konnten wir ziemlich lückenlos eruieren, wann und durch wen in den letzten 150 Jahren im Gebiet von Char Choto Ausgrabungen gemacht worden sind. Für manche jener dort tätig gewesenen Archäologen wäre die Bezeichnung »Glücksritter« wohl zutreffender, um nicht noch schlimmere Ausdrücke zu gebrauchen. Denn da wurde mächtig »abgeräumt«.

Ebenfalls verweist der Verfasser der Meldung auf eine Chinesin mit dem Namen Finshi Piang, die »aus Kantschou am südlichen Rande der Wüste Gobi« stamme und als erste vor über hundert Jahren diese Sichelgläser gesammelt haben soll. Hier tritt bereits eine erste Diskrepanz zutage.

Es existiert eine große Stadt südlich der Wüste, und in der heute gebräuchlichen *Hanyu-Pinyin-Transkription* schreibt sie sich *Lanzhou* (alt: Lantschou). Sie ist die Hauptstadt der Provinz Gansu, die im Süden an die »Autonome Region Innere Mongolei« grenzt. Doch sie kann unmöglich gemeint sein, befindet sie sich doch zu weit von der Fundstelle entfernt. Sollte der erwähnte Ort »Kantschou« tatsächlich existieren, muß er ziemlich klein sein, näher an der Wüste liegen – und er wird mit einiger Sicherheit heute etwas anders geschrieben.

## Auf der Suche nach der »Schwarzen Stadt«

Weitaus wichtiger ist es jedoch, zuerst einmal den Fundort jener Artefakte selbst, dieses Char Choto (oder Khara-Khota) zu lokalisieren. Nur wenige Wochen vor unserer Abreise fragte die chinesische Reiseagentur »Lüxingshe« noch hilfesuchend bei uns an: »Was und wo ist Khara-Khota?« Jagten wir am Ende einer Fata Morgana hinterher, ist der vielzitierte Ort nur ein »Potemkinsches Dorf«?

Keine Angst – Char Choto existiert tatsächlich! Die sinistre Ruinenstätte liegt ungefähr 400 Kilometer nordöstlich von Jiuquan, wo sich der nächstgelegene Flugplatz befindet, sowie knappe hundert Kilometer von der Grenze zur Mongolischen Volksrepublik entfernt (s. Abb. 4). Südlich der Seen Gashun Nuur und Sogo Nuur in der »Autonomen Region Innere Mongolei«, gehört sie zum Verwaltungsbezirk Ejina Qi (sprich: Etschi-Natschi). Und es gibt mehrere Bezeichnungen für sie. Char Choto (man liest auch sehr häufig die alte Bezeichnung Khara-Khota), ein vermutlich aus dem Uighurischen stammender Name, bedeutet »die schwarze Stadt«. Die Chinesen nennen sie Chi Chong, was genaugenommen dasselbe bedeutet. Ist es eine Anspielung auf einen tragischen Untergang, oder an was sonst soll diese düstere Namensgebung erinnern?

Tatsache ist, daß die wenigen in der Umgebung lebenden Menschen den Ort ängstlich meiden. Liegt ein Tabu darauf, fanden dort unheilvolle Begebenheiten statt? Ließen die »Götter« der Vorzeit hier schaurige Dinge geschehen?

Wer Nachforschungen betreiben will, tut gut daran, sich die chinesische Bezeichnung der »Schwarzen Stadt« einzuprägen. Mit dem *uns* geläufigen Namen können nämlich in der Volksrepublik nur die allerwenigsten Leute etwas anfangen.

## Tödliche Nachbarschaft

Wie bereits einleitend zu diesem Buch kurz erwähnt, ist es uns dieses Mal nicht geglückt, in die Wüste Gobi zu gelangen, die geheimnisumwobenen Stätten zu besuchen. Wir waren wohl ein wenig zu früh dran. Tief verschneit präsentierte sich uns diese endlose Weite, als wir sie knapp zwei Flugstunden vor unserer Landung in Beijing aus 11 000 Meter Höhe betrachten konnten. Es war trotzdem ein majestätischer Anblick. Wie wir

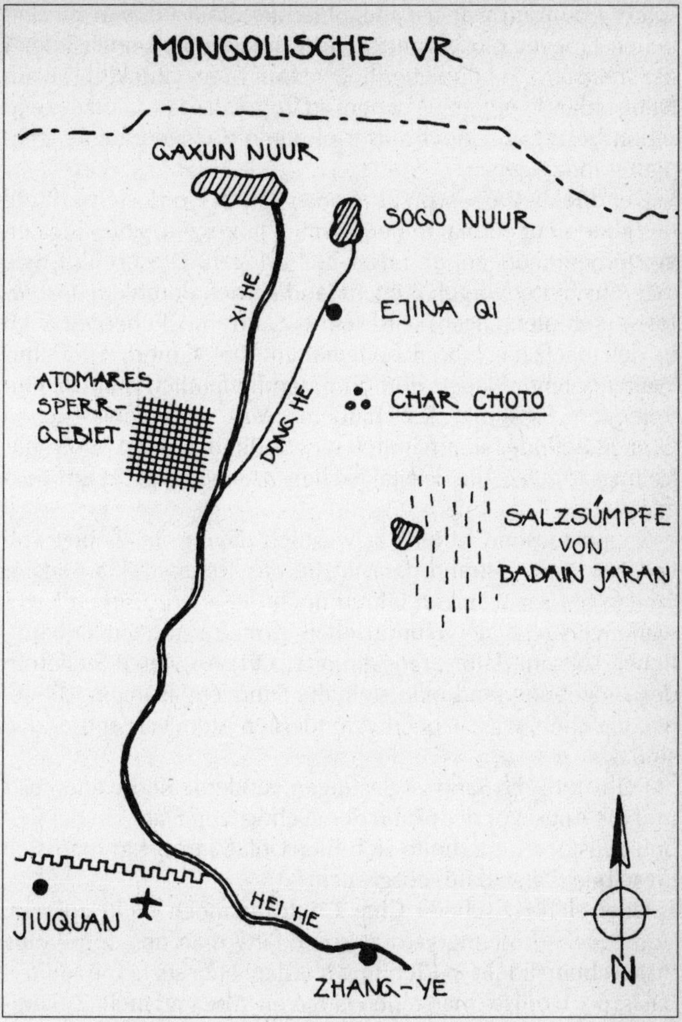


*Abb. 4 Die geheimnisvolle Ruinenstadt Char Choto (Khara-Khota) liegt etwa 400 Kilometer nordöstlich der Stadt Jiuquan und etwa 100 Kilometer von der Grenze zur Mongolischen Volksrepublik entfernt. In der Nähe liegen Sümpfe und ein militärisches Sperrgebiet, in dem Atomwaffen lagern.*

später erfuhren, war der Flugplatz der Stadt Jiuquan für jeglichen Flugverkehr gesperrt. Die Chinesen sind noch immer die reinsten Schönwetterflieger. Auf dem Rückflug nach Deutschland, einige Wochen später, sah das Ganze zwar schon besser aus, doch unser ohnehin dichtgedrängter Zeitplan stand dagegen!

Der direkte Weg – von Jiuquan aus nach Nordosten – dürfte uns aber nicht einmal in der warmen Jahreszeit, unter idealen Wetterbedingungen, an unser Ziel bringen. Dieser führt, wie man uns hinter vorgehaltener Hand verriet, durch ein *absolutes* Sperrgebiet. Dieses wird seinen Status mit Sicherheit auch in den nächsten Jahren beibehalten. Der Grund: Tödliches Waffenpotential lagert dort für einen hoffentlich niemals eintretenden Ernstfall. Auf halbem Weg zur mongolischen Grenze befindet sich nämlich eine Militärbasis der »Volksbefreiungsarmee«, die mit taktischen Atomsprengkörpern ausgerüstet ist. Off Limits!

Knapp tausend Kilometer westlich davon, im Gebiet von Lob Nuur am Ostrand der »Wüste des Todes« Takla Makan, fanden bis vor wenigen Jahren noch die oberirdischen Kernwaffenversuche der chinesischen Armee statt. Ein unheimlicher, seltsam dafür prädestinierter Ort: An vielen Stellen in der Umgebung fand man steinalte Sandverglasungen, die jenen gleichen, wie sie bei den modernen Atomtests entstanden sind.

Prähistorische Sandverglasungen, moderne Kernwaffentests und die Angst vor dem Tabu der »Schwarzen Stadt« in der gelben Wüste: Wiederholte sich hier Unfaßbares, hat man sich dieselben Plätze dafür ausgesucht?

Unerreichbar scheint Char Choto dennoch nicht zu sein. Von der Stadt Zhang-ye aus, so erklärte man uns, führe eine Piste schnurstracks in Richtung Norden. Hier sei keine Militärbasis, doch müsse man einen längeren Weg und mehr Zeitaufwand in Kauf nehmen. Irgendwann...

## Chronologie der Plünderungen

Während der letzten einhundertfünfzig Jahre fanden, wie wir in unseren Gesprächen mit führenden chinesischen Archäologen in Erfahrung bringen konnten, mehrere Ausgrabungen im Gebiet von Char Choto statt:

– Als erster hat um die Mitte des 19. Jahrhunderts der Russe Ladrow Nachforschungen in der Ruinenstadt betrieben. Was dieser Ladrow gefunden hat, darüber konnten uns die Professoren aus der Akademie der Wissenschaften in Beijing keine näheren Angaben machen.

– Um die Jahrhundertwende grub dort der russische Archäologe Professor Pjotr Kusmitsch Koslov (1863–1935). Die chinesischen Altertumsforscher unserer Tage bezeichnen ihn schlichtweg als »Grabräuber«, denn er nahm die meisten der in der Wüste Gobi gefundenen Artefakte mit sich heim ins Zarenreich. Koslov war, soweit uns bekannt, zweimal in Char Choto, und zwar in den Jahren 1899 bis 1901 sowie von 1907 bis 1909. Reichlich Zeit also für ausgedehnte Plünderungen!

– Im Jahre 1923 besuchte der Amerikaner Langdon Warner im Auftrag des »Fogg Art Museum« die Ruinen von Char Choto sowie des weiter westlich gelegenen Dunghuang.

– Von 1928 bis 1934 leitete der berühmte Forscher Sven Hedin (1865–1952) eine motorisierte sino-schwedische Expedition, die ihn durch die Wüstengebiete Zentralasiens führte. Im Rahmen jener ausgedehnten Forschungsreise haben die Schweden in den Jahren 1929/30 auch Ausgrabungen in der »Schwarzen Stadt« unternommen. Zwar wurde offiziell festgehalten, daß alle im Verlauf dieser Expedition gemachten archäologischen Funde an die Chinesen zurückerstattet worden sind.[53] Es liegt aber trotzdem im Rahmen des Möglichen und Üblichen, daß der eine oder andere Gegenstand nicht im Lande geblieben ist.

– Von 1980 bis 1982 fanden vorläufig zum letztenmal in Char Choto wissenschaftliche Untersuchungen statt. Bei diesen Ausgrabungen war auch Professor Ma Wen Kuan dabei, mit dem wir in der Archäologischen Fakultät der Akademie der Wissenschaften in Beijing sprachen. Bei dieser Expedition fand man etwa 20000 Exemplare der sogenannten »Holzbücher«, Aufzeichnungen uralten Wissens auf Bambus. Datiert werden sie in die Zeit der Han-Dynastie (206 v. Chr. bis 200 n. Chr.). Nun ist es aber unter chinesischen Altertumsforschern üblich, Funde in der Regel nicht weiter zurück als in diese Periode zu datieren. Was davor geschah, wird mehr oder weniger ignoriert, als »legendär« eingestuft. Bislang konnte noch kein einziges dieser »Holzbücher« übersetzt werden.

Im Jahre 1986, vier Jahre nach Einstellung jener vorläufig letzten Ausgrabungsaktivitäten in Char Choto, ging der spektakuläre »Glassichel-Bericht« durch die Presse. Aber erst 1988 wurde der offizielle Bericht der Akademie über die Expedition von 1980–82 abgeschlossen. Wir durften ihn nicht einsehen, erfuhren aber, daß er den Funden aus der geheimnisvollen Ruinenstadt ein Alter von bestenfalls etwas über 2000 Jahren zugesteht. Über die ältere, in das Grau der Zeiten zurückreichende Geschichte der »Schwarzen Stadt« schweigt er sich dagegen aus. Kein Wort über die Entdeckungen, denen der Russe Koslov ein Alter von 12000 Jahren zugeschrieben hat. Chinas »offizielle« Geschichte beginnt erst mit der Han-Zeit, und Professor Koslov ist als »Grabräuber« für immer und ewig in Ungnade gefallen!

## Antworten auf hartnäckige Fragen

Wenn wir, was die sagenhafte Ruinenstadt der großen gelben Wüste betrifft, in der Akademie zu Beijing regelrecht auf eine Mauer des Schweigens stießen, so war man in Xian doch weitaus großzügiger mit uns. Der Leiter der Forschungsabteilung im dortigen historischen Museum – wir werden auf Professor Wang Shiping im nächsten Kapitel noch genauer eingehen – war bereit, uns über einige Details um die Funde und um den Ort selbt zu unterrichten. Beispielsweise konnte er uns Aufschlußreiches zu dem Verbleib von vielen der in Char Choto gefundenen Artefakte sagen und uns auf neue, teilweise vielversprechende Spuren für unsere Suche nach dem Unbekannten führen.

Professor Koslov, der zu Anfang dieses Jahrhunderts zweimal in der »Schwarzen Stadt« gegraben hatte, nahm unzählige Schätze in seine russische Heimat mit. Nur wenige davon sind in St. Petersburg zu bewundern, und zwar im größten Museum der Stadt, der von Zarin Katharina II. im Jahre 1756 gegründeten »Eremitage«. Der weitaus größte Teil seiner Ausbeute aber ruht noch immer im Orentius-Forschungsinstitut in Moskau. Die zahlreichen Artefakte sind dort für die Öffentlichkeit unzugänglich eingelagert. Ein kühner und spektakulärer Gedanke am Rande: Liegen dort womöglich auch noch jene Steinscheiben aus dem Baian-Kara-Ula-Gebiet, die in den fünfziger Jahren zu Untersuchungen nach Moskau geschickt wurden? Mit großer Sicherheit wurden sie nie mehr an die Chinesen zurückgegeben. Vielleicht eine neue heiße Spur, eine »Erste Adresse« für unsere hartnäckige Suche nach den Antworten auf so viele ungeklärte Fragen.

Fest steht, daß die Funde aus Char Choto noch keiner Katalogisierung unterzogen worden sind. Kein Wunder bei der Odyssee, die die meisten Stücke hinter sich haben. Über die geheimnisvollen Glassicheln konnte uns der Professor nichts sagen. Aber: Die alten Chinesen kannten schon vor mehr als 3000 Jahren das Glas. Wang Shiping machte uns auf äußerst seltsame Gebilde aufmerksam, die auch in der Wüste Gobi gefunden wurden. In ihrer Machart muten sie eindeutig technisch an. Und eine *Computeranimation* brachte es an den Tag: Die Ähnlichkeit dieser mysteriösen Gebilde mit *künstlichen Satelliten* ist schlichtweg verblüffend! Satelliten der Götter? (Abb. 5 und 5 a)

Mit unserer Neugier nach ungewöhnlichen Dingen aus grauer Vorzeit schienen wir den Professor angesteckt zu haben. So erzählte er uns noch über einen Fund, der in der Provinz Sichuan gemacht und auf ein Alter von 2800 Jahren geschätzt wurde. Im Distrikt Guang'an, nahe der Provinzhauptstadt Chengdu, liegt der Flecken San Xing Dui. Dort wurden Köpfe gefunden, die ein höchst merkwürdiges Aussehen

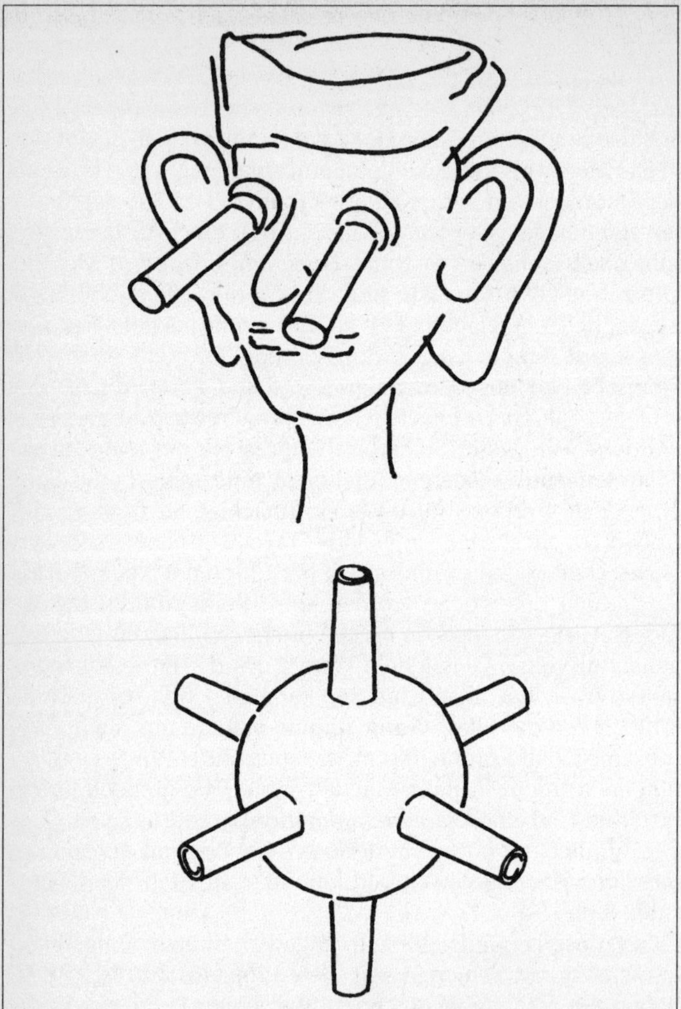

*Abb. 5 Ein nicht chinesisch wirkender Kopf aus San Xing Dui, Provinz Sichuan. Unten ein seltsamer gläserner Artefakt aus der Wüste Gobi. Über die Bedeutung all dieser Funde tappen die Archäologen im dunkeln.*

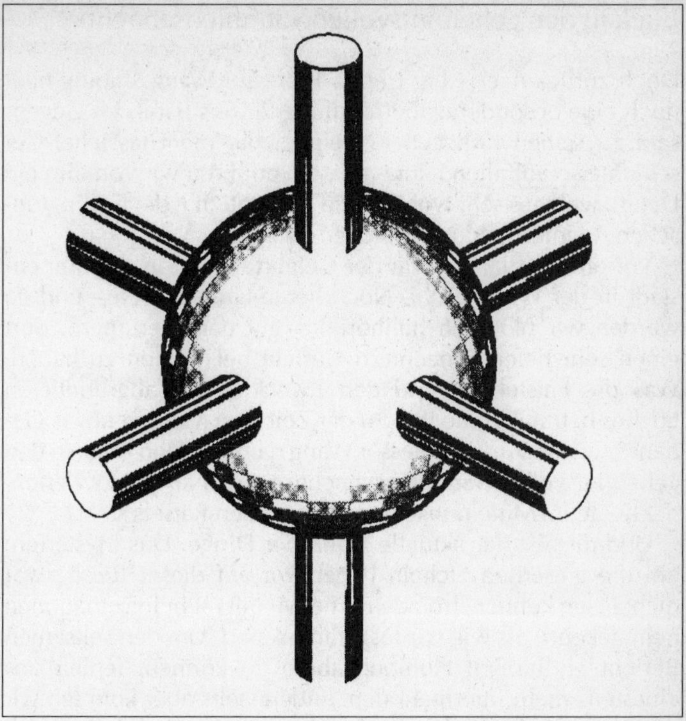

*Abb. 5a Die Computeranimation bringt es an den Tag: Die mysteriösen Glasgebilde aus der Wüste Gobi haben eine geradezu verblüffende Ähnlichkeit mit künstlichen Satelliten!*

besitzen: Man kann sie noch am ehesten mit »Popeye dem Seemann« vergleichen, aber mit »Stielaugen« und »Langnase« (s. Abb. 5). Über die Herkunft dieser nun absolut nicht chinesisch anmutenden Köpfe, aus Bronze hergestellt, tappen die Archäologen im dunkeln.

## Blick in den geheimnisvollen »Strahlenschacht«?

Doch zurück nach Char Choto. Professor Wang Shiping hielt noch eine besondere Überraschung für uns parat. Im Gegensatz zu seinen Kollegen in Beijing, die die Glassichel-Geschichte so auffallend kurz abtaten, erfuhren wir von ihm ein Detail, welches sehr wohl für die Authentizität der Collingtonschen Agenturmeldung sprechen könnte.

Vor etlichen Jahren war der Gelehrte selbst in der Ruinenstadt in der Wüste Gobi. Noch heute kann er sich – und da wurden wir plötzlich hellhörig! – gut daran erinnern, dort einen sehr tiefen Schacht zu Gesicht bekommen zu haben. Was die Entstehung und den Zweck dieses abgrundtiefen Loches betraf, konnte ihm zu der Zeit kein Mensch etwas Genaues sagen. Durfte Professor Wang damals einen Blick in den geheimnisvollen »Strahlenschacht« von Char Choto werfen, der heute im Mittelpunkt eines erregenden Rätsels steht?

Und dies ist der aktuelle Stand der Dinge. Das Mysterium um die gläsernen Sicheln haben wir auf dieser Reise zwar nicht lösen können, trotzdem sind wir mit mehr Informationen heimgekehrt, als wie wir losgefahren sind. Um den seltsamen Bericht als bloßen Humbug abtun zu können, fehlen uns einesteils mehr Informationen, andererseits aber konnten wir doch Umstände in Erfahrung bringen, die den Wahrheitsgehalt der Story keinesfalls ausschließen. Wie eingangs dargelegt, ist der 1986 erschienene Bericht mit Ungenauigkeiten durchsetzt, welche einer Klärung dringend bedürfen. Aber das berühmte »Körnchen Wahrheit«, das bekanntlich überall steckt, dürfte sich auch in dieser seltsamen Geschichte befinden.

Das Thema Char Choto ist für uns nicht vom Tisch. Eines Tages wird uns unser Weg auch an diesen rätselhaften Ort führen. Zu viele Fragen warten auf eine dringende Antwort!

## Rätselhafte Fundgrube

Rund zwei Millionen Quadratkilometer umfaßt jenes Gebiet in Zentralasien, das uns unter dem Namen *Gobi* geläufig ist. Eine gewaltige Wüste, allerdings von unterschiedlicher Beschaffenheit. Bis zu einhundert Meter hohe Sanddünen behindern im Westen dieses lebensfeindlichen Raumes ein gezieltes Weiterkommen der wenigen Reisenden. Dagegen präsentiert sich der Osten der Wüste als eine bergige Steppe.

Daß es dort vor Millionen von Jahren mit Sicherheit anders ausgesehen haben dürfte, können wir schon daraus ersehen, daß Naturforschern auf dem öden Terrain trotz aller Widrigkeiten sensationelle Fossilienfunde geglückt sind. Tierische Skelette, Schädel und Knochen sowie Gelege urzeitlicher Saurier, welche einst unter günstigeren Bedingungen die heutige Wüste Gobi bevölkerten. Und dies über viele Jahrmillionen hinweg. Was dort letztlich eines Tages zur Versteppung führte, was dafür verantwortlich war, daß das riesige Land zu einer heute wenig einladenden Einöde geworden ist, entzieht sich unserer genaueren Kenntnis.

Was wir jedoch wissen, ist die Tatsache, daß die Wüste Gobi auch noch nach dem rätselhaften Aussterben der Saurierrassen Leben beherbergte, menschliches Leben. Anthropologen sind sich jedenfalls einig, nunmehr über die Herkunft sowie den Ursprung von Chinas Ureinwohnern orientiert zu sein. Allerdings ist es erst eine schmale Spur, die in die ferne Vergangenheit des Reiches der Mitte führt. Und selbst diese hat sich inzwischen auf mysteriöse Weise verflüchtigt.

Groß war der Jubel der Wissenschaftler, als man seinerzeit in einer Höhle nahe Beijing Schädelreste einer Kreatur entdeckte, die im ersten Überschwang als aufrecht gehender Zweibeiner angesehen und sofort mit der lateinischen Bezeichnung »Sinanthropus pekinensis« – »Pekingmensch« – klassifiziert wurde. Leider hielt die Euphorie der wissenschaftlichen Welt nicht allzulange an, denn schon bald kam den eifrigen Forschern ihr einziges Beweisstück, der Identitätsnachweis für die behauptete Existenz des Urahnen der Chinesen, auf ungeklärte Weise abhanden. Unbekannte Räuber stahlen die naturhistorisch wertvollen Skeletteile, die auch bis zum heutigen Tage nicht mehr aufgetaucht sind. Wahrscheinlich haben sich private Sammler diese Artefakte unter den Nagel gerissen und diesen Jahrtausend-Fund allgemeiner Betrachtung auf hinterlistige Weise entzogen.

An der allgemeinen anthropologischen Meinung, wonach man bei der unerwarteten Entdeckung des prähistorischen Menschenschädels auf einen echten Vorfahren der gelben Rasse gestoßen sei, vermochte allerdings auch dieser schändliche Diebstahl in keiner Weise etwas zu ändern. Die Forscher vermuten, daß der »Pekingmensch« vor etwa 500 000 Jahren *auch die Gobi* durchstreifte, dabei mindestens 300 000 Jahre *vor* dem Neandertaler existierte.

Diskutiert wird aber weiterhin die Frage, ob diese Affenwesen nun tatsächlich zu den unmittelbaren Vorläufern des Homo sapiens zu zählen sind. Haben vielleicht sogar einige Exemplare die Zeitläufte überlebt? Immerhin schwören seit längerem ein paar hundert Chinesen Stein und Bein, solchen Vorzeitgeschöpfen auch noch in jüngster Zeit begegnet zu sein. Es sind keineswegs nur Laienbeobachter, die dies zu Protokoll gaben – auch akademisch geschulte Augenzeugen meldeten sich zu Wort. Wissenschaftler wie ein gewisser Li Jian, der Mitglied einer Studiengesellschaft ist, die sich besonders intensiv mit den Fragen einer möglichen Existenz solcher Mensch-Affen-Kreuzungen befaßt.

Sogar einen Namen hat man für diese seltene Mischung parat: »Die Wilden von Hubei« nennt man die affenähnlichen Wesen. Ihr Aussehen ist anhand dokumentierter Aufzeichnungen einigermaßen verbürgt. Über zwei Meter groß sollen sie sein und am gesamten Körper rotbraun behaart. Ihre Gesichtsfarbe wird mit einem dunklen Braun angegeben, die Nase als ungewöhnlich flach, die Augenbrauen hingegen als auffallend buschig beschrieben. Kahle Schläfen bilden einen merkwürdigen Gegensatz zu ihrem sonst so üppigen Haarwuchs, der den Beobachtungen zufolge bis zum Nacken reichen soll. In einem Artikel der Shanghaier Tageszeitung »Xinmin Wanbao«

wurde sogar die Information verbreitet, diese Urzeitwesen seien im Besitz von Werkzeugen, die sie natürlich auch benützten.[2]

Handelt es sich bei den Mensch-Affen-Wesen tatsächlich um überlebende Nachkommen jener Gattung, die die Anthropologen als »Pekingmenschen« bezeichnen? Leben einige von ihnen noch immer dort, wo ihre Vorfahren ursprünglich angesiedelt waren – in den vor Jahrhunderttausenden noch lebensfreundlicheren Weiten der Wüste Gobi? Müssen diese behaarten Gesellen ernsthaft mit den ersten menschlichen Wesen in Chinas grauer Vergangenheit gleichgesetzt werden?

## Funde, die unser Weltbild wackeln lassen

Andere Funde lassen hingegen weit phantastischere Schlußfolgerungen zu. Anfang der achtziger Jahre entdeckten Archäologen in der Provinz Qinghai, und zwar auf einer Halbinsel des Tusu-Sees, in einer Berghöhle zahlreiche künstlich angefertigte Eisenrollen. Jede von ihnen hatte einen Durchmesser von etwa 20 Zentimetern. Der Fund war deshalb möglich, weil ein paar dieser ungewöhnlichen Artefakte aus dem Gestein herausgeragt hatten. Erste Untersuchungen führten zu einem sensationellen Ergebnis. Die Eisenrollen müssen vor 400 000 Jahren (!) angefertigt worden sein. Aus dieser fernen Epoche wissen unsere Historiker so gut wie nichts zu berichten, es ist dunkelste Vorzeit. Aber welche Kultur auch immer damals in China verbreitet gewesen sein mochte, ihre gelehrten Köpfe waren ohne Zweifel imstande gewesen, Eisen herzustellen. Und nicht erst seit der Han-Dynastie (206 v. Chr. – 220 n. Chr.), in welche die offizielle Archäologie alles und jedes datiert.[49]

Angesichts solcher Entdeckungen gewinnt ein Fund, den eine chinesisch-sowjetische Expedition im Jahre 1959 in der Wüste Gobi gemacht hat, an Bedeutung. Unter der Leitung des chinesischen Archäologen Chau Ming Chen war die Gruppe von Wissenschaftlern aus den damals noch befreundeten Ländern auf Spuren menschlichen Lebens gestoßen. Im Sandstein lokalisierte man einen Schuhabdruck, dem man ein Alter von mehreren Millionen Jahren zubilligte.

Was dies zu bedeuten hat, wird jedem klar, der sich einmal vorurteilsfrei Gedanken darüber macht, welche Gattung Mensch vor Jahrmillionen befähigt gewesen sein mag, brauchbares Schuhwerk herzustellen. Um dies zu ermöglichen, muß es in jenen Tagen bereits eine beachtliche kulturelle Entwicklung gegeben haben. Dabei an Neandertaler oder an unsere »Wilden von Hubei« zu denken, erscheint lächerlich. Im Gegenteil: Die Bewohner jener Regionen in der heutigen Wüste Gobi müssen einen eminent hohen Intelligenzquotienten aufgewiesen haben. Was bereits ihre Fertigkeit beweist, kunstvoll gearbeitetes Schuhwerk zu fabrizieren. Ohne eine gewisse geistige Reife ist dies undenkbar. Welche Wesen stapften vor Millionen von Jahren in Schuhen durch Zentralasien, und woher kamen sie? Stammten sie am Ende nicht von dieser Welt?

Die Herkunft der Menschen aus Chinas fernster Vergangenheit bestimmen zu wollen ist im Moment mangels besserem Wissen müßig. Auch wenn manche Historiker nicht müde werden, in diesem Zusammenhang die unterschiedlichsten Behauptungen in den Raum zu stellen.

Da ist zum Beispiel davon die Rede, daß die gelbe Rasse von den Altbabyloniern abstammen soll. Andere leiten ihre Herkunft von den Ägyptern oder von den Indern ab. Und natürlich sehen einige besonders Phantasiebegabte auch Atlantis, Mu oder Lemuria als jene Länder an, die einstmals Chinas Ureinwohner beherbergt haben sollen. Aber nichts davon hält einer eingehenderen Untersuchung tatsächlich stand, keine frühzeitlichen Mythen wissen derartiges zu berichten.

Aber von den Drachen, die die »Himmelssöhne« von den Sternen zur Erde brachten, ist immer wieder die Rede. Waren es etwa doch die »Götter« aus den Tiefen des Alls?

## Zugang in die »Unterwelt«?

Um die Wüste Gobi, diese zentralasiatische Beckenlandschaft, ranken sich zahllose wilde Gerüchte. Sie blieben von territorialen und politischen Einflüssen unbeeindruckt. Die Gobi – oder auf chinesisch »Shamo« – liegt sowohl auf dem Staatsgebiet der Chinesischen als auch der Mongolischen Volksrepublik. Beide Staaten teilen sich diese Öde untereinander auf.

Die Überlieferungen, von denen man im Umkreis der großen gelben Wüste immer wieder hört, besagen, daß sich in dieser Region der Zugang befindet, der in das geheimnisvolle unterirdische Reich von *Agartha* (auch: Agharti) führt. Diese durch zahlreiche Mythen geisternde Wunderwelt soll, so wird berichtet, aus einem weitverzweigten Tunnelsystem bestehen. Von diesem aus könne jeder Kontinent dieses Planeten, jedes Land der Erde erreicht und betreten werden. Überzeugende Nachweise für die Existenz dieser unterirdischen Machtzentrale, von wo aus jenen Gerüchten zufolge unsere Welt von weisen *Mahatmas* (aus dem Sanskrit: »Große Seelen«, d. Verf.) gelenkt und regiert werde, blieben uns die Protagonisten der besagten Überlieferungen aber bisher schuldig.[54]

Einer der eifrigsten Verfechter derartiger Geschichten lebte zu Anfang dieses Jahrhunderts. Er war britischer Herkunft, im militärischen Rang eines Colonel und betätigte sich eifrig als Amateurarchäologe. Sein Name war James Churchward. In besonderem Maße einem obskuren Okkultismus verschrieben, will er eigenen Angaben zufolge in Indien auf schriftlich überlieferte Spuren von der einstigen Existenz eines im Pazifik gelegenen Kontinentes gestoßen sein. Der soll vor Zehntausenden von Jahren nach einer furchtbaren Katastrophe im Meer versunken sein. Churchward schrieb vier Bücher darüber und behauptete zudem, den Namen jener mythischen Landmasse zu kennen: *Mu*.

Hier wollen wir uns damit begnügen, die Hypothesen des britischen Colonel nur zu streifen, die sich mit den Besonderheiten im Bereich der Wüste Gobi beschäftigen. Churchward vertrat die Überzeugung, daß das heute so unfruchtbare Gebiet, lange bevor dort Chinesen, Mongolen und Russen in Erscheinung traten, von dem geheimnisvollen Volk der *Oejgoer* (auch: Uighuren) bevölkert gewesen sein soll. Sein Wissen will Churchward in Indien erworben haben. Doch niemand hat die ihm angeblich gezeigten und an Ort und Stelle übersetzten »Naacal-Täfelchen« je zu Gesicht bekommen.

Sicher scheint uns nur eines zu sein: Die Wüste Gobi war in früheren Zeiten keine Öde und ganz offensichtlich auch besiedelt. Ganz im Gegensatz zu heute.

## Atomexplosion im Jahre 1910

Wüstengebiete eignen sich naturgemäß besonders gut für solche Experimente, die gezielt abseits von größeren Menschenansammlungen in Szene gesetzt werden. Humanitäre Rücksichten mögen dabei zwar auch eine Rolle spielen, sind aber sicher nicht der Hauptgrund, derlei Vorsichtsmaßnahmen durchzuführen. Absolute Geheimhaltung lautet vielmehr die vorrangige Maxime. Und so überrascht es heute niemanden mehr, zu erfahren, daß die militärisch hochgerüsteten Großmächte – allen voran die USA – ihre entlegensten Wüstengebiete kurzerhand zu Sperrzonen erklärt haben.

Damit sie dort ungestört ihre Versuche vornehmen können. In erster Linie Atomversuche.

Seitdem auch die Volksrepublik China zu einer Weltmacht aufgestiegen ist und eine gewaltige militärische Potenz aufzuweisen hat, experimentiert man auch dort eifrig mit den Urgewalten des Atoms. Und was würde sich für diesen Zweck besser eignen, als die menschenleere Einöde bestimmter Abschnitte in der Wüste Gobi?

Was heute den militärischen Machthabern in China schon lange selbstverständlich geworden ist, bedeutete für die Soldaten der gerade gegründeten Volksrepublik noch absolutes Neuland. Um so überraschter waren die Spezialisten der chinesischen »Volksbefreiungsarmee« vor nunmehr 45 Jahren, als sie im Zuge einer Standortbestimmung für vorgesehene geheime Experimente ein Gebiet nahe der Mongolei betraten. Dessen Vegetation – besser gesagt, was davon übriggeblieben war – schien sonderbar verändert. Verkalkte Bäume sowie der verglaste Boden verrieten untrügliche Merkmale atomarer Einwirkung. Das unheimlichste an dieser Entdeckung aber war die Tatsache, daß es dort bis zu jenem Zeitpunkt noch gar keine Versuche mit Kernwaffen gegeben hatte. In den fünfziger Jahren waren Chinas Atombomben noch lange keine Realität. Sie befanden sich damals erst im Entwicklungsstadium – auf den Reißbrettern einiger Forscher in diversen Geheimlabors.

Erst am 16. Oktober 1964, als das rote Riesenreich die erste eigene Atombombe zündete, wurde es zum fünften Mitglied in dem »Club der Atommächte«. Nach den USA, der einstigen Sowjetunion sowie Großbritannien und Frankreich.

Die Verantwortlichen der Armee gingen deshalb der Sache auf den Grund. Sie untersuchten die Beschaffenheit der leblosen Zone und befragten auch Ortsansässige der näheren Umgebung, um die Ursache dieser erstaunlichen Tatsache festzustellen. Was dabei herauskam, war so verblüffend, daß sich die Militärs nur sehr schwer mit der Erkenntnis anzufreunden vermochten. Schon zu Anfang des 20. Jahrhunderts war es einem ihrer Landsleute möglich gewesen, die angsteinflößenden Kräfte des Atoms zu entfesseln.

## Unrühmliches Ende eines Alchimisten

Sowohl mündliche Hinweise wie auch schriftliche Aufzeichnungen führten die Militärs auf die Spur des Gelehrten Pou Chao-fi. Dieser war als Alchimist tätig, in der Tradition jener kühnen Forscher, die sich der Umwandlung der Materie verschrieben hatten. In einer abgelegenen Pagode hatte sich der Wissenschaftler ein geheimes Labor eingerichtet. Aus alten Zeiten stammenden Texten – woher stammten eigentlich diese Erkenntnisse? – entnahm er gezielte Hinweise, die es Pou

Chao-fi schließlich ermöglichen sollten, mit Hilfe verschiedener Chemikalien Atomkerne zu spalten. Der Bau einer Atombombe ist in der Tat vergleichsweise einfach, es bedarf hierzu nur einiger sehr reiner Zutaten, die in eine bestimmten Anordnung zueinander gebracht werden müssen!

Ältere Bauern, die man im Jahre 1950 befragte, erinnerten sich noch an jenen verhängnisvollen 8. Juli des Jahres 1910. Sie lebten damals im Umkreis der künftigen »Todeszone«. An dem bewußten Tag habe es dann im Bereich der Pagode plötzlich eine gewaltige Explosion gegeben, erfuhren die Ermittler der Armee. Die Detonation sei so heftig gewesen, daß man sie noch im Umkreis von 600 Kilometern habe vernehmen können.

Wahrscheinlich wäre der spektakuläre Vorfall im Laufe der Zeit auch bei den chinesischen Behörden in Vergessenheit geraten, hätte man nicht Jahre später in einer Bibliothek in Beijing überraschend ein Heft mit Aufzeichnungen des Alchimisten gefunden. Chinesische Wissenschaftler stießen darin auf eindeutige Hinweise, daß Pou Chao-fi bereits vor Jahrzehnten mit Kräften experimentierte, deren Möglichkeiten ihm letztlich aus dem Ruder liefen. In seiner Niederschrift berichtete der Gelehrte von seinen angsterregenden Versuchen. Er beschrieb Details eines »fürchterlichen Feuers vom Himmel, das durch die Sprengung von Metallatomen entstehen kann«.

Da es der wagemutige Wissenschaftler nicht allein bei theoretischen Abhandlungen beließ, kam es zwangsläufig zur Katastrophe. Beim Versuch, die Formel zu entdecken, mit deren Hilfe man Materie verwandeln kann, muß sich Pou Chao-fi fatal verspekuliert haben. Die gewaltige Explosion kostete ihn das Leben. Sie vernichtete sein Labor und die Pagode, ebenso die gesamte Vegetation im weiten Umkreis seiner Wirkungsstätte. Ein wirklich tragisches wie unrühmliches Ende eines Forschers, der – Jahrzehnte vor der atomaren Zerstörung Hiroshimas und seiner Zeit weit voraus – wohl als erstes neuzeitliches Opfer atomarer Experimente zu beklagen ist.

Aber von ihm weiß die Welt so gut wie nichts!

## Hat der CIA die Beweise?

Eine Unmenge an Spekulationen ranken sich um dieses angeblich 144 Seiten umfassende Dokument, das die Ergebnisse der Forschungen Pou Chao-fis enthalten soll. Da ist die Rede davon, daß es vor einigen Jahren gelungen sei, die geheimen Aufzeichnungen des Alchimisten aus China herauszuschmuggeln und diese dem amerikanischen Geheimdienst CIA zuzuspielen.

Auffallend an dem seinerzeitigen Geschehen ist der Umstand, daß der Zeitpunkt jener Kernexplosion des Jahres 1910 nur zwei Jahre nach einem Ereignis liegt, das bis zum heutigen Tag ungeklärt ist. Es ist die tunguskische Katastrophe aus dem Jahre 1908.

Damals, am 30. Juni um 7.17 Uhr Ortszeit am Morgen, raste ein sonnenheller Himmelskörper über die sibirische Taiga, um kurz darauf in etwa acht Kilometer Höhe zu explodieren. Die Detonation erreichte den Wirkungsgrad mehrerer Wasserstoffbomben und vernichtete an die 2000 Quadratkilometer Waldbestand. Unzählige Tiere, mit Sicherheit aber auch nicht wenige Menschen – umherstreifende Jäger – wurden getötet. Nach wie vor rätseln die Fachleute weltweit über die Ursachen des spektakulären Ereignisses. Ungezählte Theorien wurden darüber in den vergangenen Jahrzehnten verbreitet. Aber die Hauptargumente bewegen sich um die Annahmen, bei dem geheimnisvollen Himmelskörper habe es sich entweder um einen Meteoriten, den Kopf eines Kometen oder – um ein intelligent gesteuertes Flugobjekt gehandelt.[55,56]

Im letzteren Fall käme nur ein außerirdisches Raumschiff in Frage, das bei einer versuchten Landung abstürzte!

Ob es vielleicht Zusammenhänge mit dem Unglücksfall im China des Jahres 1910 gegeben haben könnte, läßt sich nicht mit Bestimmtheit sagen. Wohl eher nicht. Sicher ist hingegen, daß in der Nähe des Sees Lob Nuur, an der Oberfläche dieses Steppengebietes, glasartiger Sand zu finden ist. Der Grund hierfür ist jedoch kein Geheimnis. Man befindet sich dort nämlich auf dem Terrain, das wiederholt von den Chinesen für ihre Atombombenversuche herangezogen wurde.

Aber die Wüste Gobi umfaßt bekanntlich ein in seiner Ausdehnung gewaltiges Gebiet. So überrascht es vielleicht nicht, zu erfahren, daß es dort noch andere Regionen gibt, wo ganz ähnliche Verglasungen festgestellt werden konnten. *Dort* unternahm die Armee nachweislich keine Kernwaffenversuche. Wer also muß für die *an diesen Stellen* nachweisbaren Spuren verantwortlich gemacht werden?

Gab es etwa in Chinas ferner Vergangenheit schon einmal Geschehnisse, die uns heute an vergleichbare Katastrophen erinnern? Atomare Vernichtungsschläge – Jahrtausende bevor Amerikas Kernwaffen die japanischen Städte Hiroshima und Nagasaki auslöschten? Was mag sich damals, in dunkelster Vorzeit, in diesem längst unbewohnbar gewordenen Bereich an Grauenvollem abgespielt haben?

## Zwischenfall im Grenzgebiet

Noch weitaus mysteriöser als die Geschehnisse um den glücklosen Alchimisten Pou Chao-fi ist eine Reihe von dramatischen Vorfällen, die sich genau 60 Jahre später am nordöstlichen Rande der großen gelben Wüste abgespielt haben sollen. Will man den Berichten aus jenen Tagen Glauben schenken, sollen die unerhörten Ereignisse schließlich im Abwurf nuklearer Sprengsätze im mongolischen Teil der Wüste Gobi eskaliert sein. Geschehen soll dies alles im Frühjahr 1970 sein.[57, 58]

Das Ganze fing an mit einer ungewöhnlichen Häufung von UFO-Sichtungen im sowjetisch-chinesischen Grenzgebiet. Obwohl sehr dünn besiedelt, war diese Region seit dem Ende der fünfziger Jahre immer wieder zum Zankapfel zwischen den beiden vormals verbündeten Großmächten geworden. Über den genauen Verlauf der Grenze war man sich, gelinde ausgedrückt, uneins, und jede Seite machte Gebietsansprüche auf dem Territorium ihres Nachbarn geltend. Am Grenzfluß

Ussuri war es bereits 1968 zu bewaffneten Auseinandersetzungen gekommen, mit zahlreichen Toten und Verwundeten auf beiden Seiten.

Zu Beginn jener UFO-Sichtungswelle im April 1970 beschuldigten die Chinesen die Sowjetunion, Geheimwaffen in die Volksrepublik zu entsenden, und die Russen erhoben ihrerseits dieselben Anschuldigungen gegen China. Die politische Lage zwischen den beiden Staaten war zum Zerreißen gespannt.

Beispielhaft für viele gleichlautende Sichtungsberichte mag der folgende Fall stehen, der wenig später von einem nach Hongkong geflohenen Chinesen geschildert wurde. Dieser aus Sicherheitsgründen ungenannte Zeuge war zu jener Zeit Schafhirte im Chinggang Ling, einem Gebirgszug am Ostrand der Wüste Gobi. Die »Autonome Region Innere Mongolei« grenzt dort an die Mongolische Volksrepublik.

Die Hirten waren nachts unterwegs auf der Suche nach im Gebirge versprengten Schafen aus ihrer Herde, als sechs riesige rote Kugeln am Himmel auftauchten. Eine von ihnen landete auf einer Ebene, die etwa einen Kilometer entfernt, in Sichtweite der Zeugen lag. Von dem gelandeten Flugobjekt gingen intensiv blendende Lichtstrahlen aus, und die ganze Gegend war taghell erleuchtet. Dann erblickten die erschrockenen Hirten auch die Besatzung des Objektes. Die fremdartigen Wesen verglichen sie, ihrem damaligen Feindbild folgend, mit sowjetischen Kosmonauten in ihren Raumanzügen. Doch woher stammten die unheimlichen Wesen, die sie erblickten, tatsächlich?

Auch bei einem Fall aus dem Jahre 1968, in dessen Verlauf ein großes, scheibenförmiges Objekt im nördlichen Teil der Wüste Gobi landete, bezeichneten die Augenzeugen den Flugkörper als sowjetische Aufklärungs- oder besser Spionagemaschine. Es wurden dieses Mal zwar keine Wesen bei dem Objekt gesichtet, aber deutliche Landungsspuren hinterlassen.[3]

Umgekehrt beschrieben russische Zeugen die UFO-Insassen wie Chinesen, von kleinem Wuchs und mit orientalischen

Gesichtszügen. Das waren die Auswirkungen der jahrzehntelangen Propaganda, die den Menschen beiderseits der Grenze eingehämmert wurde und die stetig das Mißtrauen gegenüber der jeweils anderen Bevölkerung geschürt hat.

## In geheimer Mission verschollen

Am 24. April 1970 war dann die Hölle los. Ein Überschallbomber der sowjetischen Luftwaffe, der mit einem geheimen Auftrag zwischen Moskau und Wladiwostok unterwegs war, verschwand über Sibirien, ohne eine Spur zu hinterlassen. Der Pilot sprach gerade noch über Funk mit der Bodenstation, als sein Kontakt jäh und unerwartet abbrach. Funkrufe blieben unbeantwortet, das Radar zeigte nichts mehr an.

Sofort wurde eine großangelegte Suchaktion in die Wege geleitet. Mehr als 200 Suchflugzeuge und Hubschrauber durchkämmten das Gebiet, aus dem die letzte Funkmeldung des verschollenen Überschallflugzeuges gekommen war. Der amerikanische Journalist Dix Lester, der der ominösen Geschichte nachging und sie als erster veröffentlichte, berichtete von Funksprüchen der Suchmannschaften, aus denen hervorging, daß man »hier oben nicht allein« gewesen sei. »Mindestens 25 fremde Luftschiffe, wenn nicht gar mehr«, hätten sich am Himmel über ihnen befunden. »Aber sie sind zu hoch, wir können nicht nah genug an sie herankommen«, schloß einer der an die Bodenstationen gegebenen Berichte.

Der »Russische Bär« schien nun gereizt, denn am Boden wurden die Militärs zunehmend nervöser. Dem Vernehmen nach wurden zahlreiche Flugabwehrraketen von Stellungen entlang der mongolischen Grenze abgefeuert, als »Hunderte von leuchtenden Scheiben« über den Himmel flogen. Doch sie verpufften wirkungslos in der Luft, ohne einem der sich außer Reichweite befindlichen UFOs auch nur annähernd gefährlich zu werden.

Mittlerweile hatte der russische Militärgeheimdienst damit begonnen, aufgrund der zahlreich eingegangenen Berichte

15

16

15 Erst 1991 wurden drei Pyramiden bei Xian entdeckt, als man die Schnellstraße zum neuen Flughafen Xianyang baute. Sie führt nur 300 Meter an der vordersten vorbei.

16 Die hinterste dieser drei Pyramiden bei Xian. Die Stufenpyramide von Sakkara (Ägypten) läßt grüßen …

17 

18 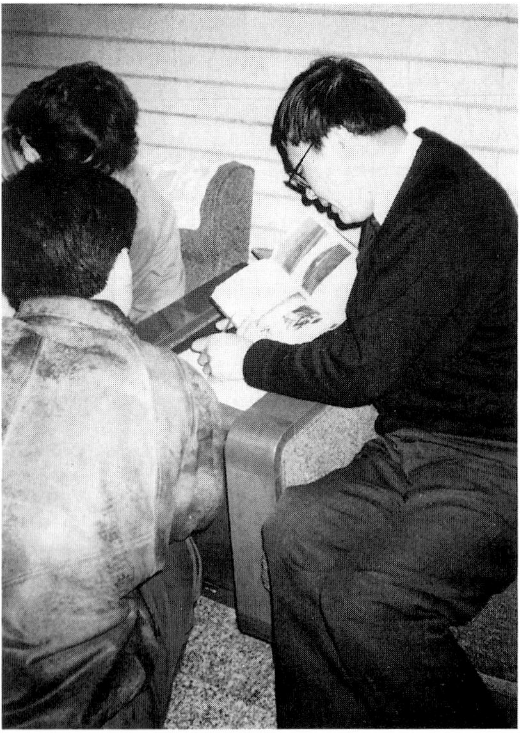

17 Geheimer Eingang oder aufgegebener Grabungsversuch plündernder Grabräuber? Dieser Stollen endet nach wenigen Metern im steinhart gewordenen Lehm der »Stufenpyramide« bei Xian.

18 Im Gespräch mit Professor Wang Shiping, dem Leiter der Forschungsabteilung im historischen Museum der Provinz Shaanxi in Xian. Dieser Wissenschaftler erwies sich als ein auch dem Ungewöhnlichen aufgeschlossener Forscher.

19 Hartwig Hausdorf überreicht Professor Wang Shiping ein signiertes Exemplar seines Buches »Die Weiße Pyramide«. Die Tochter dieses Gelehrten spricht übrigens sehr gut Deutsch.

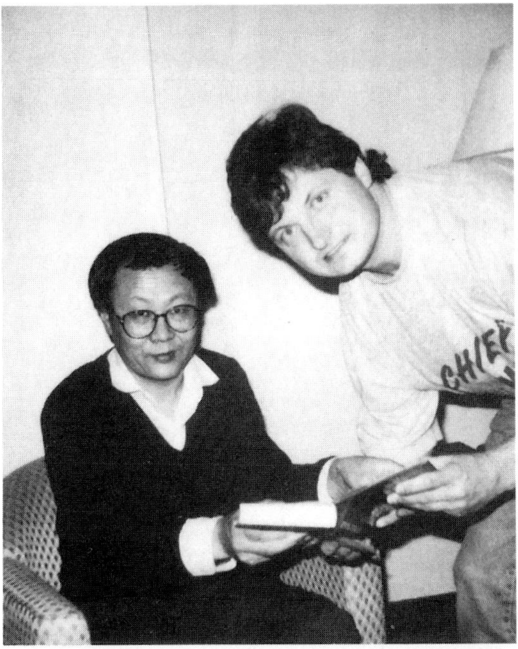

19

20 An der Stirnseite der Eingangshalle zum »Banpo-Dorf« prangt diese Rekonstruktionszeichnung: Man beachte die pyramidenförmigen Behausungen in der Bildmitte. Wirklich eine sehr alte Bauform!

20

21 Nachfolgende Doppelseite: Ganze »Pyramidenstädte« befinden sich in der endlosen Weite der Provinz Shaanxi. Wie diese, die auf halbem Wege zwischen dem Flughafen und der Stadt Xianyang rechterhand von der (für Touristen gesperrten) Straße auftauchen. Noch weiß in unseren Breiten kaum jemand von diesen ungewöhnlichen Funden!

2 1 10 '94

22

23

22 Blick von der großen Pyramide von Mao Ling: In etwa 300 Meter Entfernung steht eine kleinere, ca. 35 Meter hohe Pyramide.

23 Eher die Ausnahme bei den zahlreichen Pyramiden im Reich der Mitte: eine spitze Form. Die meisten chinesischen Pyramiden sind oben abgeflacht – wie ihre Pendants in Mittelamerika.

24

25

24, 25 Sind die »Weiße Pyramide« und die knapp 90 Meter messende, große Pyramide von Mao Ling identisch? Zugegeben, dieser Gedanke kam auf, doch kann man diese Möglichkeit getrost ausschließen. Siehe hierüber die Ausführungen im 4. Kapitel dieses Buches.

26

26 Sehr schöne, gleichmäßig geformte Pyramide von etwa 70 Meter Höhe, kurz vor der Stadtgrenze von Xianyang.

27 Ein wenig an die Sonnenpyramide von Teotihuacan in Mexiko erinnert dieses etwa 60 Meter hohe Bauwerk, das auf halbem Weg zwischen Flughafen und Xianyang liegt.

27

exakte Vermessungen vorzunehmen. Deren Ziel war es, den möglichen Ursprungsort der Unbekannten Flugobjekte durch Triangulation punktgenau festzulegen. Dies ist dem Geheimdienst auch tatsächlich aufs genaueste gelungen. Denn als die Offiziere die Flugrouten der geheimnisvollen Eindringlinge auf Karten einzeichneten, liefen alle Linien auf einem Punkt zusammen, der etwa 1000 Kilometer nordöstlich der mongolischen Hauptstadt Ulaan Baatar (Ulan Bator) liegt. Das Gebiet gehört zum Territorium der Mongolischen Volksrepublik und befindet sich nahe der sowjetisch-chinesischen Grenze.

## Blitzkrieg

Am 26. April 1970 – genau zwei Tage nach dem ebenso plötzlichen wie spurlosen und unerklärlichen Verschwinden der sowjetischen Kuriermaschine – bemerkten die Moskauer Korrespondenten der westlichen Medien, daß die russischen Streitkräfte in höchste Alarmbereitschaft versetzt wurden. Schier pausenlos transportierten die Eisenbahnen nun Panzer und schweres Kriegsgerät in Richtung Sibirien. Drei komplette Divisionen wurden von ihren Standorten aus überstürzt in Marsch gesetzt, und endlose LKW-Kolonnen verstopften die nach Osten führenden Hauptstraßen.

Die aufgescheuchten Reporter, die eine exklusive Story witterten, wurden indessen mit der Erklärung beschwichtigt, man sei unterwegs zu den alljährlich stattfindenden Frühjahrsmanövern.

Aber auch auf chinesischer Seite war man alarmiert. So wurde am 27. April plötzlich eine Division der »Volksbefreiungsarmee«, die in Nordkorea stationiert war, mit Lastwagen in Richtung Mongolei abtransportiert. Am selben Tag trafen ein gewaltiger Verband sowjetischer Langstreckenbomber und eine große Anzahl Jagdflugzeuge über Sibirien zusammen. Diese gesamte Armada schlug alsdann südliche Richtung ein und bewegte sich auf das ausgekundschaftete Zielgebiet in der Mongolei zu. Solch eine Flugzeugkette hatte man seit den Tagen des Zweiten Weltkrieges nicht mehr gesehen.

Russische Aufklärungsmaschinen überflogen an diesem Tag pausenlos die chinesische und die mongolische Grenze und fotografierten buchstäblich jeden Quadratmeter des angepeilten Operationsgebietes.

Dann überschlugen sich die Ereignisse.

## Atomschlag gegen UFO-Basis?

In der Nacht zum 28. April 1970 schlug die Kriegsmaschinerie dann präzise zu. Das Zielgebiet nordöstlich von Ulaan Baatar wurde von Hunderten von Flugzeugen mehrere Stunden ununterbrochen bombardiert, regelrecht ausradiert. In dieser Nacht war der Horizont weithin unheimlich verfärbt, und viele Einwohner der 1000 Kilometer entfernten mongolischen Hauptstadt waren sicher, daß Atomwaffen zum Einsatz gekommen waren. Am 30. April strömten dann sowjetische Soldaten in die Mongolei, und chinesische Landstreitkräfte erreichten den systematisch ausgebombten Landstrich am 4. Mai.

In den sowjetischen wie auch in den chinesischen Medien wurde das spektakuläre Ereignis völlig heruntergespielt. Hier wie dort beschränkte man sich einzig darauf, ein paar in einem aggressiven Ton gehaltene Meldungen über Grenzverletzungen der jeweils gegnerischen Seite abzugeben. In Hongkong dagegen erfuhr man ein wenig mehr. In einem kurzen Rundfunkbericht wurde mitgeteilt, daß bei dem jüngsten Grenzkonflikt zwischen der UdSSR und der Volksrepublik China Hunderte von Mongolen und Chinesen getötet worden seien. Ein sowjetisches Bombergeschwader habe eine streng geheime chinesische Militärbasis angegriffen und dabei auch Atombomben eingesetzt.

Der schon eingangs erwähnte Journalist Dix Lester, der dieses ungeheuerliche Ereignis in der amerikanischen Zeitschrift für grenzwissenschaftliche Phänomene, »SAGA«, erstmalig veröffentlicht hat, verbürgt sich für den Wahrheitsgehalt seines Berichtes. Dabei beruft er sich nicht nur auf die Aussagen der in Hongkong eingetroffenen chinesischen Flüchtlinge, die ihm und dem französischen Reporter Pierre Gardin die Vorfälle geschildert haben sollen.

Lester berichtet ferner, mit einer Gruppe von Oberschülern aus der ehemaligen DDR gesprochen zu haben, die in jenen Tagen auf einer Studienreise durch die Mongolei unterwegs war. Diese jungen Leute bestätigten ihm dabei nicht nur die Berichte, die ihm schon durch die nach Hongkong geflohenen Chinesen geläufig waren. Sie gaben auch an, daß die Streitkräfte der Sowjetunion bei ihrem Angriff nordöstlich von Ulaan Baatar eine verborgene Operationsbasis unbekannter Flugobjekte zerstört haben sollen. Diese bestand den Berichten nach aus kilometerlangen, unterirdisch verlaufenden Tunnels und einer Anzahl von *pyramidenartigen* Bauten.

Nach dem Bombardement, so schließt der spannende Report aus der Zeitschrift »SAGA«, sei die Welle von UFO-Sichtungen über dem sowjetisch-chinesischen Grenzgebiet schließlich vollständig abgeflaut.

Friede über der großen gelben Wüste, oder nur die Ruhe nach dem Sturm?

# 4 So weit das Auge reicht
# Wir fanden die sagenumwobenen Pyramiden Chinas!

Ist von Pyramiden die Rede, dann denken wir in aller Regel zuerst an das alte Land der Pharaonen: Ägypten, das »Geschenk des Nil«. Stolz und mächtig haben die drei bekanntesten Pyramiden in Gizeh der Zeit und den Stürmen der Wüste getrotzt. Von den sieben Weltwundern der Antike sind sie die einzigen, welche die Herausforderung angenommen haben, sich mit der Ewigkeit anzulegen. Der französische Kaiser Napoleon I. Bonaparte (1769–1821) gemahnte seine Invasionstruppen im Schatten der gewaltigen Monumente zur Ehrfurcht vor der Vergangenheit: »Soldaten«, lautete sein Geschichte gewordener Ausspruch, »vier Jahrtausende blicken auf euch herab.«

Ob es letztlich nur viertausend Jahre sind oder mehr im Falle der ägyptischen Pyramiden, darüber läßt sich streiten. Doch eines ist sicher: Sie sind ein globales Phänomen. Denn ein ganzer Gürtel von Pyramiden zieht sich rund um den Erdball. Von Ägypten und dem Zweistromland in westlicher Richtung nach Europa und Amerika. Im mittelamerikanischen Urwald stellen einzigartige Bauten stumme Fragen an uns Menschen der Neuzeit: Tikal und Palenque, Chichen-Itza, Teotihuacan. In östlicher Richtung ziehen sie sich über Indien, China und Indonesien bis auf einsame Inseln in den Weiten des Pazifischen Ozeans.

Leider sind viele der auf der Erde verstreuten Pyramiden als solche kaum mehr zu erkennen. Zeit und Eurosion haben gnadenlos ihren Tribut gefordert und nicht wenige dieser Bauten in bizarre Hügel verwandelt, die oft von üppiger Vegetation bedeckt sind. Wer hätte gedacht, daß quasi vor unserer Haustür – wenn auch kaum mehr als von Menschenhand zu identifizieren – zahlreiche Pyramiden stehen? In Frankreich zum

Beispiel oder auf der Kanalinsel Jersey. Dort stellt das einstmals in Form eines spitzen Kegels angelegte Monument »La Hougue Bie« sogar den Rest einer Rundpyramide dar.[59]

Der Drang, jener uralte Trieb der Menschheit, Pyramiden zu errichten, ist genauso rätselhaft wie diese selbst. Wer leitete unsere Vorfahren global zum Bau dieser unübersehbaren, himmelwärts gerichteten Monumente an? Sollten sie womöglich an Wesen erinnern, die »von oben« auf diesen Planeten herabgekommen sind? Und sollten sie uns vielleicht auch die Richtung zeigen, in die die alten »Götter« nach der Erfüllung ihrer irdischen Mission aufgebrochen sind?

Heim zu den Gestirnen?

## Rätselhafte Kräfte

Den Pyramiden wohnen ganz offensichtlich mysteriöse Kräfte inne – man hat keine Ahnung, woher sie stammen, man weiß nur, daß sie existieren. Unter der Bezeichnung »Pyramiden-Effekt« faßt man all jene Phänomene zusammen, die unser Verstand noch nicht in der Lage ist mit unserem gültigen Weltbild in Einklang zu bringen. In einer Modellpyramide deponiertes Fleisch mumifiziert, anstatt zu verwesen, Pflanzen gedeihen besser, und stumpfe Rasierklingen werden wieder scharf. Auf letztere Entdeckung erhielt der tschechische Ingenieur Karl Drbal bereits 1959 ein Patent, seither ist das Rasierklingenexperiment unzählige Male erfolgreich wiederholt worden.

An der Technischen Universität München unternahm Professor Dr. J. Eichmeier eine Versuchsreihe unter Laborbedingungen. Die eine Hälfte einer abgenutzten Klinge lag acht Tage lang in einer Plexiglas-Pyramide, die andere Hälfte in einer abgeschlossenen Schublade. Nach einer Woche wurden beide Klingenhälften nebeneinander unter dem Raster-Elektronenmikroskop untersucht. Der Unterschied in der Breite der Schnittflächen, aber auch in der Oberflächenstruktur der beiden Hälften war, gelinde gesagt, gravierend.[60, 61]

## Pyramiden auf dem Mars?

Sogar unser Nachbarplanet Mars gibt uns in dieser Hinsicht erregende Rätsel auf. In der Cydonia-Region, fünfzehn Kilometer von jenem steinernen Antlitz entfernt, das längst als das »Marsgesicht« in die Kontroversen zwischen Ablehnern und Befürwortern der Hypothese um außerirdische Besucher eingegangen ist, steht eine Formation streng symmetrisch geformter Pyramiden. Deutlich sind sie auf den Fotos der Viking-Sonde zu erkennen, die die NASA in den siebziger Jahren in eine Umlaufbahn um den »roten Planeten« geschickt hat. Die mit der Auswertung der Bilder betrauten NASA-Spezialisten schreiben sie überwiegend einer Laune der Natur zu. Die beiden Computerspezialisten Vincent diPietro und Gregory Molenaar erkennen darin sechs riesige Pyramiden, die wie ihre Pendants in Ägypten »offenbar astronomisch ausgerichtet sind«.[62]

Sollten sie sich aber – spätestens an jenem Tag, an dem eine bemannte Expedition unseren Nachbarplaneten erreicht – tatsächlich als künstliche Bauwerke erweisen, dann wären sie mit Abstand die gewaltigsten und unvergleichlichsten Monumente, die wir je gesehen haben. Gegen diese Marsobjekte würde selbst die große »Weiße Pyramide« verblassen.

Doch auf unserem Heimatplaneten scheint sie das größte je von Menschenhand errichtete Bauwerk dieser Art zu sein – und eines der erklärten Wunschziele unserer Forschungsreise. Wahrscheinlich ist sie auch die älteste, die »Urmutter« aller chinesischen Pyramiden. Stehen wir nicht bei vielen Kulturen und deren Relikten aus grauer Vorzeit vor dem Phänomen, daß die ältesten aller vergleichbaren Bauwerke zugleich die perfektesten waren? Die jüngeren »Epigonen« kommen dagegen bei weitem nicht an die Vollendung ihrer Vorbilder heran.

So ist auch der Bau der »Weißen Pyramide« mit hoher Wahrscheinlichkeit in weit frühere Epochen zu datieren, als jene kleiner geratenen, die wir in erstaunlich großer Anzahl in der Umgebung von Xian zu Gesicht bekommen sollten. Vorab versuchten wir noch, einige Informationen aus berufenem Munde einzuholen, und begaben uns zur »Ersten Adresse«, die China in Sachen Altertumsforschung zu bieten hat.

## Ein Stich ins Wespennest!

Ein Vorfall hat dabei gleich unsere Aufmerksamkeit erregt, als uns – noch in Beijing am Anfang unserer Forschungsreise – das ausgesprochen seltene Glück zuteil wurde, in der altehrwürdigen *Akademie der Wissenschaften* in der Wangfujing Dajie Nr. 27 von fünf führenden Professoren der archäologischen Fakultät empfangen zu werden. Waren sie bereit, uns vorbehaltlos Rede und Antwort zu stehen?

Als wir den Herren Feng Haozhang, Xie Duan Ju und ihren Kollegen die Luftaufnahme der »Weißen Pyramide« vorlegten, ging plötzlich ein Raunen durch die Versammlung, herrschte allergrößte Aufregung im akademischen Kreise! Was war in die sonst so bedächtigen Archäologen gefahren, in welchem Wespennest hatten wir unvermittelt herumgestochert? Die spontane Diskussion unter den bestürzt wirkenden Gelehrten verriet große Ratlosigkeit. Aber weniger um die Frage, was auf dem Foto denn abgebildet sei, als vielmehr darum, wie wir zu der Aufnahme gekommen sein mögen. Unser deutschsprechender Begleiter vergaß darüber ganz, zu übersetzen ...

Immerhin war die Aufregung, die wir unter den Wissenschaftlern verbreitet hatten, für uns nicht ganz unergiebig. Bereitwillig gaben sie nun zu, allein im westlich von Xian gelegenen Bezirk Mao Ling von der Existenz von nicht weniger als elf dieser Bauwerke zu wissen. Bei der Pyramide auf dem Foto zweifelten sie die errechnete Höhe von 300 Metern zwar glatt an, hielten im selben Atemzug aber 100 Meter für einen durchaus realistischen Wert.

Nur um die Bezeichnung Pyramide drückten sich die Herren in bewundernswerter Einmütigkeit. Unisono datierten sie all diese Bauten in die Zeit der Han-Dynastie (206 v. Chr.–220 n. Chr.) und bezeichneten sie als Grabhügel. Mittlerweile hatten wir ja die Erfahrung gemacht, daß die offizielle Archäologie in China kaum je etwas älter als in diese Periode datiert. Begründet wird dies mit dem Argument, daß es davor keine historisch gesicherten Daten gäbe und sich alles mehr oder weniger im Reich von Mythen und Legenden bewege.

Die Realität sieht jedoch ganz anders aus. Denn die Zeittafel der chinesischen Geschichte kennt nicht weniger als vier große Dynastien, die in ihrer zeitlichen Abfolge noch vor der Han-Periode kommen:[63]

| | |
|---|---|
| – Xia-Dynastie | ca. 2100–1600 v. Chr. |
| – Shang-Dynastie | ca. 1600–1100 v. Chr. |
| – Zhou-Dynastie | ca. 1100– 221 v. Chr. |
| Westliche Zhou oder Xizhou | ca. 1100– 771 v. Chr. |
| Östliche Zhou oder Dongzhou | 770– 221 v. Chr. |
| Chunqui-Periode | 770– 476 v. Chr. |
| – »Zeit der kämpfenden Staaten« | 475– 221 v. Chr. |
| – Qin-Dynastie | 221 – 206 v. Chr. |

Es gibt also eine ganze Menge zum Teil gesicherter Daten und Fakten aus den Jahrtausenden vor der vielzitierten Han-Dynastie! Bei der allfälligen Standard-Datierung mag es sich ja vielleicht um eine Art »Han-Chauvinismus« handeln. Durch den Stolz der überwiegenden Mehrheit der Chinesen begründet, die ihre Herkunft auf dieses Herrschergeschlecht zurückführt. Und weil es keine hohe Kultur vor der Han-Zeit gegeben haben *darf, kann* es sie ergo nicht gegeben haben.

Wir waren, nebenbei gesagt, heilfroh, das Foto der »Weißen Pyramide« mitgenommen zu haben. Wer weiß, was man uns sonst so alles erzählt und an Dementis aufgetischt hätte. Nun aber konnten die Herren von der Akademie der Wissenschaften nicht umhin, wenigstens einen Sprung über ihren Schatten zu wagen. Man hüte sich dringend, mit leeren Händen zu kommen...

Nicht unerwähnt lassen wollen wir einen Erklärungsversuch, den man uns für die Form der chinesischen Pyramiden noch flugs mit auf den Weg gab. Man höre und staune: Vorbild soll das *Dao* gewesen sein, ein zu damaligen Zeiten allgemein gebräuchliches Kornmaß. Ei der Daus! Diese Vorstellung entbehrt nicht einer gewissen Situationskomik. Hunderte, nein Tausende Chinesen wieseln, versehen mit ihrem Kornmaß *Dao* im Handgepäck, über unsere vorgeschichtliche Welt. Sie haben wahrhaft Großes vor, machen sie doch eine geometrische Form populär, die sich bald in Bauten auf dem ganzen Planeten durchsetzen sollte.

Wenn uns nach Spaß und Albernheiten der Sinn steht, melden wir uns schon rechtzeitig!

## Qin Shi Huangdis letzte Ruhestätte

Als wir, aus Beijing kommend, in Xian landeten, waren wir bereits voller Erwartung, was auf uns in Sachen Pyramiden zukommen würde. Immerhin hatten die Herren Professoren aus der Akademie der Wissenschaften die Existenz einer ganzen Anzahl dieser Bauten nicht verleugnen können. Als wir dann von dem vor drei Jahren neuerbauten Flughaften Xianyang abgeholt wurden, tauchten auf dem Weg in die Stadt auch bald jene Pyramiden auf, deren Fotos im Buch »Die Weiße Pyramide« ebenfalls abgebildet waren. Wenn auch in denkbar schlechter Bildqualität, hatte sie unser Gewährsmann Chen Jianli doch nur im Vorbeifahren aus dem Busfenster heraus fotografieren können. Und das bei schlechtem Wetter. Wir hielten jetzt nur kurz, denn wir hatten diesen Ort in unserem Reiseprogramm mit einem eigenen Ausflug – und viel Zeit – eingeplant.

Erst nach und nach wird die Existenz von Pyramiden im Reich der Mitte bekannt, bei uns wie auch in China selbst. Bis vor kurzen wußte man nur um eine einzige, welche als die Grabstätte von Kaiser Qin Shi Huangdi gilt.

Der Qin-Kaiser Shi Huangdi lebte von 259 bis 210 v. Chr., und er selbst bezeichnete sich als der »Einiger der Reiche«. Was man ihm auch neidlos zugestehen muß, denn vor seiner Regierungszeit kämpften die sieben Teilstaaten Qi, Chu, Yan, Han, Zhao, Wei und Qin erbittert um die Vormachtstellung im heillos zersplitterten China. Es war die Zeit der »kämpfenden oder rivalisierenden Staaten«, sie dauerte von 475 bis 221 v. Chr. Erst der Kaiser des Qin-Staates, Shi Huangdi, machte dem desolaten Zustand ein Ende.[63]

Dank der Aufzeichnungen des Historikers Sima Qian (145–86 v. Chr.) wissen wir heute von der Existenz und dem Standort der Grabstätte des Kaisers. Sie liegt sogar ganz in der Nähe jener bekannten »Terrakotta-Armee«, die im Jahre 1974 zufällig beim Bohren eines Bewässerungsbrunnens entdeckt wurde. Heute sieht man einen nicht ganz 50 Meter hohen Hügel, der künstlich angelegt und mit Gras und Bäumen bepflanzt ist. Laut Sima Qian befindet sich darunter eine 47 Meter hohe, in fünf Terrassen angelegte Pyramide.

In den Chroniken des Historikers ist vermerkt, daß nahezu 700 000 Arbeiter an dieser Grabstätte gebaut haben sollen. Der Erdboden sei dabei bis zum Grundwasserspiegel nivelliert, die Bodenfläche dann mit Bronze ausgegossen worden. Darauf sei der steinerne Sarkophag des toten Herrschers gestellt worden. Nach der Fertigstellung der Grabstätte wurden aber auch diejenigen, die den Zugang kannten, lebendig eingemauert. Ein grausamer Brauch, der auch andernorts gepflegt wurde. Schließlich wurde die Pyramide dann sorgfältig mit Erdreich bedeckt und begrünt, um den Eindruck eines auf natürliche Weise entstandenen Hügels zu erwecken.

Ein wahres Wunderwerk soll sich im Inneren der Pyramide befinden. Sima Qian spricht von einem »künstlichen Universum« mit einem nachgebildeten Firmament an der Decke des Saales, in dem der Tote ruht. Und einer richtigen Landschaft, mit Flüssen aus Quecksilber, die in ständiger Bewegung gehalten wurden. Selbst die Sicherheit vor den allgegenwärtigen Grabräubern kam darin nicht zu kurz. Fest installierte Armbrüste mit mechanischem Auslösemechanismus, regelrechte Selbstschußanlagen also, sollen die Grabruhe schützen und mit einem Pfeilhagel jedem Eindringling den Garaus machen.

Lange Zeit wurden die Aufzeichnungen des kaiserlichen Historikers für bloße Legenden gehalten, vor allem, was die Schilderungen der technischen Wunderdinge angeht, die sich in der Pyramide befinden sollen. Doch neuere Ausgrabungen rund um dieses Bauwerk scheinen manches zu bestätigen, was Sima Qian für die Nachwelt festgehalten hat. So ergab eine Analyse des Erdreichs in der unmittelbaren Umgebung der Grabpyramide eine außergewöhnlich hohe Quecksilberkonzentration.

Eines macht bedenklich: Die Archäologen befleißigen sich nämlich einer überaus merkwürdigen Zurückhaltung bei ihren Aktivitäten um Qin Shi Huangdis letzte Ruhestätte. Die Öffnung der Pyramide unter dem Hügel steht noch immer aus. Laut Aussage eines führenden Archäologen in China »soll sich die nächste Generation damit beschäftigen«.[64]

Nimmt man Sima Qians Chronik nun doch für bare Münze, fürchtet man sich vor unliebsamen Entdeckungen, die ein ganzes Weltbild zum Einsturz bringen könnten? Hat man Angst, im Falle einer baldigen Öffnung mit einer Technik konfrontiert zu werden, die man noch nicht versteht? Die Sorge um drohende Arbeitslosigkeit bei künftigen Wissenschaftlergenerationen wird es wohl kaum sein, die die heutigen Forscher grämt.

Doch nun zu den Pyramiden an der Peripherie Xians. Künftig dürfte ihnen mehr Aufmerksamkeit zukommen, sind sie doch von allen am leichtesten zu erreichen.

## Erst im Jahre 1991 entdeckt

Fährt man vom »Glockenturm«, einer Pagode im Zentrum von Xians Altstadt, in nordwestlicher Richtung zum neuen Flughafen Xianyang, so tauchen nach ziemlich genau 25 Kilometer Fahrtstrecke rechter Hand die drei Pyramiden auf. Einer der Autoren hatte zwei Fotos von ihnen erstmalig in seinem Buch »Die Weiße Pyramide« veröffentlicht. Ein holperiger Feldweg zweigt von dem gut ausgebauten Flughafenzubringer ab. Um die etwas eng geratene Einfahrt, die zwischen zwei Leitplanken liegt, nicht zu verfehlen, mußten wir sehr genau aufpassen. Auf dem nachfolgenden schmalen Weg mit knietiefen Löchern tastete sich unser Fahrer in bedächtigem Schrittempo voran. Trotzdem war ihm sichtlich unwohl in seiner Haut. Mit Recht, denn die Vorderachse der großen japanischen Limousine, mit der wir umhergefahren wurden, sollte diesen Knüppeldamm bald darauf bitter büßen. Etwa einhundert Meter vor der ersten, ungefähr 40 Meter hohen Pyramide, die einen halben Kilometer von der Hauptstraße gelegen ist, endet der staubige Weg an einer Lehmhütte.

Der nun folgende Ausflug – wir stapften über drei Stunden durch die lehmgelbe Gegend – führte uns zu der aus drei Pyramiden bestehenden Formation, von denen wir zwei bestiegen. Die mit Abstand interessanteste von ihnen ist gleichzeitig die kleinste. Sie befindet sich fast eineinhalb Kilometer von der Straße entfernt, und der Marsch über das von Bewässerungsgräben durchzogene Gelände ließ uns so manches Mal knöcheltief im Morast einsinken. Wenige Tage zuvor hatte es nämlich ausgiebig geregnet.

Diese weit im Gelände zurückgesetzte Pyramide erinnerte uns in ihrer Form frappierend an die Stufenpyramide von Sakkara, die als Urahnin aller Pyramiden im Land des Nils angesehen wird. Ihre Höhe schätzten wir auf gut 35 Meter. Von allen dreien an diesem Ort hat sie auch die ausgeprägteste Pyramidenform, und ihre Seitenwände sind am steilsten. Dies und der Umstand, daß die Pyramiden in der Shaanxi-Region aus lehmigen Baumaterialien bestehen, erschwerte uns den Aufstieg ungemein: Mehrmals setzten wir uns unsanft auf den Hosenboden.

Die beiden anderen Pyramiden waren jeweils noch ein paar Meter höher als die »Stufenpyramide«. Wir schätzten ihre Höhe in beiden Fällen auf mindestens 40 Meter. Optisch wirkten sie jedoch nicht so hoch, denn sie waren deutlich breiter als die besagte dritte und hatten einen rechteckigen Grundriß. Auch das Plateau auf ihrer »Spitze« war langgestreckt und hatte beinahe die Dimension eines Fußballplatzes.

Leider wird derzeit absolut nichts dafür getan, um diese Monumente wirksam zu schützen. Die Bauern der Umgebung pflanzen auf den oberen Plattformen Getreide an. Bei den beiden zu der Straße hin gelegenen Pyramiden wurden die Seitenwände mit buschigen Nadelgehölzen, offensichtlich einer Zypressenart, bepflanzt. An der Größe dieser Koniferen konnten wir unschwer erkennen, daß mit der Aufforstungsaktion längstens vor zwei oder drei Jahren begonnen wurde. Will man dadurch langfristig natürliche Hügel in dieser sonst so brettebenen Gegend vortäuschen? Was will man verbergen?

Eine systematische archäologische Erforschung der Pyramiden hat bislang noch nicht eingesetzt. Es ist eigentlich unvorstellbar: Erst 1991 wurden diese drei Bauwerke ganz zufällig entdeckt. Der alte Flughafen von Xian, der zu nahe am Zentrum der Stadt lag, drohte aus allen Nähten zu platzen. Xian hatte sich zu einem touristischen Schwerpunkt des modernen China entwickelt. Und mit der Flugsicherheit stand es auch nicht mehr zum besten. Also baute man 35 Kilometer außerhalb im Nordwesten den neuen Flughafen Xianyang. Und mit ihm eine breite, großzügig angelegte Schnellstraße, die zufällig in nur wenigen hundert Meter Entfernung an den beiden größeren Pyramiden vorbeiführt. Mit Halteverbot auf der ganzen Strecke...

So unglaublich banal waren die Umstände, die zur Entdeckung dieser Bauwerke führten – immerhin in allernächster Reichweite einer der bedeutendsten Großstädte des Landes!

Wenigstens wurde diese Pyramidengruppe bereits mit einem Namen bedacht. Man nennt sie die »Sonnengräber« und datiert sie – natürlich, wohin sonst? – in die Zeit der Han-Dynastie. Die offizielle Archäologie des Landes scheut sich nach wie vor, die Pyramiden auch als das zu bezeichnen, was sie wirklich sind, und spricht statt dessen verschämt von »Grabhügeln«.

Diese Logik will uns nicht ganz einleuchten. Von der geometrischen Form her sind es ganz eindeutig – wenn auch oben abgeflacht und zum Teil stark verwittert – *Pyramiden.* Und aus dem Bereich der »Neuen Welt« fällt uns sofort ein Beispiel ein, das auch als Grab Verwendung fand, denn man entdeckte darin einen Sarkophag mit dem Skelett eines Mannes. Darüber lag eine aus einem Stück gefertigte Steinplatte mit den Maßen 3,80 mal 2,20 mal 0,25 Meter. Ihre Oberseite ziert eine Dar-

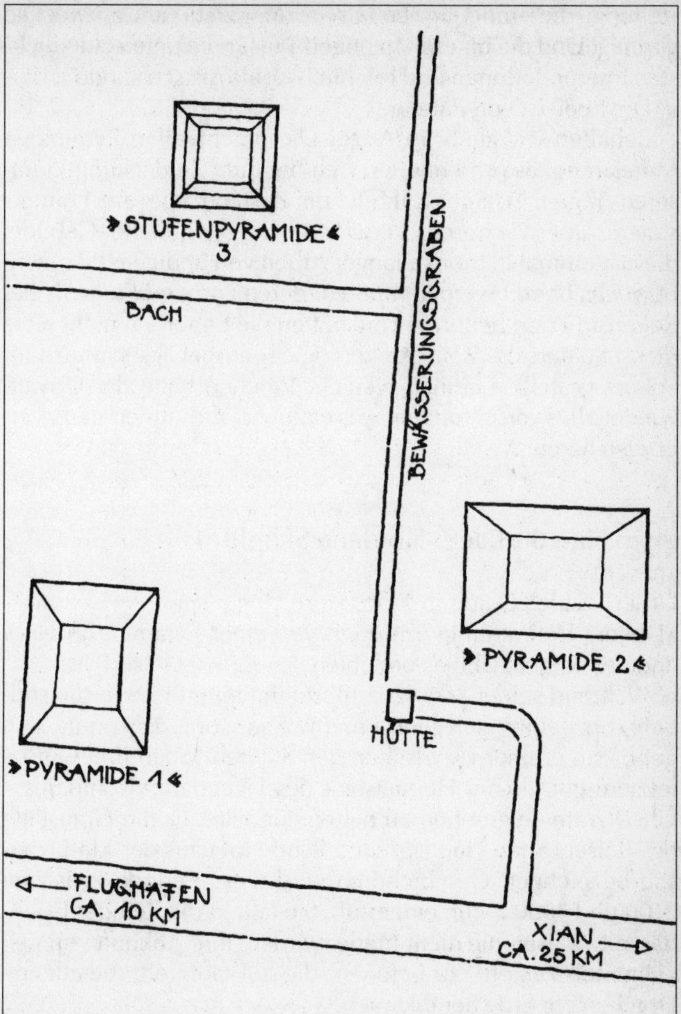


*Abb. 6 Lageskizze jener drei Pyramiden, die auf dem Weg vom Flughafen zur Stadt Xian in unmittelbarer Nähe der Schnellstraße liegen. Sie wurden erst 1991 beim Bau des Flughafenzubringers entdeckt!*

stellung, die eindeutig technische Assoziationen zu wecken vermag. Und die bis zum heutigen Tag für die unterschiedlichsten Interpretationen und reichlich Kontroversen sorgte.

Die Rede ist von Palenque.

Behalten wir auch im Auge: Die prachtvollen Pyramiden Mittelamerikas präsentierten sich bei ihrer Entdeckung in unseren Tagen in einem ähnlichen Zustand wie die chinesischen. Überwachsene, verwitterte, hügelähnliche Gebilde, die erst einmal in monatelanger Arbeit von üppigem Pflanzenbewuchs befreit werden mußten, deren Form größtenteils der Rekonstruktion bedurfte. Und hätten die Behörden nicht viele dieser Stätten als »Zona Archeologica« ausgewiesen und unter Schutz gestellt – binnen weniger Wochen hätte der Urwald wieder alles verschlungen, was er zuvor jahrhundertelang verborgen hatte.

## Shao Hao und der »Goldene Schnitt«

Unser lokaler Guide in Xian, Herr Xiong (sprich: »Tschung«) »Dieter« Wei, konnte uns auch von einer Pyramide in einer anderen Region Chinas berichten.

Während seiner Schulzeit führte ihn eine Reise in die südlich von Beijing gelegene Provinz Shandong. Er konnte sich gut daran erinnern, zwischen den Städten Tai'an und Qufu – letztere gilt als die Heimatstadt des legendären Konfuzius – eine Pyramide gesehen zu haben. Sie wird als die Grabstätte des Kaisers Shao Hao (sprich: »Scho-Ho«) aus der Xia-Dynastie bezeichnet. Geschichtlich wird diese Periode zwischen 2100 und 1600 v. Chr. eingestuft. Sie fällt in die Zeit der legendären Urkaiser, die nicht müde wurden, ihre Abkunft von den »Himmelssöhnen« zu betonen, die auf feurigen, metallenen Drachen zur Erde herabkamen.

Doch diese Pyramide bei Qufu, die übrigens die derzeit einzige bekannte *Steinpyramide* in China ist, hat es in sich! In ihren Maßen steckt nämlich der »Goldene Schnitt«, jene aus dem Altertum stammende, mathematisch exakte Teilung einer

Strecke. Zur Auffrischung: Wird eine Strecke AB durch einen Punkt E derart geteilt, daß sich die ganze Strecke zu ihrem größeren Abschnitt so verhält wie dieser zu dem kleineren Abschnitt, dann nennt man die Strecke AB im Goldenen Schnitt geteilt.

Der Verhältniswert dieser Relation, numerisch ausgedrückt, beträgt 0,618. Auf unsere Pyramide bei Qufu bezogen, bekommen wir diesen Wert, wenn wir die Seitenlänge der oberen Plattform (A = 9,40 m) durch die Länge einer Seitenkante (B = 15,20 m) teilen.

Nur der Vollständigkeit halber: Auch die Entfernungen der altgriechischen Kultorte untereinander waren in der Relation des »Goldenen Schnittes« gehalten. Und in der Architektur der Antike kam dieser Verhältniswert von 0,618 beinahe obligatorisch zur Anwendung.

Noch ein Beispiel. Auch die »Weiße Pyramide«, die man uns am liebsten ins Reich der Fabel verwiesen hätte, macht hier keine Ausnahme. Dividiert man die Höhe (ca. 300 m) mit der Seitenlänge an ihrer Basis (ca. 485 m), kommt man wieder auf dieses »magische« Ergebnis von 0,618. Selbst bei leichtem Interpolieren der beiden Werte (es sind ja nicht auf den Zentimeter genau bekannte Maße) erhalten wir immer wieder einen Verhältniswert in der Größe der Maßzahl vom »Goldenen Schnitt«. War wohl nichts mit dem Reich der Fabel...

Auf welche Überraschungen im Hinblick auf uraltes, unerklärliches Wissen dürfen wir uns noch gefaßt machen, liegen uns erst einmal mehr Meßergebnisse von den Pyramiden Chinas vor?

## Eine sehr alte Bauform

Als wir das »Banpo-Museum«, das am östlichen Stadtrand von Xian liegt, aufsuchten, galt unser hauptsächliches Interesse natürlich den beiden Steinscheiben aus Baian-Kara-Ula, welche sich noch bis vor wenigen Jahren in einer Vitrine des Nebenbaues befunden hatten. Da wir nun schon einmal vor Ort waren, sahen wir uns auch die Ausgrabungsstätte selbst an. Nachdem wir durch den Eingang der Haupthalle gingen, die man zum Schutz der Ausgrabungen über dem Standort des einstigen Dorfes errichtet hatte, fiel unser Blick sofort auf eine überdimensionierte Zeichnung an der Stirnwand der Vorhalle.

Die Wandzeichnung stellte eine Rekonstruktion des einstigen »Banpo-Dorfes« dar, wie es vor rund 6000 Jahren ausgesehen haben soll. Diese jungsteinzeitliche Dorfgemeinschaft hinterließ der Nachwelt eine Unmenge an tönernen Waren (vgl. auch Kapitel 1 in diesem Buch) und soll zu ihrer Zeit 200 bis 300 Menschen beherbergt haben.[29]

An dieser Rekonstruktion fielen uns gleich eine Reihe von Behausungen ins Auge, deren Grundriß und Ausführung einer sehr gleichmäßigen, spitz zulaufenden Pyramide entspricht. Diese Bauform stellt möglicherweise sogar die älteste dar, auf jeden Fall scheint sie wirklich überall auf unserem Planeten vertreten zu sein. So eben auch im Reich der Mitte, und dies bereits wesentlich länger als erst seit der Han-Dynastie. Natürlich gefiel uns diese Wandzeichnung so gut, daß wir sie für den Fototeil dieses Buches abgelichtet haben.

Wer vermittelte den Bewohnern des »Banpo-Dorfes« die Idee, pyramidenförmige Behausungen aufzustellen? Oder verkrochen sie sich nur unter ihrem umgestürzten Kornmaß *Dao*? Man wird doch noch fragen dürfen...

## Ein Wissenschaftler mit wachem Verstand

Im Historischen Museum der Provinz Shaanxi in Xian wurden wir mit Professor Wang Shiping bekannt gemacht. Er bekleidet dort den Posten des Leiters der archäologischen Forschungsabteilung. Professor Wang war übrigens im Jahre 1990 anläßlich der Ausstellung »Jenseits der Großen Mauer« in Dortmund. Die nordrhein-westfälische Großstadt ist nämlich durch eine Städtepartnerschaft mit Xian verbunden.

In diesen Tagen, die wir in der Hauptstadt von Shaanxi verbrachten, lernten wir Professor Wang Shiping als einen aufgeschlossenen, weltoffenen, hilfsbereiten und vor allem unkonventionelle Gedanken nicht ablehnenden Menschen kennen. Wissenschaftler seines Schlages zählen leider zu den raren Ausnahmen auf dieser Welt. Er nahm sich insgesamt dreimal reichlich Zeit, ungezählte Fragen, die wir an ihn zu stellen wußten, geduldig und erschöpfend zu beantworten. Nicht genug, einmal opferte er sogar einen ganzen Abend, an dem er uns im Hotel aufsuchte. Wir gewannen schließlich den Eindruck, daß es ihm sogar ausgesprochen Freude bereitete, sich einmal mit einer anderen Blickrichtung zu befassen, konträr zu jener, die seine Fachrichtung in aller Regel vertritt.

Während unseres mehrmaligen Zusammentreffens sollte er uns sogar auf eine aufsehenerregende Entdeckung hinweisen, welche sich letztlich als ein überraschender »Knüller« für dieses Buch erweisen sollte. Und eine Idee darüber äußern, die genau auf der Linie unserer Betrachtungsweise von ungewöhnlichen Dingen liegt...

Für den Augenblick aber konnte er auch mit brandheißen News aus erster Hand aufwarten. Der sympathische Wissenschaftler berichtete uns, erst einen Monat zuvor seien nordöstlich von Xian eine Anzahl Pyramiden entdeckt worden. Die Fundstelle liegt am Nordufer des Flusses Jing Ho, nur 30 Kilometer von der Stadt entfernt. Leider sei sie abgesperrt worden und derzeit für absolut niemanden zugänglich. Er drückte sich über die Funde freilich etwas vorsichtiger aus und bezeichnete sie anfänglich noch, wie in seiner Heimat unter Archäologen üblich, als »Grabhügel«. Im selben Atemzug räumte er jedoch ein, ihre Erbauer hätten hohe Kenntnisse in der Landvermessung bewiesen. Den Pyramiden sprach er unter anderem auch die Eigenschaften geodätischer Fixpunkte zu. Natürlich erkundigten wir uns gleich nach einer Möglichkeit, trotzdem an den Ort der jüngsten Pyramidenfunde zu gelangen. Doch hier mußte der Professor passen. Bei allen guten Beziehungen, über die der in seiner Zunft angesehene Mann mit Sicherheit verfügt, hier konnte er nichts für uns tun.

Exakte Landvermessung

Ein paar Einzelheiten konnte er uns trotz allem verraten. So wußte Herr Wang Shiping zu berichten, daß sich eine dieser neuentdeckten Pyramiden mit nur minimaler Abweichung auf dem geometrischen Mittelpunkt des Landes befindet. In aller Eile durchgeführte Berechnungen ergaben nur wenige Meter Mißweisung von ihrem Standort zum errechneten tatsächlichen Mittelpunkt. Die alten Chinesen müssen über unglaubliche Meßmethoden verfügt haben. Wer gab ihnen zu einer Zeit, da in unseren Breiten die Erde noch als Scheibe galt und ängstliche Zeitgenossen davor warnten, an ihrem Rand ins Bodenlose zu fallen, solch ausgefeilte Kenntnisse exakter Geometrie? Sind die markanten Bauwerke, die da in der topfebenen Region um die alte Hauptstadt Xian herumstehen, vielleicht doch mehr als nur Grabhügel aus dem kaiserlichen China vor 2000 Jahren?

Der Professor vertrat ferner die Ansicht, daß die Pyramiden überwiegend nach den Sternen ausgerichtet sind. Die alten Chinesen verfügten bekanntlich auch über unglaubliche Kenntnisse in der Astronomie. Ebenso wandten sie die Regeln der uralten Lehre des »Fen Shui« an, der im alten Reich der Mitte heiligen und selbst heute noch befolgten Geomantie.[3] Was die Ausrichtung nach den Himmelsrichtungen betrifft, so wußte Professor Wang folgendes zu bemerken:

– Alle Pyramiden, die bis zur Zeit der Han-Dynastie errichtet worden sind, wurden ihrer Hauptachse nach in west-östlicher Richtung angeordnet.

– Danach geschah die Ausrichtung in nord-südlicher Richtung.

Warum das so ist, wußte der Professor nicht zu sagen. Doch wird es sicher eine Bedeutung haben, vor allem, wenn man bedenkt, daß die Chinesen auf der Basis ihrer uralten »Fen-Shui«-Lehre, ihrer geheiligten Geomantie, nicht das Geringste ohne vorherige Standortbestimmung in die Landschaft setzten.

## Einflugschneisen der Götter?

Existiert ein weltweites, bereits in grauer Vorzeit mit Absicht und System von »irgendwem« geplantes Netz von »heiligen Orten«, in dem auch die Pyramiden ihren festen Platz haben? Im angelsächsischen Raum kennt man den Begriff der »Ley-Lines«. Er bezeichnet das Phänomen, daß uralte Kultstätten und auch Sakralbauten, welche erst sehr viel später auf den Überresten der »heidnischen« Heiligtümer errichtet wurden, auf geraden Linien aufgereiht sind.[65, 66] Ebenso ratlos stehen wir vor der Tatsache, daß der gesamte deutschsprachige Raum von einer Art Gitternetz aus riesigen fünfzackigen Sternen – Pentagrammen – regelrecht überzogen ist. Die Eckpunkte dieser Sterne werden aus alten Kultplätzen gebildet[67, 68] – wäre der Ausdruck »Götternetz« in diesem Zusammenhang mehr als eine bloße Wortspielerei? Wer gab eigentlich den alten Völkern die Anweisung, ihre heiligen Stätten so zu bauen, daß diese, durch gerade Linien miteinander verbunden, regelmäßige geometrische Figuren darstellen?

Ein unglaublicher Zufall bescherte uns die Kenntnis von einer geraden Linie, die sich über Tausende von Kilometern, über zwei Kontinente erstreckt. Der dänische Glasermeister Preben Hansson, ein begeisterter Sportflieger, frönte wieder einmal seiner liebsten Freizeitbeschäftigung, als er die von den Archäologen als »Wikingerburgen« bezeichneten Kultorte Dänemarks überflog: Traelleborg, Fyrkat, Aggersborg und Eskeholm. Sie alle liegen, obwohl viele Kilometer voneinander entfernt und auf verschiedenen Inseln, exakt auf einer schnurgeraden Linie![69] Verlängert man diese über Dänemark hinaus, trifft man haargenau auf den altgriechischen Kultort Delphi. Noch weiter verlängert, zielt diese mysteriöse »Straight Line« knapp an den Pyramiden von Gizeh vorbei und endet in Äthiopien, dem einstigen Reich der Königin von Saba.[70]

Haben wir es hier mit einer vorgeschichtlichen Flugroute zu tun, einer Einflugschneise der alten Götter-Astronauten? Was uns bei diesem Beispiel stutzig macht, ist die Tatsache, daß die obenerwähnten »Wikingerburgen« in ihrem Grundriß eher dem Fadenkreuz eines Zielfernrohres gleichen – aus der Luft gesehen. Dienten sie als Einweisungspunkte für unsere aus dem All gekommenen Lehrmeister, wenn sie sich im Landeanflug auf unseren Planeten befanden? Gibt es noch mehrere dieser Einflugschneisen auf dieser Welt? Befindet sich eine solche auch im Reich der Mitte?

Es wäre aufschlußreich, auch die Standorte der chinesischen Pyramiden auf die Existenz von Linien und Gittermustern zu untersuchen. Am Ende rührt vielleicht die ganze »Fen-Shui-Lehre« von der Beobachtung der »gelben Götter« her, die mit ihren feurigen »Drachen« im Anflug waren und sich an festgelegte Luftkorridore zu halten hatten. Was uns im Moment noch fehlt, ist eine genaue Kartographierung aller Pyramiden in China. Vorher bleibt uns nur zu spekulieren, doch sind wir bereits jetzt sicher, daß sich Liniennetze ergeben werden, die sich mit den übrigen auf der ganzen Welt vergleichen lassen. Warum sollte ausgerechnet China, uralter Kulturraum und Heimat der Geomantie, mit seinen allgegenwärtigen Götterkontakten da eine Ausnahme machen?

## Die Pyramiden von Mao Ling

Zu gerne hätten wir uns die jüngst entdeckten Pyramiden am Nordufer des Jing-Ho-Flusses angesehen, doch das war, all unserem Nachbohren zum Trotz, leider ausgeschlossen. So genehmigten wir uns eben einen ganzen Tag Zeit für den Besuch im »Tal der Pyramiden« von Mao Ling, das genau westlich von Xian liegt. Eigentlich ist es kein richtiges Tal, sondern nur ein Teil der riesigen Ebene von Quin Chuan, die zwischen dem Qin-Ling-Shan-Gebirge im Süden und dem Jing-Ho-Fluß im Norden liegt. Aber in China, dem roten Riesenreich, denkt man eben in größeren Dimensionen.

Nach gut eineinhalbstündiger Fahrt für gerade mal 50 Kilometer – nur der kürzeste Teil davon geht über eine gut ausgebaute, mautpflichtige Schnellstraße – erreicht man kurz nach der Stadt Xianyang die Stätten von Mao Ling. Ortskundigkeit ist gefragt, denn Hinweisschilder glänzen hier durch Abwesenheit. An einer Fahrradwerkstatt mit Hunderten von davor geparkten Drahteseln heißt es rechts abbiegen. Nach ungefähr zwei Kilometern, nachdem man mit viel Glück einen alles andere als ebenerdigen Bahnübergang überwunden hat und vorbei an ein paar Ziegeleien, steht man unvermittelt vor einem riesigen, künstlich aufgetürmten Koloß. In dieser flachen Landschaft würde man alles andere vermuten, am wenigsten Pyramiden!

Mit einer geschätzten Seitenlänge von mehr als 200 Metern, einem annähernd quadratischen Grundriß sowie einer fußballfeldgroßen Fläche auf ihrer »Spitze«, dürfte ihre Höhe in etwa gut 80 Meter betragen. Wohl um bei ihr den besonders ausgeprägten pyramidenartigen Charakter zu kaschieren, wurde diese größte der Pyramiden von Mao Ling – wir fotografierten sechs, doch es soll dort mindestens elf geben – an allen vier Seiten regelrecht »aufgeforstet«. Mit jungen, zypressenähnlichen Nadelgehölzen, welche vor längstens zwei bis drei Jahren eingesetzt wurden, genauso wie bei den Pyramiden zwischen dem Flughafen Xianyang und der Stadt. Man stelle sich dies einmal auf das alte Ägypten übertragen vor. Auf jeder dritten Reihe, auf jeden sechsten Stein hätte man – obwohl in diesem Fall sicher nicht so leicht zu realisieren – ein Bäumchen gepflanzt. Für ein grünes Ägypten! Trotz aller Vertuschungsbemühungen in jüngster Zeit: die typische Pyramidenform läßt sich nicht verleugnen.

## Schlechte Aussichten

Von der »Spitze« der großen Pyramide aus würde sich ein hervorragender Rundblick bieten – wenn die ganze Gegend nicht so häufig in einen diesigen Schleier gehüllt wäre. In puncto Umweltschutz hängt einiges schief, wurden in der Volksrepublik China in den letzten Jahren fürchterliche Sünden begangen. Der »Große Schritt nach vorne«, als Verbesserung gedacht, könnte sich alsbald in einen verhängnisvollen Rückschritt für die Ökologie der ganzen Region umkehren. Vor allem in der Umgebung der großen Städte ist die Luftqualität katastrophal. Und die Aussichten auf baldige Besserung stehen schlecht, denn noch immer bläst die Industrie ihren Dreck vornehmlich ungefiltert in den Himmel. Rauchende Kamine mit Fortschritt und gehobenem Lebensstandard gleichzusetzen grenzt heute an hoffnungslose und anachronistische Rückständigkeit.

Eine Erkundung vom Flugzeug aus oder gar eine systematische archäologische Erforschung aus der Luft werden durch derartige Widrigkeiten vereitelt. Vielleicht könnte man mehr mit einem tieffliegenden Heißluftballon erreichen, doch wie soll man bei den Behörden eine Sondererlaubnis erlangen? Die Lufthoheit ist beim Militär und bei der zivilen Luftfahrtverwaltung (»CAAC« – »Civil Airlines Administration of China«), privater Luftverkehr ist vorerst noch tabu. Und bis sich hier Grundlegendes ändert, sind wir weiterhin auf Zufallsentdeckungen angewiesen.

Doch zurück zu der großen Pyramide von Mao Ling. Einfurchungen und eine mehrere Meter breite wie tiefe, durch Hangabrutschung entstandene Rinne an der Ostseite zeugen von der Erosion, die Wind und Wetter in den vergangenen Jahrtausenden verursacht haben. Sicher war ihre Form in früheren Zeiten viel exakter. Doch da sie aus dem überwiegend vorhandenen Material in dieser Gegend – lehmiger, schwerer Boden, nur der Unterbau mag aus Steinen oder Tonziegeln bestehen – gebaut ist, haben ihre Konturen mit der Zeit schwer gelitten.

In der unmittelbaren Umgebung dieser Pyramide fotografierten wir zwei weitere, deren Höhe um die 30 Meter betrug. Eine der beiden hatte sogar eine richtige Spitze, war aber an ihrer Rückseite sehr verfallen. In der Gegend verstreut liegen noch ein paar nur mehr wenige Meter messende Pyramidensockel. Die Bauern der Umgebung haben sie mit Hacke und Schaufel nach allen Regeln der Kunst »ausgeschlachtet«, um Boden und Baumaterial zu gewinnen.

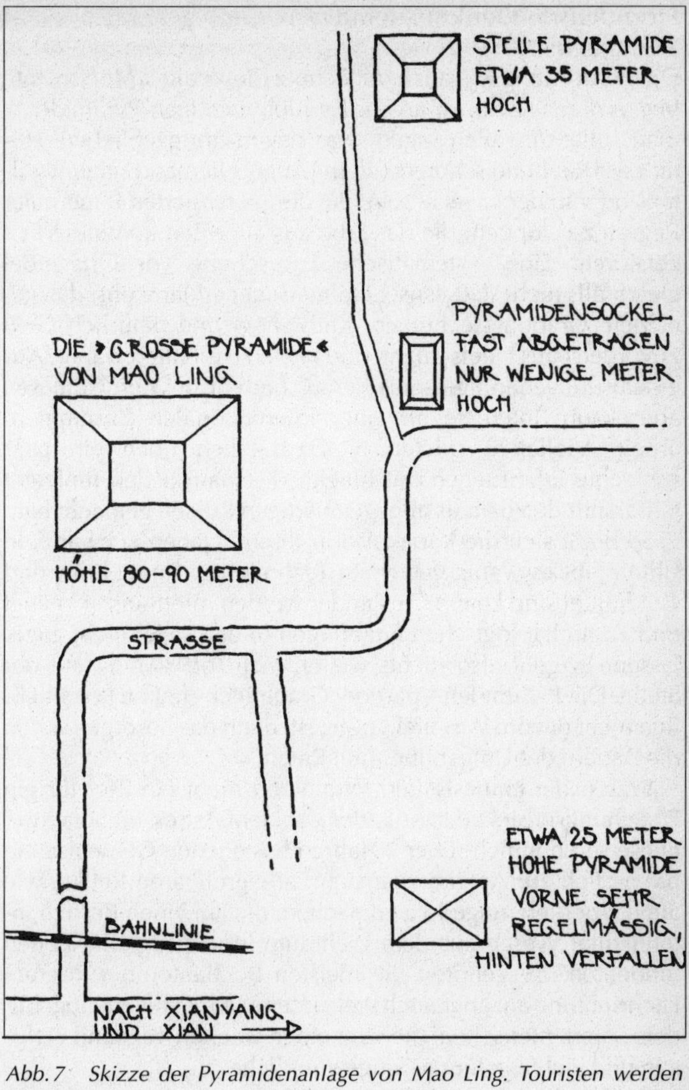


*Abb. 7 Skizze der Pyramidenanlage von Mao Ling. Touristen werden dorthin in aller Regel nicht gefahren, die Einheimischen sind an diesen Bauten nicht interessiert. Was mag sich darunter verbergen?*

## Fremdwort »Denkmalschutz«

Die Erforschung wie auch der Schutz dieser alten Monumente liegen derzeit sehr im argen. An nicht wenigen Pyramiden – man sollte zuweilen sagen: was davon übriggeblieben ist – fällt der Raubbau schmerzhaft ins Auge. Niemand scheint willens oder in der Lage zu sein, die desinteressierten Bauern der Region zu stoppen, die das Erbe aus alter Zeit kontinuierlich zerstören. Eine systematische Erforschung vor Ort findet gleichfalls nicht statt. Unser Dolmetscher erklärte uns, daß geeignete Grabungstechniken, Know-how und natürlich Geld zuvorderst aus Deutschland und Japan zu erhalten wären. Aus einem ureigenen Egoismus heraus besteht bei den Chinesen aber kaum Interesse an einer internationalen Zusammenarbeit. Vielleicht spielen hier zusätzlich noch ein paar schlechte Erfahrungen mit hinein, die man in den fünfziger Jahren mit den damals allgegenwärtigen Russen gemacht hat.

So beißt sich die Katze also in ihren eigenen Schwanz. In China gibt es wenig geeignete Technik und Know-how, und Geldmittel sind knapp. Ausländer werden mißtrauisch beäugt und zu archäologischen Grabungen in der Regel nicht zugelassen. Es geht also nichts weiter, man tritt ständig auf der Stelle. Die Pyramiden – pardon, Grabhügel – laufen ja schließlich nicht davon. Was nicht nötig ist, denn das besorgen schon die Bauern der Umgebung – auf Raten.

Wären die chinesischen Pyramiden nicht ein Ziel für ein Forschungsprojekt der AAS, der »Ancient Astronaut Society«? Diese seit nunmehr über 20 Jahren bestehende Gemeinschaft hat es sich zur Aufgabe gemacht, alle greifbaren Relikte wie auch Überlieferungen zu erforschen, die auf einen Besuch intelligenter Wesen aus dem Weltraum in vergangenen Zeiten hindeuten. Ihr gehören die meisten Buchautoren »unserer« Fachrichtung an, aber auch viele interessierte, allgemeingebildete Laien. Menschen, die über einen wachen Verstand verfügen und viel Sinn für das Ungewöhnliche...

## Hat Gaussman Mao Ling fotografiert?

Als wir aus dem »Tal der Pyramiden« von Mao Ling zurückkehrten, berichtete uns Professor Wang Shiping eine interessante Geschichte. Sie dreht sich um Professor Shi Xing Bang, der der Chefausgräber des am östlichen Stadtrand von Xian gelegenen »Banpo-Dorfes« war. Der darüber hinaus als der berühmteste Archäologe der Provinz Shaanxi gilt. Dieser hatte, zusammen mit seinem Kollegen Gao Xiang, angeblich vor etwa 40 Jahren unser »Gaussman-Foto«, auf dem die »Weiße Pyramide« abgebildet ist, in irgendeiner Tageszeitung gesehen. Nun gut, im März des Jahres 1947 soll die Geschichte samt Foto in der renommierten »New York Times« gestanden haben. Es ist zwar unwahrscheinlich, daß dieser Bericht Mitte der fünfziger Jahre auch in einer chinesischen Zeitung erschien, ganz ausschließen wollen wir dies aber nicht.

Einer der Autoren (H.H.) hatte Professor Wang zwischenzeitlich ein Exemplar seines Buches »Die Weiße Pyramide« überreicht. Dieser hatte somit die Möglichkeit, anhand des Fotos mit Kollegen über das gleichnamige Bauwerk zu diskutieren. Einige unter ihnen vertraten die Ansicht, der amerikanische Bomberpilot habe Mao Ling überflogen und die dortige große Pyramide fotografiert. Ein zugegeben nicht von der Hand zu weisender Gedanke, und wir stellten uns dieselbe Frage, als wir auf dem höchsten Bauwerk von Mao Ling standen. War damit das Rätsel gelöst? Nein, denn nach einem gründlichen Vergleich der örtlichen Gegebenheiten mit jenen auf dem »Gaussman-Foto« erkennbaren Details können wir eine Übereinstimmung mit großer Sicherheit ausschließen:

1. Die obere Plattform der auf dem Luftbild abgelichteten Pyramide besitzt eine weitaus kleinere Fläche, sie läuft also viel spitzer zu als die große Pyramide von Mao Ling.

2. Auf dem »Gaussman-Foto« sind deutlich mehrere sehr lange, parallel verlaufende Erosionsrinnen, die durch Hangabrutschungen entstanden sind, zu erkennen. Bei der Mao-Ling-Pyramide sahen wir dagegen nur an einer Seite genau eine

lange Erosionsrinne, die sich fast über die gesamte Höhe dieser nach Osten weisenden Seite hinabzog.

3. Tatsächlich zeigt einer der Wege in der Ebene vor der »Weißen Pyramide« gewisse Ähnlichkeiten mit dem Verlauf eines Fußpfades unterhalb der hier beschriebenen Pyramide von Mao Ling. Bei der letzteren verläuft jedoch der Weg in einem ganz anderen Winkel zur nächstgelegenen Pyramidenkante, als das auf der Luftaufnahme zu erkennen ist. Darüber hinaus befindet sich der Weg im Falle Mao Ling auf der entgegengesetzten Seite, *rechts* von der oben erwähnten Hangabrutschung, einmal denselben Standort des Betrachters vorausgesetzt. Auf dem Bild des US-Piloten Gaussman verläuft der Weg *links* von der Seite mit den parallelen Furchen. Sogar der Versuch, das »Gaussman-Foto« im Spiegel unseres Hotelzimmers »umzudrehen«, also seitenverkehrte Wiedergabe vorauszusetzen, führte nicht zur Übereinstimmung mit der örtlichen Situation von Mao Ling.

4. Letztlich befindet sich in unmittelbarer Nähe der Mao-Ling-Pyramide ein bis auf etwa fünf Meter Höhe abgetragener Sockel. Auf dem Foto der »Weißen Pyramide« ist hingegen nichts Derartiges zu erkennen.

## Wo steht die »Weiße Pyramide«?

Und noch etwas spricht gegen die Annahme, die beiden Bauten seien identisch, nämlich der Bericht des US-Air-Force-Fliegers Gaussman selbst:

»Ich flog um einen Berg, und dann kamen wir über ein ebenes Tal. Direkt unter uns lag eine gigantische, weiße Pyramide... Es war für uns unmöglich zu landen, obwohl wir es gerne getan hätten. Wir waren von der gewaltigen Größe dieses Dinges tief beeindruckt.«[3, 71]

Berge gibt es in der Nähe von Mao Ling keine, zum Qin Ling Shan sind es noch ungefähr 50 Kilometer Luftlinie. Nein, es wäre auch zu schön gewesen. Und es hätte eines bedeutet: Der US-amerikanische Bomberpilot, der die Aufnahme gemacht hat, müßte sich ganz übel verschätzt haben. Größen- und Entfernungsschätzen gehören aber zum A und O der militärischen Flugausbildung. Oder schätzte er die Höhe der Pyramide vielleicht auf 300 *Fuß* (1 Fuß zu 0,30 Meter ist zugleich das Standardmaß der Flieger) und wurden mit den Jahren durch hemmungslose Übertreibung 300 *Meter* daraus? Das ist eher unwahrscheinlich, denn immerhin ist in einer Quelle[72] auch explizit von 1000 Fuß Höhe die Rede.

Und das sind nun einmal 300 *Meter*!

Die »Weiße Pyramide« muß sich mit an Sicherheit grenzender Wahrscheinlichkeit in einer gebirgigen Region befinden. Und da kommt praktisch nur das Qin-Ling-Gebirge mit seinen zahlreichen Seitentälern in Frage, das sich südlich von Xian erstreckt. Diese Lokalisierung wird auch in einem weiteren Bericht über das gigantische Bauwerk angegeben. So soll ein gewisser Oberst Maurice Cheahan, der nach dem Krieg bei der Fluggesellschaft »Trans World Airlines« in Diensten stand, die Pyramide gleichfalls überflogen haben. Seine Version der Geschichte soll dann, wie bereits kurz angedeutet, im März 1947 in der »New York Times« erschienen sein.[2] Wir erwähnen diesen Bericht vornehmlich der Vollständigkeit halber, er läßt sich jedoch nicht über den genauen Zeitpunkt der Sichtung aus. Oberst Cheahan muß logischerweise seine Beobachtung ebenfalls noch in den Tagen des Zweiten Weltkrieges gemacht haben. Denn als Pilot für die TWA hatte er mit Sicherheit keine Gelegenheit, das betreffende Gebiet in China noch einmal zu überfliegen. Zu jener Zeit hatten ausländische Fluggesellschaften keine Überflugs- oder Landerechte mehr in dieser Ecke Asiens.

Weitere Hinweise erhielten wir durch einen höchst interessanten Artikel, der wenige Wochen vor unserer Ankunft in einer der bedeutendsten Tageszeitungen von Xian erschienen war. Wir erfuhren hierin über die Existenz weiterer Riesenpyramiden im Gebirge Qin Ling Shan, von denen in unseren Breiten noch absolut niemand etwas weiß. Gesichtet haben soll sie ein Teilnehmer des US-Raumfahrtprogrammes.

## Der Astronaut und die Pyramiden

Ein amerikanischer Astronaut – die Quelle, jene chinesische Tageszeitung[73], nennt leider nicht den Namen des Betreffenden – sichtete im Verlauf der Apollo-Mission vom Erdorbit aus neun seltsame »Punkte«. Er machte mehrere Fotos davon. Diese neun »Punkte« befinden sich auf 107° 39′ östlicher Länge und 34° 9′ nördlicher Breite, also ein gutes Stück südwestlich von Xian. Es ist die Umgebung des Berges Tabai Shan, der über 3700 Meter über dem Meeresspiegel liegt und die höchste Erhebung des Qin-Ling-Gebirges darstellt. Nach der Vergrößerung der Aufnahmen stellte man fest, daß es sich um neun sehr hohe Pyramiden handelt, die in regelmäßigen Abständen voneinander fächerförmig angeordnet sind.

Nachdem sich in den siebziger Jahren das Verhältnis zwischen den USA und der Volksrepublik zusehends gebessert hatte, reiste der Astronaut nach China. Er hatte großes Interesse daran, endlich selbst an den Ort zu gelangen, den er wenige Jahre zuvor aus der Erdumlaufbahn fotografiert hatte. Die chinesischen Behörden erlaubten ihm tatsächlich den Besuch der Stätte, welche ihm als Gräber von neun der elf Kaiser aus der westlichen Han-Zeit (Xihan, von 206 v. Chr. bis 8 n. Chr.) erklärt wurde. Der Reihe nach, von Osten nach Westen gezählt, sollen dies sein: Yang-Grab, Chang-Grab, An-Grab, Yi-Grab, Wei-Grab, Yan-Grab, Kang-Grab, Ping-Grab und Mao-Grab.

Die Höhe dieser neun Grabpyramiden in Fächerformation soll, den Angaben unserer chinesischen Quelle[73] zufolge, bemerkenswert sein: Sie wird mit der Höhe eines 40stöckigen Gebäudes verglichen, was im ungünstigsten Fall noch immer weit über einhundert Meter sein müssen. Das hieße, daß sie sich mit den Pyramiden von Gizeh messen können!

Wir waren recht beeindruckt davon, was wir in Mao Ling zu sehen bekamen, und wir hatten auch die Idee längst wieder verworfen, die dortige Pyramide sei mit der »Weißen Pyramide« identisch. Zwischenzeitlich hatte auch Professor Wang

Shiping mit seinem Kollegen Wu und anderen Wissenschaftlern über das geheimnisumwobene Bauwerk diskutiert – und über ihren vermuteten Standort südwestlich von Xian. Doch es herrschte Ratlosigkeit: Das einzige entfernt pyramidenähnliche Bauwerk, das ihm in dieser Richtung einfiel, war das Grabmal des Kaisers Zhou Mu Wang aus der westlichen Zhou-Dynastie (etwa 1100–771 v. Chr.). Aus dieser Zeit gibt es nicht allzu viele schriftliche Aufzeichnungen. Man weiß jedoch, daß Zhou Mu Wang ein sehr reiselustiger Regent gewesen sein muß. Eine seiner ausgedehnten Reisen hat ihn über das Pamirgebirge und die Wüste Takla Makan – die »Wüste des Todes« – bis nach Kasachstan verschlagen, in die Umgebung des heutigen Alma-Ata.

Der Vorschlag schien uns in diesem Moment einer näheren Überprüfung wert. Und da sich das anvisierte Ziel nur etwa 25 Kilometer südwestlich von Xian befinden sollte, vereinbarten wir für den kommenden Tag mit unserem Dolmetscher und dem bereits Übles ahnenden Fahrer einen Ausflug dorthin.

## Auf dem Holzweg

Kaum hatten wir das Stadtgebiet verlassen, als die Straßen auch schon zusehends schlechter wurden. Die Fahrt ging übers Land, und schließlich verließen wir auch noch die letzte halbwegs geteerte Straße, die mit viel Toleranz diesen Namen verdient hatte. Unser Guide wie auch der Fahrer fragten 20 verschiedene Leute nach dem Weg – um mindestens genauso viele verschiedene Antworten aus berufenem Munde zu bekommen.

Zwischen ausgedehnten Feldern verliefen abenteuerliche Knüppeldämme, deren Zustand jeglicher Beschreibung spottet, zu den verstreut liegenden kleinen Bauernkommunen. Außer Ochsenkarren, Fahrrädern sowie todesmutigen Wanderern hatten diese Wege unter Garantie noch kein anderes Fortbewegungsmittel gesehen. Und für die mehr als erstaunten

Einheimischen waren wir nicht nur an diesem Tage *das* Gesprächsthema.

Dem unglaublichen Geschick des Fahrers war es zu verdanken, daß wir mit seiner japanischen Limousine – es war leider nicht gelungen, einen geländegängigen Wagen aufzutreiben – bis wenige hundert Meter vor ein hügelähnliches Etwas gelangten. Doch als wir nach kurzem Fußmarsch davor standen, stockte uns der Atem. Ein klägliches Gebilde von unbestimmbarer Form, nicht höher als bestenfalls zehn Meter, das keine noch so entfernte Ähnlichkeit mit einer Pyramide mehr hatte. Sicher besaß es einmal mehr Ansätze zu dieser Form, aber die Bauern der Umgebung waren offensichtlich nicht mehr zu bändigen gewesen. Sie hatten getan, was in ihrer Macht stand, um das Bauwerk mit Schaufel und Hacke zu zerstören. Der selige Zhou Mu Wang muß, sollte er dort noch begraben liegen, unablässig im Inneren des Hügels rotieren!

Zu allem Übel begann es zu regnen. Da uns der Gedanke nicht sonderlich reizte, mitten in der tiefsten chinesischen Provinz im ockergelben Schlamm zu versinken, kehrten wir schleunigst zum Wagen zurück und traten – via Knüppeldamm – den Rückweg an. Kurz nachdem wir die rettende Straße erreicht hatten, goß es in Strömen. Glück gehabt!

## Im Tal der hundert Pyramiden

Im Oktober 1994 war es Co-Autor Hartwig Hausdorf möglich geworden, ein weiteres Mal die Pyramiden in der Nähe von Xian zu besichtigen. Dieses Mal mit einer Gruppe von Lesern. Und diesmal waren es ungleich mehr dieser immer mysteriöser werdenden Bauwerke, um die sich der Nebel von Verschleierung und Vergessen langsam zu lüften beginnt.

Unser guter Xiong »Dieter« Wei war nämlich in der Zwischenzeit nicht untätig gewesen. Mit der »Weißen Pyramide« in der Hand, hatte er die halbe Provinz rebellisch gemacht, um weitere der von uns gesuchten Bauwerke ausfindig zu machen. Die Ausbeute war mehr als reichlich!

Läßt man den neuen Flughafen rechts neben sich liegen und passiert einen gemauerten Torbogen, so tauchen nach wenigen Kilometern Fahrtstrecke die gesuchten Objekte massenhaft zur linken und rechten Seite auf. Vor dem Ortseingang zu einer landwirtschaftlichen Kommune – deren Ortsvorsteher forderte uns unter Hinweis auf das Sperrgebiet, in dem wir uns befanden, mit unmißverständlichen Worten zum Verschwinden auf! – stehen zwei unterschiedlich gut erhaltene Pyramiden. Ein paar Kilometer weiter, einige hundert Meter rechts von der Fahrbahn, ein Exemplar, welches in Größe und Erscheinung der »Sonnenpyramide« in Teotihuacan (Mexiko) ähnlich sieht.

Es ist unheimlich! Im Schatten dieser Pyramiden ackern die Bauern zum Teil noch mit vorsintflutlichen Ochsenpflügen. Ohne zu wissen, in welcher Umgebung sie da noch wie zu Zeiten ihrer Vorväter das Land bestellen. Und die Pyramiden muten unwirklich an, stehen dort wie Fremdkörper aus einer anderen Welt in dieser topfebenen Landschaft.

Zwei Kilometer weiter, links der Straße, erhebt sich ein Musterbeispiel an Gleichmäßigkeit, mit einer lichten Höhe von ungefähr 70 Metern. Erstaunliches verriet die »Spitze« der Pyramide. Die Oberfläche glich regelrecht einem Krater. Hier mußte, bedingt durch die Jahrtausende währende Erosion, ein Hohlraum eingestürzt sein. Aber noch atemberaubender war der Ausblick von oben. Dutzende von Pyramiden in verschiedenen Höhen, teilweise in Gruppen von drei Stück geordnet, so weit das Auge reicht: eine richtige »Pyramidenstadt«!

Was war hier los, welche Rätsel aus vergangener Zeit harren hier ihrer Lösung? Der Gedanke, wenigstens eine der Pyramiden zu öffnen, schoß uns durch den Kopf. Doch wir befanden uns auf verbotenem Terrain, und bereits der Versuch würde mit Sicherheit in einer chinesischen Gefängniszelle enden. So verwarfen wir diesen Gedanken genauso schnell wieder. Bei so viel Geheimniskrämerei in den vergangenen Jahrzehnten ist man ja schon froh, überhaupt der *erste* sein zu dürfen, der diese sensationellen Bauwerke zu Gesicht bekommt...

Es war trotzdem phantastisch, uns gingen die Augen über. In

dieser Umgebung waren es etwa 25 bis 30 Pyramiden, und die Gesamtzahl dieser Bauwerke im weiteren Umkreis der Stadt Xian mag mit 100 nicht zu hoch gegriffen sein.

Auf jeden Fall gibt es in China mehr Pyramiden als in Ägypten, das bisher als die klassische Heimat dieser Bauwerke galt. Umdenken ist angesagt!

## Resümee

Wir hatten während zweier Expeditionen eine immense Anzahl zum Teil sehr großer Pyramiden entdeckt. Und es erfüllt uns – zugegeben – doch mit einigem Stolz, nach Jahrzehnten des Herumrätselns und der Gerüchte endlich entscheidend zur Klärung der Frage beigetragen zu haben: »Gibt es Pyramiden in China?« Was wir auf unseren Forschungsreisen durch das verbotene China fanden, bestärkt uns darüber hinaus in der Gewißheit, daß die alten Völker rund um unseren Globus allesamt denselben »Tick« gehabt haben müssen. Sie errichteten unzählige, in ihrer Grundform übereinstimmende Bauwerke. Ein richtiger Pyramidengürtel umspannt die Erde, womöglich ist er Teil eines gigantischen Netzes »heiliger« Linien. Vielleicht sollen die Pyramiden an die »von oben« gekommenen Götter erinnern. Ob dann die eine oder andere Pyramide auch als Grab benutzt wurde, erscheint in diesem Zusammenhang eher nebensächlich, wäre aber trotzdem logisch begründet. Der Herrscher, der bereits zu Lebzeiten seine Abkunft von den »Himmelssöhnen« betonte, sich zudem als Mittler zwischen Menschen und Göttern verstand, wollte auch nach seinem Tode an einem Ort präsent sein, der mit jenen »Himmlischen« in Verbindung gebracht wird.

Es ist uns auf unseren Expeditionen *noch* nicht gelungen, die sagenumwobene »Weiße Pyramide« zu Gesicht zu bekommen, obgleich an ihrer Existenz keine Zweifel mehr bestehen können. Wir denken da zum Beispiel an die vielsagende Reaktion der aufgeschreckten Archäologen in der Akademie der Wissenschaften zu Beijing. Nach zwei Reisen ins Ungewisse sind wir aber keineswegs mehr verwundert darüber, (noch) nicht an das Ziel unserer Wünsche gekommen zu sein.

Denn das riesige Reich der Mitte stellt selbst für den gebildeten und gelehrten Chinesen noch immer eine Landkarte voller weißer Flecken dar. Wir bezweifeln, ob selbst Professor Wang Shiping und seine Kollegen genaue Kenntnis darüber haben, wo sich die »Weiße Pyramide« befindet – und dies, obwohl sie faktisch vor ihrer Haustüre stehen muß!

Verläßt man nämlich den Bannkreis der größeren Städte, sind die Verkehrswege – noch sehr schmeichelhaft ausgedrückt – einfach katastrophal. Das Land ist noch immer zu einem erheblichen Teil unerschlossen. Auch die Kommunikation zwischen der Bevölkerung und den staatlichen Stellen für Wissenschaft und Kultur läßt stark zu wünschen übrig. Genauer gesagt, sie findet überhaupt nicht statt.

Die Formel für eine Verbesserung dieser unhaltbaren Situation müßte lauten: Verkehrsmäßige Erschließung + Informationsaustausch auf allen Ebenen + notwendige finanzielle Mittel + Ende der Geheimniskrämerei.

Nach wie vor verbergen die noch kaum erforschten Weiten des ostasiatischen Kontinents ein phantastisches Bauwerk, das seinesgleichen sucht. An welchem geheimgehaltenen Ort die »Weiße Pyramide« aber genau steht, das wissen in der Volksrepublik im besten Falle eine Handvoll Eingeweihter, die beharrlich darüber schweigen.

*Und die »Götter«.*

# 5 Auf den Spuren eines Mythos Neues von den »Schallplatten aus dem Kosmos«

Im November 1974 wurde ein China-Reisender aus Europa erstmalig mit Relikten konfrontiert, die es nach offizieller Lesart gar nicht gibt: Jene scheinbar nur in zweifelhaften Berichten existierenden Objekte, die eine chinesische Expedition angeblich 1937/38 in Höhlengräbern im entlegenen Baian-Kara-Ula-Gebirge entdeckt hatte. 716 Scheiben aus Granit oder ähnlich hartem Material, um die sich mittlerweile eines der erregendsten Rätsel des Jahrhunderts rankt, hatte man damals neben den Skeletten kleinwüchsiger Lebewesen gefunden und in die Hauptstadt transportiert. Diese etwa einen Zentimeter dicken Gebilde ähneln der Beschreibung nach auffallend den uns geläufigen Langspielplatten. Um so mehr, als sie – ähnlich diesen – ein ungefähr fingerdickes Loch in ihrer Mitte aufweisen, von dem aus sich eine Art Rillenschrift bis zum Rand hinziehen soll. Und diese merkwürdigen »Runen« führten in der Folge zu einem heftigen Pro und Kontra in der akademischen Welt.

Fünf Wissenschaftler der Universität Beijing unter der Leitung von Professor Tsum Um Nui hatten sich nämlich die Aufgabe gestellt, die eigenartigen Hieroglyphen auf den Granitscheiben zu entschlüsseln. Nach langwierigen Studien wollen sie dann zu einem Ergebnis gekommen sein. Doch als sie es offiziell präsentierten, wurde ihnen die Veröffentlichung in den Medien von der Universitätsleitung strikt untersagt!

Tsum Um Nui und seine Kollegen bestanden aber hartnäckig darauf, ihre Forschungsergebnisse bekanntzugeben. Es kam dann zu einem heftigen Tauziehen unter den Lehrstuhlinhabern der Universität, ehe die verantwortlichen Stellen schließlich klein beigaben. Geradezu »unter Protest« erteilten sie die Genehmigung, die in ihren Augen irreale Runenübersetzung zu publizieren. Daß es dagegen heftigsten Widerstand gegeben hatte, durfte nicht verwundern. Schon der Titel der Publikation, die Tsum Um Nui und seine Mitstreiter schließlich 1962 veröffentlichten, reizte die meisten Universitätskollegen zum offenen Widerspruch. Die »Inschriften in Verbindung mit Raumschiffen, die vor 12 000 Jahren existierten« entfesselten im Nu einen handfesten Gelehrtenstreit.

Der Inhalt der Facharbeit war nämlich ein glatter Affront gegenüber den Ansichten der etablierten Archäologie. So heißt es in der Übersetzung: »Die Dropa kamen aus den Wolken mit ihren *Schwebeapparaten.* Zehnmal bis zum Sonnenaufgang versteckten sich unsere Männer, Frauen und Kinder in den Höhlen... Dann verstanden wir endlich aus den Zeichen und Gebärden der Dropa, daß diese gegen uns nichts Böses im Sinne führten.«

Was war damals geschehen? Für Tsum Um Nui war das keine Frage. Er kannte ja die Vorgeschichte, die mit dem Fund jener 716 Scheiben aus Granit einhergegangen war. Eine Expedition unter der Leitung des Archäologen Chi Pu Tei war in dem in der Provinz Quinghai liegenden, schwer zugänglichen Baian-Kara-Ula-Gebirge auf Höhlen gestoßen, die sich bald als Grabstätten herausstellten. Nachdem man einige dieser Felsengräber geöffnet hatte, fand man darin die Skelette von kleinen Gestalten, deren Anatomie geradezu unheimliche Merkmale aufwies: ein zierlicher Körperbau, gepaart mit einem unnatürlich großen Schädel.

## Unheimliche Legenden nehmen Gestalt an

Ethnologisch bewanderte Expeditionsteilnehmer erinnerten sich mit einemmal an uralte Überlieferungen, die in jener Gegend kursieren. Von zwei Gebirgsstämmen war da die Rede, die dort vor langer Zeit angesiedelt waren. Sie nannten sich »Dropa« und »Kham«, waren von zwergenhaftem Wuchs und höchstens 130 Zentimeter groß. Diese Zwergwesen waren ängstlich bemüht, jeden Kontakt mit anderen Gebirgsbewohnern zu vermeiden, und sie sollen ihren Siedlungsbereich zu keiner Zeit verlassen haben. Diese Angaben nachzuprüfen sei aber unmöglich geworden, da beide Volksstämme inzwischen ausgestorben sein sollen und es angeblich auch keine überlebenden Nachkommen mehr gibt.

Professor Tsum Um Nui und seine Kollegen hatten sich inzwischen über weitere Details am Rande der 1937/38er Expedition kundig gemacht. So hatte der Gelehrte Chi Pu Tei auch darüber informiert, was ihm an den Wänden im Inneren der Grabhöhlen an Ungewöhnlichem aufgefallen war:

»Wir bemerkten eigenartige Gravierungen mit einem seltsamen Motiv«, hieß es in einer Ende der dreißiger Jahre erschienenen chinesischen Publikation, die Chi Pu Teis Expeditionsbericht veröffentlicht hatte. »Deutlich erkennbar waren Darstellungen von Sonne, Mond und den neun Planeten unseres Sonnensystems in die Felswände eingeritzt worden. Erbsengroße Punkte dazwischen schienen eine Verbindung mit der Erde anzuzeigen.«

Handelte es sich bei den seltsamen Gravuren um die Darstellung des Anflugmanövers außerirdischer Raumfahrzeuge? Seltsam: Auch im Gebiet von Kohistan im südlichen Hindukusch (Afghanistan) gibt es ähnliche Darstellungen. Dort fanden sich Höhlenzeichnungen, auf denen die Erde mit der Venus durch gestrichelte Linien verbunden ist. Zufall?

Für Professor Tsum Um Nui war es zumindest ein deutlicher Hinweis. Er erkannte in den Ritzzeichnungen einen direkten Bezug zu den entschlüsselten Textstellen auf den steinernen Tellern. Deshalb wies er in seiner 1962 erfolgten Publikation auf jene Überlieferungen hin, in denen von einem Stamm »kleiner gelber Männer« die Rede ist, die einst »aus den Wolken auf die Erde« gekommen sein sollen.

Auffallend an den Überlieferungen ist vor allem die Beschreibung der Wesen: Die kleinwüchsigen Fremden sollen schmale Schultern, spindeldürre Körper und voluminöse Köpfe besessen haben. Mit den zwergenhaften Skeletten, auf die der Archäologe Chi Pu Tei auf seiner 1937/38er Expedition gestoßen war, hatten die unheimlichen Mythen unerwartet Gestalt angenommen!

Weiter erfährt man in diesen Mythen, daß die Wesen von abstoßender Häßlichkeit gewesen sein sollen. Das führte zu wiederholten Auseinandersetzungen mit den »normal« gewachsenen Gebirgsbewohnern, die bemüht waren, die unliebsamen Eindringlinge aus ihrem Gebiet zu vertreiben. Es heißt, sie hätten auf ihren »flinken Rossen« die gelbhäutigen Fremden unerbittlich gejagt und viele von ihnen getötet.

Tsum Um Nui entdeckte noch weitere Zusammenhänge. In den Gebirgshöhlen waren seinerzeit auch noch andere Gräber gefunden worden, in denen normalwüchsige Menschen bestattet waren, was ihn vermuten ließ, daß sich jene Dropa irgendwann mit den ihnen an Körpergröße unterlegenen Ureinwohnern arrangiert und mit ihnen zusammengelebt hatten.

## Affen oder Außerirdische?

Erwartungsgemäß stießen diese Annahmen bei den Fachkollegen Tsum Um Nuis auf Unglauben und schroffe Ablehnung. Auch Chi Pu Teis Theorie, in den Gräbern die Überreste einer ungewöhnlich kleinen Rasse von Bergbewohnern gefunden zu haben, fand kein Gehör bei den Wissenschaftlern. Die ordneten die Skelette einfach einer ausgestorbenen Zwergaffenart zu.

Professor Tsum Um Nui ließ jedoch nicht locker. Er verwarf die offizielle Auslegung als völlig unsinnig. Sarkastisch fragte er, mit welcher Begründung man Affen jene 716 Granitscheiben in deren Gräber hätte legen sollen. Grabbeigaben, hierfür dürfte auch in Archäologenkreisen Einigkeit bestehen, waren zu allen Zeiten ein kostbares Gut, das dem Ansehen der Toten gerecht zu werden hatte. Die 716 Steinscheiben mußten demnach besonders bedeutsam und wertvoll sein.

Schenkt man ihren Inschriften Glauben, so sind sie außerirdischer Herkunft. Aber auch andere Anzeichen sprechen für diese gewagte Schlußfolgerung.

Solange Tsum Um Nui und seine Assistenten mit der Untersuchung der rätselhaften Artefakte befaßt waren, wurden alle Hebel in Bewegung gesetzt, um die schallplattenähnlichen Steinscheiben in all ihren Einzelheiten zu analysieren. 1962 war das Verhältnis zu den Sowjets noch halbwegs ungetrübt. Nachdem die Gegenstände von anhaftenden Felsteilchen gereinigt worden waren, schickte man einige davon zur Akademie der Wissenschaften in Moskau. Man prüfte sie dort sehr genau und machte dabei einige interessante Entdeckungen. Jede dieser Platten enthielt große Mengen Kobalt sowie zusätzliche metallische Beimengungen. Geologen untersuchten die Grabbeigaben auch mit einem Oszillographen – und glaubten ihren Augen nicht mehr trauen zu können! Denn die Scheiben begannen unvermittelt in einem hohen Rhythmus zu vibrieren, was darauf hindeutete, daß sie einmal einer starken elektrischen Ladung ausgesetzt waren.

Für die Crew um Tsum Um Nui war zur Gewißheit geworden, daß die Steinscheiben allesamt das stattliche Alter von etwa 12 000 Jahren aufweisen müßten. Sie waren offenbar genau zur selben Zeit angefertigt worden, aus der auch die Zwergwesen stammten. Vorausgesetzt, daß die 716 Artefakte den Gestalten unmittelbar nach deren Ableben ins Grab gelegt worden waren.

Tsum Um Nuis Arbeit fand an der Beijinger Universität keine Anerkennung. Sie wurde ignoriert und verrissen, was den Professor schließlich dazu bewog, seine Tätigkeit in der Hauptstadt Chinas zu beenden und seinen Lehrstuhl aufzugeben. Noch bevor die unheilvolle Kulturrevolution über die Volksrepublik hinwegfegte, hatte sich der enttäuschte und in seiner akademischen Reputation tief gekränkte Gelehrte nach Japan abgesetzt. Dort publizierte er die Resultate seiner Untersuchungen und veröffentlichte sie in Buchform. Populär wurde seine Arbeit trotz allem nicht, denn auch die japanischen Fachgelehrten blieben von Tsum Um Nuis Forschungen unbeeindruckt. Es war wohl mit ein Grund, daß diese neuerliche Enttäuschung an der Gesundheit des Professors zehrte. Er soll sich jedenfalls mehr und mehr aus der Öffentlichkeit zurückgezogen haben, und er erkrankte an einem schweren Leiden. 1965 starb er als verbitterter Mann, ohne Glauben an die von ihm vertretene Wissenschaft.

Was die Genauigkeit der bibliographischen Angaben betrifft, sind wir auf die Quelle, auf der das hier Wiedergegebene beruht, angewiesen. Wjatscheslaw Saitsew, ein leider schon verstorbener Philologe mit dem Hang zu grenzwissenschaftlichen Themen und damals an der weißrussischen Akademie in Minsk tätig, hatte diese Informationen in einer populärwissenschaftlichen Zeitschrift auch im Westen bekanntgemacht.[74]

Es konnte natürlich nicht ausbleiben, daß Skeptiker wie engagierte Gegner solcher Stories sich bemerkbar machten und bemüht waren, die darin verbreiteten Behauptungen zu widerlegen. Eine durchaus legitime Vorgangsweise, so sie ausschließlich von dem Gedanken getragen wird, der Wahrheit gerecht zu werden und objektiven Kriterien zu genügen.

Doch sind solche Motive immer der einzige Anlaß, gegen derartige Veröffentlichungen zu opponieren? Manche selbsternannten, »für die Wahrheit kämpfenden Streiter« bewegt leider nur allzuoft ein ganz anderer Grund. Geltungsdrang und Mißgunst läßt sie wider den »Irrglauben« angehen, »um der Hydra den Kopf abzuschlagen« – wie wortwörtlich von diesen »Hütern der wahren Lehre« und populären Wissenschaftsjournalisten argumentiert wird.[75] Soweit gewisse in die Welt gesetzte Behauptungen keiner Nachprüfung standzuhalten vermögen, mag solch ein rigoroses Vorgehen ja noch einigermaßen gerechtfertigt sein. Aber anders verhält es sich bei engstirnigen Versuchen, alles und jedes, was nicht in eine doktrinär vertretene Lehrmeinung paßt, in Acht und Bann zu tun.

Wir sind – mit gutem Grund – zu einer anderen Auffassung gekommen. Denn unsere diesem Buch zugrunde liegenden Forschungsreisen in bisher verbotene Zonen Chinas dienten ja auch dazu, Aufschluß über den Wahrheitsgehalt dieses hartnäckig durch die prähistorische Literatur geisternden Steinscheiben-Mythos zu gewinnen. Wie wir noch zeigen werden, gibt es tatsächlich einige neue Spuren und Erkenntnisse.

## »Wir wissen nichts...«

Einer der Autoren (P. K.) hatte sich schon 1972, nach dessen Rückkehr von seiner ersten Reise in die Volksrepublik, über die Chinesische Botschaft in Wien an die Archäologische Akademie in Beijing gewandt und um nähere Informationen über jenen Fund aus dem Jahre 1938 ersucht. Das Ergebnis war erst einmal ernüchternd: Die Archäologische Akademie im fernen China dementierte alles, was mit den Steinscheiben zu tun hatte.

»Soviel uns bekannt ist, wurden in China niemals ›Steinteller‹ gefunden, die Sie in Ihrem Brief erwähnt hatten«, hieß es in dem Antwortschreiben. Und: »Der Bericht über den Fund jener sogenannten ›Steinteller‹ in China im Jahr 1938 entbehrt jeder Grundlage. Wir wissen auch nichts von einem Professor Tsum Um Nui. Mit herzlichen Grüßen, Wang Chung-Su, Sekretär des Archäologischen Institutes Academica Sinica.« [1]

Inzwischen hat sich in dieser Angelegenheit einiges getan und auch eine veränderte Situation geschaffen.

Einer, der ebenfalls bemüht war, Licht in diese dunkle Angelegenheit zu bringen, ist unser Freund Walter-Jörg Langbein. Er hatte Ende der siebziger Jahre ähnliche Versuche gestartet und gleichfalls nach Beijing geschrieben. Mit demselben Resultat: Auch der an ihn adressierte Brief – natürlich von Institutssekretär Wang Chung-Su unterzeichnet – enthielt das obligatorische Dementi nebst dem Lippenbekenntnis, nichts zu wissen! Man darf allerdings dabei nicht außer acht lassen, daß am Ende der siebziger Jahre die unheilvollen Spuren der Kulturrevolution noch nicht getilgt worden waren und Unwissenheit auch in den höheren akademischen Kreisen über bestimmte archäologische Begebenheiten damals nicht gerade die Ausnahme darstellte.

## Das atemberaubende Experiment

Langbein befaßte sich in »Das Sphinx-Syndrom«[76] gleichfalls – wenn auch am Rande – mit den Steinscheiben, wobei er auf einige Informationen aus dem Nachlaß des englischen Forschers Dr. Karyl Robin-Evans stieß. Mittlerweile befinden wir uns im Besitz der vollständigen Aufzeichnungen des Briten.

Demnach sei mindestens eine dieser Scheiben 1945 nach Indien gelangt. Dort wurde ein gewisser Professor Sergei Lolladoff auf sie aufmerksam, der sich zu jener Zeit im Militärdienst in Mussorie (Nordindien) befand.

Dieser Lolladoff erwarb die Steinscheibe für 60 englische Pfund, was damals etwa 1000 Mark entsprach. Das Artefakt besaß einen Durchmesser von 22,9 Zentimetern, war allerdings fünf Zentimeter dick. Auffällig war die Härte und auch das Gewicht: Die Scheibe wog beachtliche 13,5 Kilogramm. Dies paßt nicht so recht zu dem, was wir bislang über die Steinteller wissen. Erinnern wir uns: Bevor einige dieser Funde nach Moskau versandt wurden, reinigte man sie von anhaftendem Felsgestein. Bestand die von Lolladoff erstandene Scheibe am Ende aus mehreren miteinander verbackenen Exemplaren?

Das Ding soll sich zuvor im Besitz eines Volkes befunden haben, dessen Name mit »Dzopa« angegeben wurde. Dort diente es »religiösen Zeremonien«. Lolladoff versuchte es anzubohren, das Objekt widerstand indes selbst Bohrversuchen mit Hilfe eines Diamantbohrers!

Nach Ende des Krieges kehrte Lolladoff nach Oxford/England zurück. Dort machte er die Bekanntschaft mit dem Naturforscher Dr. Karyl Robin-Evans, der bereits mehrere Weltreisen unternommen hatte und an allem Ungewöhnlichen lebhaft interessiert war. Rasch fanden sie an dem seltsamen Objekt ein gemeinsames Interesse, und heute läßt sich nicht mehr bestimmen, wer von den beiden Forschern das folgende Experiment vorschlug, das mit unglaublichen Resultaten aufwarten konnte. Als sie nämlich die Scheibe auf eine Waage legten, die mit einem Schreiber gekoppelt war, *verlor und ge-*

*wann* das mysteriöse Artefakt meßbar an Gewicht! Während einer 24stündigen Versuchsreihe zeichnete die Nadel des Schreibers eine *Wellenlinie* auf das Papier – was nach unseren physikalischen Kenntnissen völlig ausgeschlossen sein müßte. In einem Rhythmus von dreieinhalb Stunden verzeichnete der automatische Schreiber ein stetes Auf und Ab des Gewichtes der unheimlichen Scheibe!

Dr. Robin-Evans publizierte jenes atemberaubende Experiment in einem ethnologischen Journal seiner Tage, worauf er einen Brief eines russischen Forschers erhielt, der ihm verriet, in Tibet Bilder ähnlicher Scheiben gesehen zu haben. Diese würden von einem Volk stammen, das erkennbare physische Degenerationen aufweise und sich nicht von der Überzeugung abbringen lasse, von Wesen aus dem Weltall abzustammen.[77]

Nun beschloß Dr. Robin-Evans kurzerhand, die Herkunft jenes ominösen Reliktes vor Ort zu erkunden.

## Expedition ins »unheimliche Land«

Dr. Robin-Evans reiste über Lhasa – Tibet war ja Mitte der vierziger Jahre noch nicht von China besetzt – in die Heimat der »Dzopa«, jenes Volksstammes, der im Grenzbereich der Provinzen Quinghai und Sichuan angesiedelt sein soll. Dabei ging es nicht ohne Komplikationen ab, denn kurz vor Erreichen des angepeilten Ziels ließen Robin-Evans die ihn begleitenden Träger im Stich. Sie weigerten sich hartnäckig, dem Expeditionsleiter in das »unheimliche Land der Dzopa« zu folgen. Auf diesem sinistren Landstrich schien ein Tabu zu liegen, also blieb dem Engländer nichts anderes übrig, als das Unternehmen auf eigene Faust fortzuführen.

Bei dem Volksstamm wurde Dr. Robin-Evans mit äußerstem Mißtrauen empfangen, doch gelang es dem Forscher bald, die Dzopa von seinen lauteren Absichten zu überzeugen. Diese zeigten sich ihm nun von ihrer gastfreundlichsten Seite und teilten dem Engländer sogar eine Sprachlehrerin zu, um ihm die Stammessprache beizubringen. Dr. Robin-Evans machte rasche Fortschritte im Erlernen der Dzopa-Sprache. Aber auch bei seiner Lehrerin waren die Folgen des ständigen Kontakts der beiden unübersehbar geworden: Sie wurde von ihm schwanger. Dieser »Umstand« blieb für den Engländer von sekundärer Bedeutung. Weit wichtiger war für den Forscher, jene Geschichte zu erfahren, die angeblich auf den seltsamen Steinscheiben – den »heiligen Tellern« – über das Volk der Dzopa geschrieben stand.

Wenn wir – gleichsam als Zwischenbilanz – kurz rekapitulieren, was wir bislang über sie erfahren haben, dann müssen die Angehörigen dieses ominösen Dzopa-Stammes als direkte Nachkommen außerirdischer Besucher angesehen werden. Falls immer noch Angehörige dieses Stammes existieren, müssen es nur noch sehr wenige sein. Denn in der offiziellen Auflistung der als »Nationale Minderheiten« anerkannten Volksgruppen Chinas haben wir sie nicht gefunden. Als kleinste dieser Minderheiten werden die Hezhe mit 1400 Angehörigen geführt.[63] Trotzdem: Momentan sollen etwa 25 Stämme bei der Zentralregierung bemüht sein, als »Nationale Minderheit« anerkannt zu werden. Auch die hier erwähnten Dzopa, wenn es sie noch gibt?

Die Urheimat der Fremden aus dem All soll das Sirius-System gewesen sein. So habe es vor Tausenden von Jahren mehrere Besuche dieser Sirius-Götter auf unserem Planeten gegeben. Zuerst hätten diese ihr eigenes Sonnensystem erforscht, wobei einer der beiden Monde ihres eigenen Planeten sich als bewohnt erwiesen habe. Die Mondbewohner stellten sich als sehr feindselig gegenüber ihren planetaren Besuchern heraus, und so kam es zu einem Krieg, der mit der völligen Vernichtung der Mondwesen endete. Erst dann hätten die Sirius-Bewohner beschlossen, andere Welten im Universum aufzusuchen, berichten die Dzopa-Steinteller. »Es wurden 20 Expeditionen geplant. Eines der losgeschickten Sirius-Schiffe besuchte zwölf verschiedenen Planeten, ohne auf Leben zu stoßen. Erst der 13. Planet, der dritte seines Sonnensystems, war bewohnt.« Wir wissen, was gemeint ist: unsere Erde!

## Dzopa = Dropa

Was bei dieser Schilderung auffällt, ist zunächst der Name des Volksstammes. Er unterscheidet sich nur in einem Buchstaben von der Bezeichnung einer jener Stämme aus den Bergregionen von Baian-Kara-Ula, die wir aus der Veröffentlichung Saitsews kennen.[74] Dort ist von den *Dropa* die Rede – der englische Forscher nennt sie hingegen *Dzopa*. In seinen »Erstaunlichen Enthüllungen über die Geheimnisse des legendären Volkes von Tibet«[77] klärt denn Dr. Robin-Evans diese Diskrepanz auch auf. In einem »Hinweis über die Aussprache« stellt er klar, daß die Schreibweise »Dzopa« (sprich: Tsopa) der korrekten Betonung am nächsten kommt:

»*Dropa* is more correctly spelled as *Dzopa*, or perhaps as *Tsopa*, though that does not quite correctly represent the sound either; the tongue needing to be positioned slightly higher in the mouth than it is for a *z* sound in English. Although *Dropa* is the better-known spelling of their name, it seems best to use *Dzopa* as being more nearly accurate.« Zu deutsch:

»*Dropa* sollte korrekterweise *Dzopa* ausgesprochen werden, oder auch *Isopa*, obwohl auch dies die Aussprache nicht völlig korrekt wiedergibt. Die Zunge muß im Mund noch ein wenig höher stehen als zur Aussprache des *z* im Englischen. Obwohl *Dropa* die geläufigere Aussprache ihres Namens ist, sollte man besser *Dzopa* sagen, was genauer zutrifft.«

Wie Dr. Robin-Evans bei den Dzopa weiter erfuhr, seien die Sirius-Bewohner später wieder auf ihr Heimatgestirn zurückgekehrt. Dort fanden Wissenschaftler heraus, daß die Besatzungsmitglieder mit größter Wahrscheinlichkeit Nachkommen auf unserem Planeten erzeugt und zurückgelassen hatten. Deshalb wurde eine zweite Expedition ausgerüstet. Deren Landung soll im Jahre 1014 irdischer Zeitrechnung erfolgt sein. Genauer gesagt: Zu einer richtigen Landung kam es nicht, denn kurz vor dem Ziel geriet das Raumschiff der Aliens außer Kontrolle und konnte nicht mehr gesteuert werden. Es kam zu einer Bruchlandung in der Region des Baian-Kara-Gebirgsmassivs, die zur völligen Zerstörung des Gefährts führte.

Ein Großteil der Besatzung kam dabei ums Leben oder wurde schwer verwundet. Dr. Robin-Evans erfuhr auch, daß die Überlebenden jämmerlich dahinvegetierten und die allermeisten der Schwerverletzten nicht überlebten.

## Ein Mythos – zwei Versionen?

Hier trifft sich nun der Bericht des englischen Forschers, wie er ihn von seiner Dzopa-Sprachlehrerin erfahren haben will, mit jener in den sechziger Jahren über Umwegen aus China gekommenen Geschichte. Dem es damals eigentlich nur an einem mangelte: unwiderlegbare, vor allem fotografische Beweise. Die letzteren haben wir inzwischen erbracht. In unseren Büchern haben wir zwei der Aufnahmen veröffentlicht – und mittlerweile verfügen wir über alle vier Aufnahmen, die das Ehepaar Wegerer 1974 gemacht hat (s. Bildteil). Und sollten – trotz einiger Diskrepanzen zur ursprünglichen Baian-Kara-Ula-Story – auch die Informationen aus Dr. Robin-Evans' Expedition ins unheimliche Land der Dzopa zutreffen, so wäre damit ein bislang nur ansatzweise bekanntes Geschehen endlich dem Dunstkreis des Unbewiesenen entrückt.

Die relativ wehrlosen Asylanten aus dem Kosmos wurden, wie Dr. Robin-Evans 1947 als Gast des Dzopa-Stammes erfahren haben will, von den ortsansässigen Ureinwohnern angegriffen und dezimiert. Fünf Jahre nach der Bruchlandung hätten nur noch 30 Familien der gestrandeten Sirius-Astronauten gelebt. Ohne Technologie waren die Fremden gezwungen, unter primitivsten Verhältnissen zu existieren. Ihre Toten bestatteten sie in Felshöhlen, und sie malten Bilder an die nackten Wände, um ihr tragisches Geschick zu dokumentieren und späteren Generationen verständlich zu machen. Neben jeden ihrer Verstorbenen legten sie eine Steinscheibe, die sie mit ihren Runen beschriftet hatten. Doch mit fortschreitender Zeit rückte das Geschehene in den Nebel des Vergessens.

Die Nachfahren der Sirius-Bewohner, also die Dzopa respektive deren Priester, begnügten sich damit, Vergangenes in kultischer Form zu zelebrieren. Eigentlich immer derselbe Stoff, aus dem Religionen und Volksbräuche entstehen. Und Dr. Robin-Evans' Besuch bei dem geheimnisvollen Volksstamm in der chinesischen Provinz Quinghai endete einigermaßen überstürzt. Der Engländer zeigte wenig Lust, seine von ihm geschwängerte Lehrerin ehelichen zu müssen, und reiste heimlich ab.

Dr. Robin-Evans starb im Jahre 1974, seine Aufzeichnungen über die Expedition in das unheimliche Land der Dzopa blieben jedoch erhalten. Sie wurden erst 1978 publiziert, was die ganze Sache eher glaubwürdiger machte: Warum hat er sich nicht zu Lebzeiten damit profiliert?

## Auf Spurensuche vor Ort

Auch wir waren während unserer Reisen durch die Volksrepublik bemüht, genauere und vor allem *neue* Informationen über die Steinscheiben-Geschichte in Erfahrung zu bringen. Die Gelegenheit dazu ergab sich, als wir im März 1994 das besagte »Banpo-Museum« besuchten, in dem der eingangs erwähnte China-Reisende, der aus Österreich stammende Ingenieur Ernst Wegerer, fündig geworden war.

Damals war ihm und seiner Gattin in einer Vitrine ein der Beschreibung entsprechender Diskus aufgefallen, der aus einem sehr harten Material – Wegerer tippte zunächst auf Marmor – gefertigt war. Später zeigte man dem wißbegierigen Ehepaar noch ein zweites, gleichaussehendes Exemplar, das aber drei Sprünge aufwies und reparaturbedürftig war (s. Bildteil). Unverkennbar war auch ein gut fingerdickes Loch in der Mitte der zwei Scheiben sowie etwas, das durchaus als Rillenschrift interpretiert werden konnte. Die Artefakte besaßen nach Schätzungen Wegerers einen Durchmesser von 28 bis 30 Zentimetern und waren etwa einen Zentimeter dick. Die Herren Lo und Sun, die als Dolmetscher der Wegerers fungierten, waren von diesen inzwischen über die Hintergründe der ganzen Angelegenheit informiert worden. In einem Interview machte Ingenieur Wegerer deutlich, wie alle Beteiligten auf die Konfrontation mit diesen mysteriösen Objekten reagierten.

*Ing. Wegerer:* »Beide (die Dolmetscher Lo und Sun, d. Verf.) fanden das alles höchst seltsam. Denn es war auch ihnen aufgefallen, daß die Museumsdirektorin, die uns durch die Hallen geführt hat, keinerlei Auskünfte über die wahre Identität dieser Scheiben zu geben vermochte. Obwohl die Chinesin ansonsten alles andere als unwissend war. Vielmehr wußte sie über das Alter sämtlicher sonst im Museum ausgestellter Funde bestens Bescheid. Als ich aber nochmals eindringlich um genauere Angaben über die Herkunft der beiden Steinscheiben bat, verschanzte sie sich hinter der vagen Feststellung, beide Artefakte *müßten* wohl etwas mit der Tonwarenherstellung zu tun haben, sonst hätte man sie doch bestimmt nicht im Banpo-Museum – das ja durchweg tönerne Exponate führt – deponiert.«

Gerade diese diffuse Auskunft bestärkte den Fragesteller in seiner Überzeugung, wonach die Direktorin im Hinblick auf jene beiden Gegenstände in der Vitrine entweder ahnungslos gewesen war. Oder, was wahrscheinlicher ist, mit voller Absicht keinerlei Informationen preisgab.

*Ing. Wegerer:* »Die Scheiben waren eindeutig aus Gestein angefertigt worden. Möglicherweise war es Marmor. Darauf ließ die graue Färbung der runden Artefakte schließen.« Das Gewicht jedes dieser Steinteller schätzte der Österreicher auf ca. ein Kilogramm. »Beide Scheiben wirkten jedenfalls sehr massiv«, befand der Ingenieur.[2]

Als wir uns im März 1994 in den Räumlichkeiten des »Banpo-Museums« umsahen und dabei sorgsam auf alle Ausstellungsgegenstände achteten, war jedoch keine Vitrine zu finden, die wenigstens eines der gesuchten Objekte enthielt. Wir waren zwar enttäuscht, aber nicht entmutigt. Mit Hilfe unseres bereits erwähnten Dolmetschers in Xian, Herrn Xiong Wei, befragten wir im Anschluß an unseren Rundgang zwei profilierte Experten des Museums nach dem möglichen Verbleib der von uns so fieberhaft gesuchten Artefakte.

Sowohl Professor Wang Zhijun als auch sein Kollege Gao Giang wanden sich spürbar um eine Erklärung. Zum einen gaben sie an, nichts von diesen Scheiben zu wissen, um im selben Atemzug zu erklären, daß dieselben ja Fremdkörper in diesem hauptsächlich für Tonwaren bestimmten Museum darstellten und deswegen wohl entfernt worden waren! Selbst dem unsensibelsten Zeitgenossen wäre nicht entgangen, daß den beiden Gelehrten in diesem Augenblick nicht sonderlich wohl in ihrer Haut war...

## Eine Kopie in Ton?

Da wir jedoch hartnäckig beim Thema blieben und unsere Gesprächspartner mit weiteren detaillierten Fragen »löcherten«, führten unsere Gastgeber uns in einen Raum, der sich in einem anderen Trakt der Anlage befand. Dort ist das dem Museum angegliederte Forschungsinstitut untergebracht, das »Allerheiligste« gewissermaßen, das sonst keines Besuchers Fuß betreten darf.

In diesem Raum nun lehnte eine überdimensional große tönerne Scheibe mit einem Loch in der Mitte. Das Material war noch feucht, es war nämlich eine eben erstellte Rekonstruktion auf der Grundlage einiger Fragmente. Handelte es sich um eine übergroße Tonkopie der von uns gesuchten Originale? Angefertigt in der Jungsteinzeit, als die damaligen Bewohner des Banpo-Dorfes mit einer der »Scheiben aus dem All« konfrontiert wurden?

Der Überraschungen nicht genug, wurde von den beiden Professoren ein Fachbuch vorgelegt, in dem wir fündig wurden. Es beinhaltete eine Skizze, die getreu jener Beschreibung, die uns Ingenieur Wegerer von den 1974 im »Banpo-Museum« fotografierten beiden Fundstücken geliefert hatte, einen Diskus mit einem zentralen Loch sowie einer leichten Erhöhung darum herum darstellte. Das Interessanteste aber war die Anordnung der Rillen auf der Scheibe: Sie verlaufen *bogenförmig* vom Mittelloch zum Rand hin! Bislang sind wir –

durch den Vergleich mit unseren Schallplatten – immer stillschweigend von einer *spiralartig* verlaufenden Rillenschrift ausgegangen.

Ob es sich bei dieser Darstellung auch tatsächlich um einen jener Steinteller aus dem Baian-Kara-Ula-Gebirge handelt? Einiges spricht dafür, auch wenn uns die Professoren Wang und Zhijun und Gao Giang darüber eine Erklärung schuldig blieben. Es ist eine verrückte Sache: Gleich einer Fata Morgana schienen die so vehement gesuchten Steingebilde immer dann, wenn wir uns auf der richtigen Spur wähnten, beharrlich zurückzuweichen. Um sich allem Anschein nach in Luft aufzulösen. Und trotzdem fanden sich neue Hinweise, die eindeutig für die Realität dieses Jahrhunderträtsels sprechen, das uns – spannender als jeder Kriminalfall – in Atem hält!

Seit kurzem sind wir nun im Besitz *aller vier* existierenden Fotos dieser mysteriösen Gegenstände. Und für den Bildteil des vorliegenden Buches gelang es uns auch, eine Kopie der bewußten Skizze aus dem archäologischen Fachbuch anzufertigen. Alles spricht für die Authentizität der – im Moment – nicht greifbaren Artefakte.

In diesem Zusammenhang dürfen wir allerdings nicht vergessen, daß seit dem Jahr 1974 einiges in der Volksrepublik China geschehen ist. So etwa das letzte Aufflackern der zerstörerischen »Kulturrevolution« unter der berüchtigten »Viererbande« kurz nach dem Tode Maos im September 1976. Ihrem Vandalismus fielen unzählige wertvolle Kulturgüter zum Opfer. Auch den Akademikern ging es an den Kragen. Nicht wenige wurden umgebracht oder zumindest in aller Öffentlichkeit gedemütigt und gezwungen, ihre Fähigkeiten zu verleugnen und erniedrigende Arbeiten zu verrichten. Ihre Werke wurden vielfach vernichtet. Wenn wir also heute auf die Frage nach dem Verbleib gewisser Forscher eine negative Antwort erhalten, dann aus diesem Grund. Auch in anderen Diktaturen sind Menschen spurlos verschwunden, stießen Nachforschungen auf eine Mauer des Schweigens...

Nach dem Ausschalten der »Viererbande«, das gleichzeitig den endgültigen Schluß der Kulturrevolution bedeutete, mußten erst wieder halbwegs geordnete Verhältnisse in China geschaffen werden. Nicht zuletzt an den Kulturstätten des Landes – an Universitäten, in Bibliotheken und Museen.

## Mysteriöses Verschwinden

Jene, die vormals dort Verantwortung getragen hatten, waren entweder nicht mehr am Leben oder in alle Winde zerstreut worden. Auch in Xian war das nicht anders gewesen. Der nunmehrige Leiter des »Banpo-Museums« konnte uns jedenfalls keine Auskünfte über die Person geben, die 20 Jahre zuvor das Ehepaar Wegerer durch die Räume der wertvollen Sammlung geführt hatte. Nur dieses: Kurz nach dem Besuch des Ingenieurs wurde die Direktorin geradezu überstürzt von ihrem Posten abberufen – wohin, das weiß mysteriöserweise niemand zu sagen! Wußte sie zuviel über ein Geheimnis, über dem noch immer ein Tabu liegt?

Ebensowenig wußte man Bescheid, wohin die beiden dort ausgestellten Steinteller gekommen waren. Man versicherte uns auf Ehre und Gewissen, daß sich nichts dergleichen mehr im Besitz des Museums befinde. Und in gewisser Weise klangen diese Beteuerungen sogar glaubwürdig, war doch die Ratlosigkeit bei unseren Gesprächspartnern in dieser Angelegenheit nicht zu übersehen.

Wir sind uns nunmehr, nachdem in internen Diskussionen alle Für und Wider zu dem Thema abgehandelt wurden, ziemlich sicher, bei unserer Suche nach diesen spektakulären Relikten eines ungeheuerlichen Vorfalls keinem Trugbild aufgesessen zu sein. Und das große Interesse einiger Wissenschaftler, die wir mit den Fotos der Fundstücke aus Baian-Kara-Ula regelrecht aufrüttelten, war unübersehbar und echt. Das macht uns Mut und nährt die Hoffnung, daß auch im Reich der Mitte die Suche nach jenen verschwundenen Relikten aufgenommen wird.

Trotz der nach wie vor geübten politischen Bevormundung haben sich in China auf verschiedenen Ebenen lieberale Tendenzen Platz geschaffen. Das gilt vor allem auf wirtschaftlichem Gebiet, wo die kommunistischen Machthaber einen, sagen wir, gedrosselten kapitalistischen Kurs steuern. Und auch auf das Privileg, das uns zuteil wurde – eine Reise zu verschiedenen archäologischen Stätten in Sperrgebieten, in die der Normalsterbliche noch immer keinen Zutritt erhält –, hätten wir vor wenigen Jahren nicht hoffen dürfen. Natürlich spielen dabei gewisse Beziehungen eine entscheidende Rolle. Die Mauern der Bürokratie (die in China schon immer sehr ausgeprägt war) umgehen zu können, erwies sich als äußerst hilfreich. Und hierzu waren eben bestimmte Kontakte notwendig, die erst in jüngster Zeit aufgrund gelockerter Verhältnisse möglich wurden.

Nach unseren Erfahrungen sind wir zuversichtlich, daß sich dieser Zustand noch weiter verbessern wird und ambitionierte Forscher nicht nur aus China Gelegenheit erhalten werden, nach und nach alle Rätsel und Mysterien dieses alten Kulturlandes zu ergründen und zu entschleiern.

Wie das der steinernen Scheiben.

Der Weg zu diesem Ziel scheint nun geebnet, die Chancen stehen gut…

## Die »Kleinen mit den großen Köpfen« – Ein Exkurs

Viele von uns haben ihn damals gesehen: Steven Spielbergs filmischen Kontakt mit einer außerirdischen Intelligenz. Die meisten Kinobesucher werden »Unheimliche Begegnung der dritten Art« in spannender Erinnerung behalten haben. In Spielbergs Dramaturgie hatten UFO-Piloten sowohl bei der Entführung einer tatsächlich 1945 über dem berüchtigten Bermudadreieck verlorengegangenen Flugzeugbesatzung als auch eines kleinen – aber nur in der Filmhandlung existierenden – Jungen ihre Hände im Spiel. Im Film ging letztlich alles gut aus, alle wurden am Ende wieder zurückgebracht. In einem riesigen Flugobjekt, womit der berühmte Regisseur

wohl zum Ausdruck bringen wollte, daß die Fremden aus dem All im Grunde keine feindseligen Absichten gegen uns Menschen im Schilde führen.
Das Aussehen dieser Aliens wurde von Spielberg nicht erfunden. Im Gegenteil: Er gestaltete diese Wesen anatomisch genauso, wie sie von Leuten beschrieben worden sind, die meist unfreiwillig mit ihnen zusammentrafen. Die unter oft mysteriösen Umständen in deren Flugobjekte geholt und dort häufig schmerzhaften chirurgischen Eingriffen unterzogen wurden.
Solche Entführungen scheinen sich – schenkt man den übereinstimmenden Augenzeugenberichten Glauben – unter hypnotischem Einfluß zu ereignen. Die Betroffenen sollen sich während der medizinischen Versuche in einer Art von Trancezustand befinden. Immer mehr dieser Fälle werden nach und nach publik, das ganze Phänomen nimmt mittlerweile beängstigende Ausmaße an. Im amerikanischen Raum hat sie der Autor Budd Hopkins beschrieben, im deutschsprachigen Bereich der Wissenschaftler Dr. Johannes Fiebag.[33, 34, 35] Die Erlebnisinhalte ähneln einander in verblüffender Weise. Was uns aber noch mehr überrascht, sind die oftmals genau gleichlautenden Beschreibungen dieser unheimlichen Okkupanten. Ihr Aussehen ist fremdartig. Sie werden in aller Regel als sehr kleinwüchsig geschildert, ihr Körper mutet zerbrechlich an. Sie scheinen von grauer Hautfarbe zu sein – oder eine gleichfarbige Bekleidung zu tragen. Was ihren Opfern aber über alle Maßen in die Augen stach, waren die überdimensional großen Köpfe der »Eindringlinge«.
Dieser scheinbare Exkurs führt uns auf direktem Weg nach Baian-Kara-Ula zurück. Zu den überlieferten Wiedergaben über das Aussehen jener »häßlichen, kleinen gelben Männer aus den Wolken«.
Auch diese Fremden, deren Herkunft der Steinteller-Bericht mit einem Ursprungsort außerhalb unseres Planeten angibt, wiesen offenkundig dieselben anatomischen Eigenheiten auf. Gleich ihren angsterregenden Pendants aus unseren Tagen waren sie von geringem Wuchs, hatten einen geradezu zerbrechlichen Körperbau, aber im Gegensatz dazu außerge-

wöhnlich große Köpfe. Und deren Gesichtsausdruck dürfte gleichfalls neuzeitlichen Beschreibungen entsprechen.
Es ist an dieser Stelle angebracht, einen weiteren Abstecher zu machen, und zwar in den mesoamerikanischen Raum. Dort kamen im Verlauf der letzten 60 Jahre archäologische Funde ans Tageslicht, die es geraten sein lassen, unsere Frühgeschichte mit anderen Augen zu betrachten.

## Gelbe Sendboten im alten Amerika?

Es ist ein weiter Weg, der zurückgelegt werden muß, um von China bis nach Mexiko zu gelangen. Und doch kann diese riesige Strecke kein ernsthaftes Hindernis gewesen sein, schon vor unbekannten Zeiten erfolgreich überbrückt zu werden. »Insbesondere von China wissen wir, daß die Dschunken ausgedehnte Reisen auch über das offene Meer unternahmen«, berichtete Hans Breuer in seinem Buch »Kolumbus war Chinese«. Er verweist auf Seereisen im 4. Jahrhundert, die damals – um beispielsweise von China nach Java zu gelangen – keineswegs als zu waghalsig angesehen wurden.

»Auch aus noch weiter zurückliegenden Zeiten wird berichtet, daß Kauffahrer von China aus die Malakka-Straße passierten und quer über den Golf von Bengalen die Südspitze Indiens anliefen. Ob ihnen die Fahrt über den Pazifik gelungen ist? Daß sie über die nötige Kulturhöhe verfügten,um als äußerer Impuls auf die Olmeken– oder Chavin-Kultur zu wirken, steht außer Frage...«[78] Breuer interessiert hier vor allem, ob es damals für diese beiden Kulturen Impulse »von außen« gegeben haben könnte, und bejaht diese Möglichkeit aus eigener Überzeugung. »Wenn wir bereit sind, uns der Ansicht der Fachleute anzuschließen und den Beginn der Nordwestküsten-Kultur auf rund 1000 Jahre vor Christus anzusetzen, so müßten ihre Sendboten zu jener Zeit schon auf eine lange Entwicklung zurückgeblickt haben.«

Der Autor bezieht sich in diesem Kontext auf gewisse auffällige Ähnlichkeiten bestimmter Funde, die ohne Zweifel

Gleichklänge mit solchen in China verraten. Es handelt sich, so Breuer, um das Auffinden von Jadeschmuck in Olmeken-Gräbern. Vollende Jadefigürchen, deren Köpfe Miniaturausgaben jener Kolossalköpfe der Olmeken waren, die in Stein gehauen einige gleichartige Charakteristika aufweisen: runde Form, abgeflachte Nasen und nach auswärts gebogene Lippen.

Ganz anders präsentiert sich dagegen jener Menschentyp, den uns die Olmeken auf Reliefs, Stelen und Ornamenten hinterlassen haben. Er unterscheidet sich grundlegend von den plump wirkenden Steinköpfen, besitzt ein schmales Gesicht, häufig Schlitzaugen sowie manchmal eine Art »Spitzbart«.

Auch Ivar Lissner, renommierter Sachbuchautor, der 17 Jahre lang auf der Suche nach Überresten alter Hochkulturen durch unerforschte Gebiete auf vier Kontinenten gereist war, verweist auf bestehende Ähnlichkeiten zwischen der Kunst Altchinas und Nordwestamerikas. Er nennt hierzu Parallelen der Shang-Ikonographie mit einigen Symbolen der Mayas und Azteken. »Wie aber erklärt sich die zeitliche Lücke von 2000 bis 3000 Jahren, die zwischen der uralten chinesischen Bronzekunst und der Mayakultur des 4. und der aztekischen des 14. Jahrhunderts nach Christus klafft?« [79]

Einer der kompetentesten Kenner der vorkolumbischen Kulturen, Professor Walter Krickeberg, bringt es schließlich auf den Punkt. »Scheinbar wurzellos, ohne Vorstufen, erschienen bereits die ältesten amerikanischen Hochkulturen auf der Szene. In Mittelamerika die olmekische, in den Andenländern die von Chavin de Huantar. Diese merkwürdige Erscheinung läßt sich wohl nur dann befriedigend erklären, wenn man einen oder mehrere Anstöße annimmt, die von außen auf das alte Amerika wirkten. Denn es ist sonst schwer zu verstehen, daß primitive Zustände fast unverändert 15 000–20 000 Jahre lang bestehen konnten, um dann 2000–3000 Jahre hindurch einen stürmischen Anstieg zu erleben und alle Stufen zur Hochkultur zu durchlaufen. Bei den beiden ältesten amerikanischen Hochkulturen kann nicht einmal davon die Rede sein: Sie sind plötzlich da ...« [80]

Ein durchaus denkbarer unmittelbarer Zusammenhang mit dem alten China scheint nicht mehr abwegig. Peter Kolosimo machte in zwei Büchern auf ins Auge fallende Einzelheiten aufmerksam: »Einige mexikanische Völkerschaften sagen im Hinblick auf die monströsen kleinen Jadefiguren ihrer Vorväter, daß jener Stein aus einem ganz bestimmten Grund für die Figuren verwendet wurde. Seine Farbe entspricht nämlich der Hautfarbe des legendären menschenähnlichen Geschlechtes.«[81]

## Die Entdeckungen des William Niven

Was uns auf direktem Wege zu jenem Altertumsforscher führt, der in den dreißiger Jahren in Mexiko weilte und dem dort aufsehenerregende Entdeckungen gelangen. Colonel James Churchward (s. auch Kap. 3), der vor allem durch seine umstrittene Theorie über die von ihm behauptete vorgeschichtliche Existenz eines mythischen Kontinents mit Namen »Mu« bekannt wurde, beschäftigte sich in einem seiner vier Bücher vorrangig mit William Nivens Forschungen. Dessen Funde, klagte er, seien jedoch von der etablierten Wissenschaft »viel zuwenig genau untersucht« worden. Machen wir es besser!

Churchward beteuert in »The Second Book of the Cosmic Forces of Mu«, die originalen Niederschriften seines Freundes Niven wortgetreu wiedergegeben zu haben. Seiner Ansicht nach handle es sich bei den Ausgrabungen und Entdeckungen dieses Forschers und Archäologen in Mexiko um besonders wertvolle Funde. Gleich zu Anfang des von Churchward wiedergegebenen Berichtes nennt William Niven den Ort seiner Grabungen: »Eine Fläche von etwa 2000 Quadratmeilen im Hochtal von Mexiko, von Tecoco nach Haluepantla.« Auf diesem weiten Terrain will der Engländer »Hunderte, ja Tausende von Gruben« aufgespürt haben. Sie seien jedoch bereits im 3. Jahrhundert ausgebeutet worden, um Baumaterial für Tenochtitlan (das damalige Mexico City) zu gewinnen. Was Niven dazu zwang, seine Ausgrabungen »auf einen Bereich von etwa zehn Meilen Länge und 20 Meilen Breite im Nordwesten des Tales« zu beschränken.

Nur drei Meilen von seinem bedeutendsten Fundort entfernt, in einem ausgetrockneten Flußbett nordwestlich des erwähnten Hochtales, stieß der Archäologe dann auf Tausende von Tonfiguren. Ihr Aussehen kam Niven »merkwürdig« vor. Handelte es sich doch dabei ausschließlich um Darstellungen von Rassetypen aus *Ostasien.* Einer von ihnen stellte zweifelsfrei die Nachbildung eines *Chinesen* dar. »Gestalt und Gesichtsform lassen eindeutig den Schluß zu«, notierte Niven in seinen Aufzeichnungen, »daß hier einst eine Rasse lebte, die dem mongoliden Typus sehr ähnlich, wenn nicht sogar völlig gleich war.«

In einer Tongrube zwischen San Miguel Amantla und Haluepantla entdeckte der Archäologe noch weitere Beweise für seine Annahme. Zwischen den Ruinen, wo er die Tonfigur des »kleinen Chinesen« fand, stieß er in zehn Meter Tiefe auf einen etwa vier Qudratmeter großen Raum, dessen zementierte Wände bis 30 Zentimeter über dem Fußboden abgebrochen waren. Dort erwartete ihn ein höchst eigenartiger Fund.

Unter dem Boden dieses Raumes fand Niven die Knochen eines Mannes, der eine Größe von nur etwa 1,50 Meter aufwies. Dieses Skelett lag auf einer zementierten Plattform und wies eine ungewöhnliche Anatomie auf: Die Arme des Wesens reichten beinahe bis zu dessen Knien, und sein Schädel besaß eine deutlich mongolide Form. Um seinen Hals lag eine Kette, die aus grünem Jade gefertigt worden war. Grüner Jade ist kein mexikanisches Mineral. Neben dem Skelett lag eine Schnur, auf der 579 Stücke von Muscheln aufgefädelt waren.

Hier das Skelett eines kleinwüchsigen mongoliden Mannes – und nicht weit davon jene kleine Tonfigur mit eindeutig *chinesischen* Gesichtszügen. Für William Niven ein unübersehbares Indiz dafür, »daß das Blut der Indianer Mexikos mongoliden Ursprungs ist«.[82]

Alles nur Zufall?

Mehr als der Fund des »Chinesen«-Figürchens verdient natürlich der unbekannte Tote unsere Beachtung. Das Skelett dieses kleinwüchsigen Mannes war zudem reichlich mit Jadeschmuck behangen, ähnlich wie der angebliche Maya-Fürst im Sarkophag von Palenque. Bei dem Zierat handelte es sich ausnahmslos um *grünen* Jade – und grüner Jade kommt bekanntlich aus China!

Im früheren Reich der Mitte galten derartige Schmuckstücke als »göttlich«.

## Baian-Kara-Ula läßt grüßen

Besonders auffallend an dem Toten in Mexiko waren sein abnorm wirkender Körperbau. Die Arme des Mannes aus der Tongrube reichten diesem nämlich – das hob Niven mehrmals ausdrücklich hervor – bis zu den Knien.

»Die Himmelsmenschen waren nicht viel größer als ein achtjähriges Kind«, weiß die Überlieferung aus der Gebirgsregion von Baian-Kara-Ula zu berichten. Sollte es zwischen William Nivens spektakulärer Entdeckung im mexikanischen Hochland und den Skelettfunden in den zentralchinesischen Felshöhlen Zusammenhänge geben?

Niven schätzte das Alter des Toten auf ungefähr 16000 Jahre. Die angeblichen »Affengräber« der Dropa und der Kham wurden seinerzeit von Chi Pu Tei auf ein Alter von 12000 Jahren datiert. Handelte es sich da wie dort um Wesen von gleicher Herkunft? Fand Niven hier den Beweis – das »missing link« – kultureller Gleichklänge zwischen China und Mesoamerika?

Es gilt heute als erwiesen, daß Kolumbus amerikanischen Boden zwar betreten, diesen Kontinent aber nicht »entdeckt« hat. Auch die Wikinger, lange vor dem in spanischen Diensten stehenden Genueser Pioniere in Amerika, können sich nicht mit dem Lorbeer der Erstentdecker schmücken. In zahlreichen Überlieferungen kommt dieser Triumph allein gelbhäutigen Besuchern zu, die damals bei den Indianern aufgrund ihrer Pigmentierung Ehrfurcht und Bewunderung auslösten. Bei den Ureinwohnern Amerikas galt die Farbe Gelb interessanterweise als »heilig« – was bestimmt kein Zufall war. Chinesische Dschunken sollen um das Jahr 458 v. Chr. an der Küste des heutigen US-Bundesstaates Kalifornien gelandet sein, wie einige Indianermythen zu bestätigen scheinen. Darin ist von »göttlichen Gesandten einer hellhäutigen Rasse« die Rede.

Der chinesische Gelehrte Chen Hua-hsin behauptete in einem im Dezember 1961 in einer Beijinger Tageszeitung erschienenen Artikel, Chinesen hätten Amerika mindestens 1000 Jahre vor Kolumbus entdeckt. »Ich will die Verdienste des großen Genueser Seefahrers nicht schmälern«, so schrieb Chen, »er hat immerhin eine neue Route von Europa nach Amerika gefunden. Aber die Daten, auf denen meine Angaben basieren, sind unanfechtbar.«

Der Historiker berief sich vor allem auf eine alte Reisechronik. Darin wird berichtet, daß ein Bürger des alten Kaiserreiches »in ein buddhistisches Land jenseits des Meeres« gereist sei, von dem sich Chen Hua-hsin sicher ist, daß es sich hierbei um Mexiko gehandelt habe. Versuche akademischer Kollegen, seine Hypothese ins Lächerliche zu ziehen, ließen den Historiker unbeeindruckt. In seiner weiteren Argumentation bezog sich Chen auf diverse Ausgrabungen in Mexiko und in Peru, deren Funde seiner Ansicht nach deutlich chinesische, ja buddhistische Herkunft verrieten. So sollen in einem Grab in Panama die Aufschriften alter asiatisch klingender Namen entdeckt worden sein.[1]

Der Südtiroler Autor Peter Kolosimo war ähnlicher Ansicht. »Ohne Zweifel wimmelt es im präkolumbischen Amerika von asiatischen Elementen«, meinte er – um dann einen eigenen Weg zu verfolgen. »Wenn sich diese Spuren bei den Azteken, Inkas, Mayas und anderen Völkern finden, dann gewiß nicht, weil sie von den Chinesen stammen, sondern weil diese Völker sie von einer großen Kultur erbten, die unter anderem einen großen Teil Asiens und Amerikas miteinander verband.«[81]

Ist diese hypothetisch in den Raum gestellte »große Kultur« irdischen Ursprungs, oder stammt sie von »anderswo«? Kommt sie von den Sternen?

## »Astronauten« in Mexiko?

Eine so provokante Frage stellen wir nicht grundlos in den Raum. Denn gerade der mexikanische Boden vermag mit Funden aufzuwarten, wie es sie kaum anderswo gibt. Darüber hinaus finden wir viele Dinge, die ohne weiteres auch »kosmisch« gedeutet werden können. Ganz abgesehen von den riesigen Pyramiden, deren architektonische Ähnlichkeit mit jenen, die wir in China entdeckt und als erste Ausländer bestiegen haben, nicht zu übersehen ist.

Jenes Chinesenfigürchen, das William Niven seinerzeit ausgegraben hat, verblaßt gegenüber anderen Funden. Zum Beispiel jenem, den der mexikanische Altertumsforscher Dr. Milton A. Leof gemeinsam mit seiner Frau gemacht hat. Sie fanden bei Grabungen im Ruinengelände von Xochipala eine 17 Zentimeter große Statuette aus rötlichem Sandstein (s. auch Kap. 1).

Wer unvoreingenommen die Figur betrachtet, kommt zu dem unwillkürlichen Schluß, es müsse sich hierbei entweder um die Darstellung eines Tauchers handeln – oder eines Astronauten! Der letztere Vergleich ist provokant, doch keinesfalls zu weit hergeholt. Allein der eigenartige Helm entspricht in keinster Weise den Kopfbedeckungen, die uns sonst aus altamerikanischen Gefilden geläufig sind. Man ist versucht, sich einen gläsernen Gesichtsschutz vorzustellen, der Augen, Mund und Nase von der Außenwelt luftdicht abschließt. Der Eindruck wird durch die unterhalb des Helmes liegende »Halskrause« noch verstärkt. Zudem meint man zu erkennen, daß das Wesen Handschuhe trägt. Nur die Beine scheinen unbekleidet zu sein. Vielleicht wollte der unbekannte Künstler, der die Statuette schuf, hier sehr bewußt eine Art Symbiose zwischen einer menschlichen und einer tierischen Darstellung wiedergeben – wofür in beredter Weise die Krallenfüße des Unbekannten zu sprechen scheinen.

Vielleicht ist es aber auch etwas ganz anderes.

Archäologen jedenfalls sprechen gerne von einem sogenannten »Jaguar-Kult«. Was hat es damit auf sich?

Wir wissen nur wenig darüber. Aus alten Mythen geht lediglich hervor, daß es sich dabei um einen von der damaligen Bevölkerung überaus respektierten Brauch gehandelt haben muß. Die über ihn wachten, achteten streng darauf, daß er vom einfachen Volk auch respektiert wurde. In verschiedenen Überlieferungen, die uns aus dem alten Amerika erhalten geblieben sind, ist von »vom Himmel gekommenen« Wesen die Rede – die »Himmelssöhne« Chinas lassen grüßen –, die wesentlich auf die Entwicklung der Kulturen dieser Welt eingewirkt haben sollen. In einigen Legenden finden wir Hinweise auf »Jaguarmenschen, die von den Sternen kamen«.[83]

Es scheint sich also bei jener behelmten Figur nicht nur um das Produkt eines besonders phantasiebegabten Bildhauers gehandelt zu haben, denn Abbilder vorgeblicher »Jaguarmenschen« findet man nahezu an allen prähistorischen Stätten Lateinamerikas. Es ist auch nicht von Belang, darüber zu sinnieren, ob diese Darstellungen – die im Gegensatz zu der in Xochipala (Guerrero) gefundenen Figur ausnahmslos ohne Kopfbedeckung modelliert worden sind – einer wirklichen Lebensform nachgebildet wurden oder nur Symbolcharakter haben. Wesentlich scheint uns vielmehr, daß es diesen rätselhaften Kult, worin der Jaguar als Gottheit verehrt werden mußte, tatsächlich gab.

Was bei der behelmten Figur nicht feststellbar ist, da dies seine Kopfbedeckung verhindert, läßt sich mühelos bei den übrigen Figürchen konstatieren. Ihre Schädel weisen fast durchwegs Deformationen auf, wie wir sie auch bei Nachbildungen höchster Persönlichkeiten aus anderen Kulturkreisen der Welt antreffen können: von Zentralafrika bis zu den Neuen Hebriden, von Indonesien bis Polynesien sowie zum westlichen Amerika.[83] Diese Statuetten (s. Bildteil) werden samt und sonders der olmekischen Kultur zugeschrieben – aber Zweifel an dieser Interpretation erscheinen angebracht. Denn ausgerechnet die Olmeken, als deren Priester Dr. Milton A. Leofs Sandstein-»Astronaut« offiziell angesehen wird, hatten mit derartigen Schädeldeformationen buchstäblich nichts am Hut. Was uns wiederum zu jenen geheimnisvollen »Jaguarmenschen« führt, deren wahre Identität im dunkeln liegt.

Während die Figur aus Xochipala aus rötlichem Sandstein hergestellt wurde, hat man die unbehelmten Männchen unterschiedlich gefärbt. Da gibt es grüne ebenso wie weiße oder rote. Das Alter ihres Entstehens – und das ihrer unbekannten Vorbilder – verliert sich im Grau der Zeiten. Der archäologische Fund des Forscherehepaares Leof war übrigens Anfang der siebziger Jahre vielbestauntes Ausstellungsstück des »Metropolitan Museum of Art« in New York und wurde auch im offiziellen Ausstellungskatalog abgebildet. Der »Astronaut« wird der prähistorischen Epoche zugerechnet, seine mögliche Entstehungszeit großzügig angegeben; irgendwann zwischen 1150 und 100 v. Chr. Jedenfalls gilt der Fund als ausgesprochene Rarität und ist – dies sei der Vollständigkeit halber erwähnt – im Privatbesitz des Ehepaares Leof.

Und was alle im Boden des mexikanischen Hochlandes aufgefundenen Statuetten auszeichnet, ist deren gleichgeartete Physiognomie – ihr mongolider Gesichtsausdruck. Offenbar waren ihre lebenden Vorbilder von ebenso kleinem Wuchs, wie jener Tote, den der Archäologe William Niven entdeckt hatte. Und mit großer Wahrscheinlichkeit besaßen die Bewohner dieser Region ebenfalls mongolide Gesichtszüge. Sie aber nunmehr in vereinfachender Weise als chinesische Abkömmlinge zu bezeichnen, erscheint uns vorschnell. Aus mündlichen wie schriftlichen Überlieferungen haben wir Kenntnis von der früheren Existenz einer Urbevölkerung, die im Bereich des Golfes von Mexiko angesiedelt war. Ihr Herkunftsland kennen wir nicht, aber wir wissen, daß diese Menschen den Mond anbeteten und eine Zeitlang angeblich von einem »überaus mächtigen Zauberer« regiert worden seien. Überliefert ist auch, daß die Priesterschaft dieses im Nebel der Vergangenheit verschwundenen Volkes »Hüter vergessener Wissenschaften« gewesen sei, die sich auf unvorstellbare kosmische Erinnerungen stützten.[83] Erinnerungen – aber an wen? An jene »Jaguar-Götter«, die auch später noch, als es sie längst nicht mehr auf der Erde gab, verehrt worden sind? Handelte es sich nicht eher um Raumfahrer aus fernen Welten?

Selbst dafür scheint es symbolhafte Anzeichen zu geben.

28, 29 Dies sind die mysteriösen Beweisstücke, auf deren Fährte wir uns im »Banpo-Museum« in Xian zu setzen hofften. Sie sind jedoch in der Zwischenzeit spurlos verschwunden – offenbar auf Befehl »von oben« aus dem Museum entfernt. Rechts eine bisher unveröffentlichte Aufnahme dieser Artefakte (mit angelegtem Maßband), die der österreichische Ingenieur Wegerer 1974 machte.

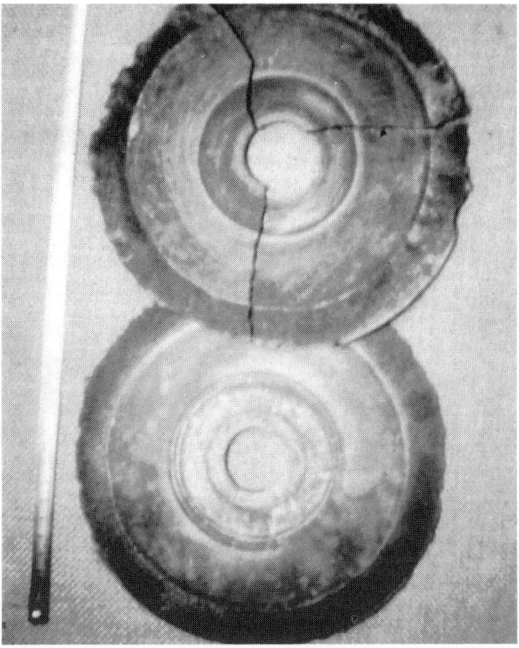

28

29

30 

31 

30 Was uns bisher verwehrt blieb, fotografierten sie bereits 1974. Stolz zeigt uns das Ehepaar Wegerer seine Ausbeute: vier Fotos von den Steinscheiben aus dem Gebiet von Baian-Kara-Ula.

31 Unheimliche Legenden nehmen Gestalt an: Hueypah-La und Veez-La, zwei Angehörige des geheimnisvollen Volkes der Dzopa, auf einem Foto von 1947. Die noch etwa 120 Wesen werden von den Behörden strengstens abgeschirmt!

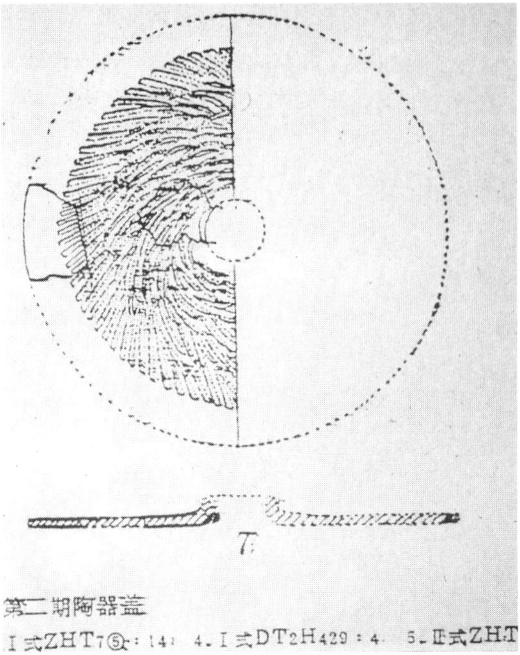


32

32 Die Skizze aus dem Archäologiebuch: Draufsicht und Querschnitt stimmen genau mit den Vorbildern überein.

33

33 Eine Kopie in Ton? In einem den Besuchern unzugänglichen Forschungsraum des Museums durften wir diese noch frische Rekonstruktion in Augenschein nehmen und fotografieren. Der Öffentlichkeit werden diese Dinge weiterhin vorenthalten!

34

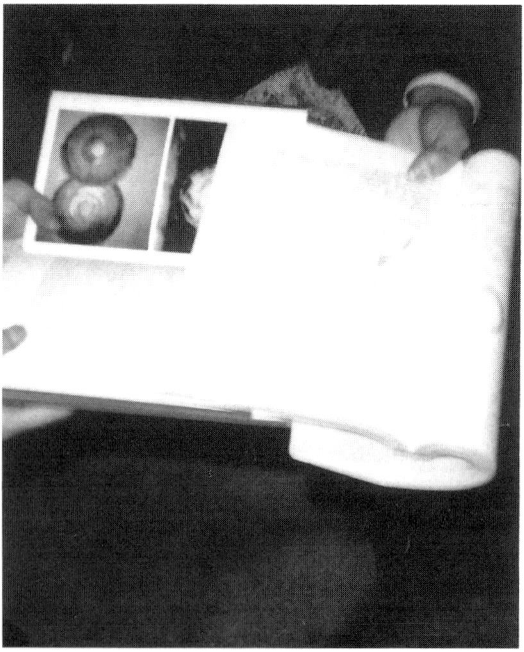

35

34 Unser Dolmetscher in Xian, Herr Xiong Wei, übersetzt uns die Ausführungen von Professor Wang Zhijun (rechts) über die verschollenen Artefakte – und über deren Kopien in Ton aus der Jungsteinzeit.

35 Vergleich der Fotos von den mittlerweile wieder aus dem Museum entfernten Steinscheiben mit Skizzen aus einem chinesischen Buch über Archäologie.

36 Professor Feng Haozhang, Leiter des Archäologischen Institutes der Akademie der Wissenschaften (Beijing), lokalisiert mit einem Assistenten die Lage des Fundgebietes von Baian-Kara-Ula.

37 Die Autoren auf der Treppe vor dem »Banpo-Museum« in Xian. Die spannende Geschichte um das Jahrhunderträtsel geht weiter, und es gibt brandneue Spuren und Erkenntnisse!

36

37

38

39

38, 39 Sehr seltsame Sandsteinfiguren mit Schlitzaugen wurden in der Nähe von Mexico City gefunden. Auffallend an ihnen sind die offensichtlichen Schädeldeformationen, wie sie weltweit bei vielen Völkern als »Erinnerung« an deren »göttliche« Lehrmeister stolz zur Schau getragen wurden (vgl. hierzu die Ausführungen in Kap. 5).

40 Die Autoren beraten über den weiteren Verlauf ihrer Forschungsreise – im »First-Class-Abteil« der Chinesischen Eisenbahn.

41 Erdbebenspuren: Die durcheinandergewirbelten Granitbrocken auf der Anlegemole bei der Insel Jun Shan sind offensichtlich Zeugen eines Erdbebens, wie es dort immer wieder vorkommen kann. So auch geschehen im Jahre 1959.

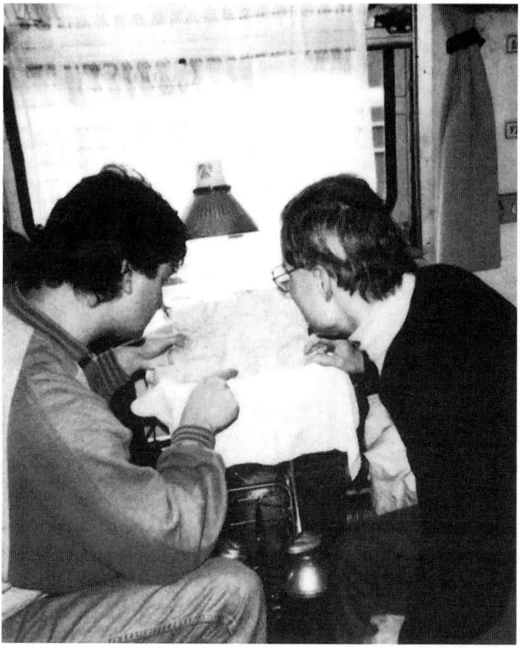

40

41

42 

43 

42 Felsig sind alle im Norden des Sees gelegenen Inseln. Was wir dort aber nicht fanden, waren prähistorische Spuren. Die befinden sich – so Professor Gao Zhi Xi vom »Hunan-Museum« – auf den Inseln im Südteil des Dongting-Hu.

43 Zu neuen Ufern: Hartwig Hausdorf auf Expedition in den verbotenen Zonen Chinas. Hier betritt er eine Insel im Süden des geheimnisumwobenen Gewässers im Herzen Chinas.

Forscher, die die eigenartigen mexikanischen Statuetten mit ihrem mongoliden Gesichtsausdruck fanden, staunten auch über andere Relikte in unmittelbarer Nachbarschaft der Figürchen. Kleine, zylindrische Säulen, die auch in Legenden erwähnt werden, die im mexikanischen Hochland kursieren. Wir erfahren von »Lanzen, die den Himmel durchbohren«. Könnte hierin eine Umschreibung für den Begriff »Raumfahrzeuge« dahinterstecken? Vermitteln uns auch diese Artefakte einen entscheidenden Hinweis, der uns geradewegs in den Kosmos führt?

## Die »Kleinen mit den großen Köpfen« – Zurück vom Exkurs

Auf den Spuren eines Mythos haben wir auf den vorangegangenen Seiten eine beachtliche Wegstrecke zurückgelegt. Von zentralchinesischen Gebirgsregionen aus überquerten wir den Pazifischen Ozean und gelangten auf die Hochebene von Mexiko.

Zu unserer Überraschung stießen wir da wie dort bei humanoiden Lebensformen früherer Zeiten auf anatomische Gleichklänge, die man nicht einfach dem viel zu häufig strapazierten Zufall in die Schuhe schieben kann. Es muß nachdenklich stimmen, wenn uns in so unterschiedlichen Weltgegenden Wesen begegnen, die sowohl im Aussehen als auch, was deren behauptete Herkunft betrifft, frappierende Übereinstimmungen zeigen. Und immer wieder erzählen die Mythen, diese »Kleinen mit den großen Köpfen« seien dereinst vom Himmel herabgekommen – in »Wolkenschiffen« oder in zylindrischen Luftfahrzeugen.

Man könnte allenfalls über derartige Geschichten hinwegsehen, wären sie nur auf *ein* bestimmtes geographisches Gebiet fixiert – etwa auf Zentralasien. Aber nein, solche fast gleichlautenden Legenden gibt es weltweit. Und diese rätselhaften Wesen beunruhigen Militär und Geheimdienste auch heute in alarmierender Weise!

Der »Dauerbrenner« Baian-Kara-Ula beschäftigt zwischenzeitlich schon wieder die Medien, wäre doch hier – stellt sich die ganze Angelegenheit letztendlich als Tatsache heraus – endlich der positive Beweis erbracht, daß Außerirdische in der Vergangenheit auf unserem Planeten weilten. So wurde einer der Autoren am 3. November 1995 im Rahmen einer »Zukunftswoche« betitelten Themenreihe in die RTL-Talkshow *Ilona Christen* eingeladen. Das Thema der Sendung lautete vielversprechend »Der heiße Draht zum Weltall«.

Nachdem ein paar obskure Gestalten, die mit irgendwelchen kosmischen Geistwesen zu »channeln« vorgaben beziehungsweise gar behaupteten, im zarten Kindesalter per UFO von einem anderen Planeten eingeflogen worden zu sein, den Löwenanteil jener Sendung für sich beanspruchten, bekam Co-Autor Hartwig Hausdorf nach der letzten Werbeeinschaltung das Wort. Es ging, wie sollte es anders sein, natürlich um den nysteriösen Steinscheiben-Fund von Baian-Kara-Ula.

Und während die Regie das Foto jenes Dzopa-Paares einblendete, das der eingangs erwähnte britische Forscher Dr. Karyl Robin-Evans im Jahre 1947 aufgenommen hatte (s. Bildteil), wagte der Verfasser, das folgende Statement zu plazieren: »Nach dem derzeitigen Stand der Erkenntnisse kann man davon ausgehen, daß in einer gebirgigen Region Zentralchinas *noch heute* einige extrem kleinwüchsige Nachfahren jener mutmaßlichen Havaristen aus dem Weltall existieren.«

Die Retourkutsche folgte sogleich auf dem Fuß! Und zwar in Gestalt des im Publikum plazierten berüchtigten Wegerklärers der Gruppe »CENAP«, Rudolf Henke. Mit seiner unnachahmlichen, die Schmerzgrenze durch beispiellos herablassende Arroganz bei weitem übersteigenden Art, warf er aus dem Hinterhalt ein:

»Gerüchte, Gerüchte, Gerüchte. Was der Autor – wie war doch gleich sein Name, ich hab' ihn doch jetzt glatt vergessen – in seinen Büchern bringt, sind doch alles olle Kamellen von vorgestern. Es ist doch allgemein bekannt, daß diese Geschichte bereits in den siebziger Jahren endgültig ad acta gelegt worden ist.«

## Das Dorf der Zwerge

Hier irrt dieser Wissen vorgaukelnde Mann, dessen Namen *ich nicht* vergessen habe. Passionierter Einzelkämpfer am Schreibtisch, hätte man ihn besser schon in den siebziger Jahren »ad acta« legen sollen. Dann wäre er nämlich mit seinem unqualifizierten Angriff, mit dem er bestenfalls den Unterhaltungswert eines Pausenclowns bewies, allen Beteiligten samt den Zuschauern am Fernseher erspart geblieben. Denn die passende Antwort für ihn und seinesgleichen folgte ebenfalls, wenn auch mit einer kleinen Verzögerung: Nämlich in Form einer Agenturmeldung, die nur eine Woche später aus der Volksrepublik China in die Nachrichtenredaktionen der Medien tickerte.

Wir waren beide gleichermaßen wie elektrisiert, als wir die Meldung in einer Reihe von Tageszeitungen Deutschlands und Österreichs zu lesen bekamen. Da stand schwarz auf weiß geschrieben:

»*Das Dorf der Zwerge – Umweltgifte schuld?*

Ein Dorf in der chinesischen Provinz Sichuan. Zwischen Reisfeldern und Bambushainen stehen merkwürdige kleine Häuser. Das Dorf der Zwerge. Hier leben 120 Männer und Frauen mit ihren Kindern. Viele sind nicht einmal 1,15 Meter groß. Der kleinste Erwachsene mißt gar nur 63,5 Zentimeter.

Sie haben ihr Dorf im Puppenhaus-Stil gebaut. Kleine Türen, niedrige Treppen, kurze Betten. Alle fahren nur Kinderfahrräder. Das Dorf der Zwerge – für Experten ein Rätsel. Normalerweise gilt: Nur eines von 20000 Neugeborenen kommt mit einer erblichen Wachstumsstörung auf die Welt.

Wissenschaftler, die das Dorf besucht haben, machen jetzt Umweltgifte für den Zwergenwuchs verantwortlich, zum Beispiel gefährliche Abgase, chemie-verseuchtes Trinkwasser.

Vielleicht stoppt auch ein besonderes Gen das Größerwerden...«[84]

Soweit die Meldung, die uns aus dem fernen Reich der Mitte erreichte.

Es würde bedeuten, unehrlich zu sein, sollten wir an dieser Stelle nicht zugeben, daß uns die eben zitierte Meldung in gewisser Weise Genugtuung verschafft hat. Besonders auch im Hinblick auf die herablassende Behandlung eines der Autoren vor laufenden Fernsehkameras.

## Sind sie's?

Da wir uns in aller Regel jedoch weniger in Schadenfreude ergehen als uns vielmehr das Ungewöhnliche erforschend betätigen, konnten wir über die oben wiedergegebene Agenturnachricht hinaus bereits einige neue Informationen recherchieren. Welche uns zudem in der Schlußfolgerung unterstützen, daß es sich bei jenen jüngst entdeckten Zwergwesen tatsächlich um die geheimnisumwobenen *Dropa* oder *Dzopa* handeln muß.

1. Der viel zu oft strapazierte Faktor »Zufall« kann auf jeden Fall ausgeschlossen werden. Bei einer statistischen Wahrscheinlichkeit von 1:20000 für Zwergenwuchs ist die Chance verschwindend gering. Zudem addieren sich Wahrscheinlichkeiten nicht, sondern sie multiplizieren sich – das weiß jeder, der schon einmal Lotto gespielt hat! Der numerische Wert für diese Wahrscheinlichkeit »Zufall x 120« wäre so gering, daß sich mit den Nullen hinter dem Komma gut und gerne dieses Buch füllen ließe.

2. Auch Umweltgifte scheiden mit Sicherheit aus. Diese Region liegt – einer von mehreren Mitteilungen zufolge, die wir in der Zwischenzeit von den chinesischen Behörden bekommen konnten – etwa 200 Kilometer südlich von Chengdu, völlig abgelegen und fern von jeglicher Industrieansiedlung. Übrigens: Die Chinesen haben die Existenz des »Zwergendorfes« uns gegenüber in keinster Weise dementiert. Im Gegen-

teil: Wir sind im Besitz genauer Informationen über dessen Lage!

3. Berücksichtigen wir nun noch, daß der britische Forscher Dr. Robin-Evans die besagten Dzopas im Jahre 1947 noch in den Hochgebirgsregionen des Baian-Kara-Ula-Gebirges angetroffen hat, so kommen wir zu folgendem Schluß: Das Volk hat sich erst in allerjüngster Zeit – nach 12 000 Jahren der Isolation! – entschlossen, in tieferliegende Gebiete auszuwandern. Möglicherweise im Verlauf des Jahres 1995, was dann zu seiner unerwarteten Entdeckung führte.

4. Der derzeitige Aufenthaltsort, besagtes »Dorf der Zwerge«, liegt in der Tat angrenzend an die südöstlichen Ausläufer des Baian-Kara-Ula-Massivs. Die rein zufällige Existenz einer weiteren extrem kleinwüchsigen Rasse in diesem geographischen Raum wäre wohl mehr als unwahrscheinlich!

## Erstaunlich: kein Dementi!

Welche unerhörten Neuigkeiten könnten wir erfahren, sollten wir es tatsächlich eines Tages schaffen, auch in dieses Sperrgebiet zu gelangen? Erste Tuchfühlung mit den chinesischen Behörden haben wir in dieser Sache bereits aufgenommen, bis dato erhielten wir allerdings außer der freimütigen Bestätigung der Existenz jener Wesen wiederholt den Hinweis, daß »diese Region für Ausländer streng gesperrt« sei.

So antwortete man uns auf eine Anfrage vom 4. Januar 1996 nur eine Woche später:

»*RE: a small village with stunted growth people*

Our partner in Sichuan have checked with Sichuan Provincial Tourism Administration and was informed that there is a small village in Zizhong county in the south of Chengdu about 200 km away; there lives stunted growth people, but the place is not open to foreigners.«[85]

In deutscher Übersetzung:

»*Betrifft: Ein kleines Dorf mit zwergenhaften Bewohnern*

Unser Partner in Sichuan hat Rücksprache mit der Tourismusbehörde der Provinz Sichuan gehalten und wurde darüber informiert, daß es im Verwaltungsbezirk Zizhong ein kleines Dorf gibt, etwa 200 Kilometer südlich von Chengdu; dort lebt ein zwergenhaftes Volk, aber der Ort darf von Ausländern nicht betreten werden.«

Ein erster Versuch, im Frühsommer 1996 in die geheimnisumwobene Region vorzudringen, wurde uns abschlägig beschieden. Warten wir ab. Auch die so oft geleugneten Pyramiden Chinas haben wir gefunden. Und Hartnäckigkeit ist bekanntlich eine unserer herausragenden Stärken...

Nun sind wir mit unserer Argumentation an einem entscheidenden Punkt angekommen. Denn insgesamt sprechen die uns jetzt so zahlreich vorliegenden Indidzien eindeutig *dafür*, die Berichte von den geheimnisumwitterten Steinscheiben aus den Felshöhlen von Baian-Kara-Ula endlich ernst zu nehmen.

Ob die Nachkommen der gestrandeten Außerirdischen nun *Dropa* oder *Dzopa* heißen, ist nachgewiesenermaßen nur ein linguistischer Aspekt. Die diskusartigen steinernen Gebilde jedoch, die der österreichische Ingenieur und China-Reisende Ernst Wegerer 1974 im »Banpo-Museum« in Xian fotografierte und die im Bildteil des vorliegenden Werkes dokumentiert werden, sind ein Faktum und keine optische Täuschung.

Leugnen und vertuschen bringen sie – und die letzten überlebenden Nachfahren eines »chinesischen Rosewell«, eines UFO-Absturzes vor vielleicht 12000 Jahren – nicht mehr aus der Welt!

## Wer war Tsum Um Nui?

Eine wichtige Frage bleibt uns noch zu beantworten. Es ist die nach der Identität des Mannes, der dem Bericht nach Teile der rätselhaften Runenschrift auf den untersuchten Steinscheiben entschlüsseln konnte. Hat es diesen Tsum Um Nui wirklich gegeben, oder ist sein Name nur der Phantasie eines Gerüchtefabrikanten entsprungen? Ein Name, der im Hochchinesischen gar nicht existieren soll. Skeptiker, die die Authentizität dieser

Story generell verneinen, halten diesen Namen für verfälscht oder erfunden. Weder »Tsum«, »Um« oder »Nui«, behaupten sie, würden als einsilbige Wörter im Hochchinesischen (»Mandarin«) benutzt. Obgleich nicht ganz ausgeschlossen werden kann, daß die Wörter vielleicht in einem der zahlreichen Unterdialekte vorkommen könnten.

Schon während einer früheren China-Reise im Jahre 1982 versuchte Co-Autor Peter Krassa dieser offenkundigen Diskrepanz auf den Grund zu gehen. Er befragte seinen damaligen Reiseleiter Dr. Udo Weiss, der das Chinesische perfekt beherrscht. Dr. Weiss, der zum ersten Mal von der Steinscheiben-Geschichte hörte, zeigte sich überaus interessiert. Vor allem der eigenartige Name des darin erwähnten Forschers hatte es ihm angetan. Er ließ freimütig durchblicken, daß ihm dieser Name dubios vorkäme, doch wollte er dessen mögliche Existenz nicht von vorneherein ausschließen. »Vielleicht ist der Name ›Tsum Um Nui‹ einem der vielen chinesischen Dialekte entnommen«, so Dr. Weiss, »immerhin gibt es im Kantonesischen die Namensilbe ›Tsim‹, wie anhand vieler Straßennamen in Guangzhou und Hongkong nachgewiesen werden kann. Da könnte es durchaus auch Personennamen geben, die die strittige Silbe ›Tsum‹ enthielten.«

Wenn wir den Teil der Story unter die Lupe nehmen, der sich um einen kurzen Abschnitt im beruflichen Werdegang Tsum Um Nuis dreht, so fällt auf, daß sich der Gelehrte in seinen letzten Lebensjahren geographisch »veränderte«. Und zwar setzte dieser sich 1962 – nach der Veröffentlichung seiner spektakulären Arbeit – nach Japan ab. Dort soll er ein Buch veröffentlicht haben, in dem er eingehend seine Forschungen über die Rillenschriften auf den Scheiben dargelegt hat. Der genaue Titel, der genaue Inhalt von Tsums japanischer Publikation hat das »Land der Morgenröte« leider nie verlassen. Eine unerkannte Weltsensation vermodert vermutlich in irgendeinem Universitätsarchiv, unbeachtet von der Fachwelt.

Hier erhebt sich die Frage, was den Professor bewogen haben mag, seiner Arbeitsstätte an der Akademie der Wissenschaften in Beijing den Rücken zu kehren und in ein fremdes

Land überzusiedeln. War Japan für Tsum Um Nui am Ende vertrautes Terrain? Erkären sich auf diese Weise die so umstrittenen Silben im Namen des chinesischen Lehrstuhlinhabers?

War Tsum Um Nui der Abstammung nach – ein Japaner? Wir sind der Sache nachgegangen und dabei fündig geworden! Einer unserer Gewährsleute ist mit einer Ostasiatin verheiratet, die die japanische Sprache zum Glück perfekt beherrscht. Auf unseren Verdacht nach der möglichen Herkunft von Professor Tsum Um Nui angesprochen und auf die Frage, ob sich daraus womöglich der im Hochchinesischen angeblich nicht existente Name ableiten ließe, wurde uns bestätigt, daß diese Annahme sogar sehr wahrscheinlich sei. Es handle sich wohl um den Fall einer »geographischen Angleichung« des ursprünglichen Namens des Gelehrten. Die japanischen Silben wären der chinesischen Sprachform »angepaßt« worden. So, wie aus einem Herrn Schmied, der nach Amerika auswandert, ein »Mr. Smith« wird. Heureka! Auch hier konnte eine jener Unstimmigkeiten, die gerne als Argument gegen den Wahrheitsgehalt dieses »Jahrhunderträtsels« ins Feld geführt wird, geklärt werden.

## Tonträger vor 12 000 Jahren?

Der Leser wird sich erinnern: Einige der auf ein Alter von 12 000 Jahren datierten Steingebilde sandte man zu eingehenderen Untersuchungen nach Moskau. Als dies geschah, nämlich um 1962, waren die Beziehungen zwischen der Volksrepublik mit ihrem allmächtigen Tribun Mao Zedong und der ehemaligen Sowjetunion noch einigermaßen intakt. Auch die Zusammenarbeit auf verschiedenen Gebieten der wissenschaftlichen Forschung funktionierte damals noch reibungslos.

In den Labors der sowjetischen Hauptstadt machten sich einige Experten daran, die seltsamen Artefakte sorgfältig zu überprüfen. Was zu überraschenden Entdeckungen führte. Ergab doch die chemische Analyse einen auffallenden Anteil an

Kobalt. Dieses Metall ist, wie auch Eisen und Nickel, magnetisch und wird in erster Linie für Legierungen mit Chrom und ähnlichem verwendet. Als Begleiter von Nickel in Erzen findet man Kobalt vor allem in Kanada und Zentralafrika, während es in China selbst nur in der Provinz Quinghai in abbauwürdigen Lagerstätten vorkommt. Das ist im übrigen genau jenes Gebiet, in dem die Bergregion von Baian-Kara-Ula liegt.

Einer der Autoren (H. H.) vermutet, daß jene Außerirdischen, die der Nachwelt die 716 steinernen Relikte hinterlassen haben, den Kobaltanteil mit voller Absicht ihren Granitscheiben zugesetzt haben. Wird doch heute Kobalt industriell gerade deshalb verarbeitet, um gewisse Spezialwerkzeuge zu härten, also widerstandsfähiger zu machen. War dies der Grund, dasselbe Verfahren bei der »Botschaft in Stein« anzuwenden? Um die Konsistenz jener Scheiben über Jahrtausende hinweg zu sichern und späteren Generationen zu erhalten?

Eine noch gewagtere Spekulation am Rande geht davon aus, daß das Element Kobalt auch ein hochgradig radioaktives Isotop besitzt. Es entzieht sich leider unserer Kenntnis, ob sich auf den Steinscheiben Spuren von *Kobalt 60* nachweisen ließen. Dies würde letztlich zu dem Schluß führen, daß uns eine technologisch weit fortgeschrittene Zivilisation absichtlich Spuren hinterlassen hat, die deutlich machen würden: »Wir sind hier gewesen!« [3]

Keinesfalls zufällig haben wir für dieses Kapitel einen Titel gewählt, der die 716 Fundstücke aus den Begräbnishöhlen in Zusammenhang mit dem Begriff »Schallplatten« bringt. Zwar sind wir im Moment nicht in der Lage, alle Fähigkeiten dieser Relikte festzustellen, doch sollte zum Abschluß unserer Spurensuche die folgende Überlegung nicht ausgeklammert werden.

Wäre es undenkbar, daß diese Artefakte *zwei* Arten von Aufzeichnungen enthalten könnten? Die erste Übermittlung in Form einer ungewöhnlichen Runenschrift, die Professor Tsum Um Nui unter beträchtlichem Aufwand teilweise entschlüsseln konnte. Die zweite hingegen eingebettet in den schallplattenähnlichen Rillen? Eine *magnetische* Aufzeichnung, die natürlich erst noch nachgewiesen werden müßte.[86]

Eine derartige Annahme wäre keinesfalls nur wilde Spekulation. Gelang es doch den sowjetischen Wissenschaftlern, anhand jener in Moskau untersuchten Steinscheiben Beimengungen festzustellen, die neben dem erwähnten Kobalt auch Aluminium sowie Silizium enthielten. Was Anlaß zu der Vermutung gibt, daß diese Elemente in den Rillen der Scheiben eine Art von magnetischer Spur bilden, in ähnlicher Weise, wie das auch bei unseren Tonbändern funktioniert.

»Schallplatten aus dem Kosmos«? Warum nicht? Einer fortgeschrittenen, technologisch hochentwickelten Rasse aus fremden Welten muß zwangsläufig auch ein entsprechendes Wissen zugebilligt werden, um bleibende Signale zu setzen.

Eines jedoch scheinen die »Kleinen mit den großen Köpfen« nicht bedacht zu haben: daß, unabhängig von den uns inzwischen zur Verfügung stehenden wissenschaftlichen und technischen Möglichkeiten, Intoleranz sowie ein gewisses Maß an Borniertheit es bisher leider verhindert haben, zu letzten Ufern vorzustoßen.

Ein neuer Anstoß hierzu ist längst überfällig!

# 6 Stille Wasser am Dongting-See
# Zu guter Letzt ein hochbrisanter Fund!

Xian, wo wir uns auf die Fährte von bislang unbekannten Pyramiden und den verschollenen Steintellern aus den Funden von Baian-Kara-Ula gesetzt hatten, verließen wir mit dem »Zug Nr. 46«. Dessen Endziel war Guangzhou, das ehemalige Kanton. Bis nach Yueyang, unserem nächsten Zielort am geheimnisumwobenen Dongting-See, hatten wir eine Fahrt von fast 20 Stunden Dauer vor uns. Hätten wir nur geahnt, was uns bevorstand, wir hätten sogar – ohne mit der Wimper zu zucken – einen Flug via Honolulu akzeptiert!

Unser »First-Class-Compartment«, im Chinesischen viel pragmatischer »rang uo« oder »weiche Klasse« genannt, teilten wir mit einem älteren Chinesen, der unablässig »üble Töne« von sich gab. Dies und der Zustand der sanitären Anlagen und des »Speisewagens« veranlaßten uns, bereitwillig einen Fastentag einzulegen; die Nulldiät fiel uns ausgesprochen leicht. Und das trotz wiederholter massivster Angebote unseres Abteilgenossen, uns mit seinem großzügig bemessenen Reiseproviant mitzuversorgen. Mit unendlicher Mühe konnten wir uns all seiner Freundlichkeiten erwehren.

Zu guter Letzt zog er es vor, die übelriechenden Vorräte, die ihm seine Anverwandten mit auf den Weg gegeben hatten, alleine zu verputzen. Anschließend demontierte er seine dritten Zähne, um sie fröhlich grinsend mit den Fingern einer Reinigung zu unterziehen. Nach alledem gab er sich schließlich einem undefinierbaren Gewinsel hin. Er schien zufrieden zu sein.

Wir dagegen waren auf dem seelischen Tiefpunkt dieser Reise angekommen. Jeder von uns versuchte, so gut es eben ging, auf seine Weise mit der Situation zurechtzukommen.

Man glaubt es gar nicht, wie sehr wir von unserer gewohnten Umgebung, unseren Sitten und Gebräuchen daheim abhängig sind. Aber zum Glück ging auch diese Zugfahrt vorüber, und der Abschied von unserem mittlerweile unüberhörbar schnarchenden Reisegefährten fiel uns nicht allzu schwer.

Yueyang ist eine für chinesische Verhältnisse kleine Hafenstadt am nordöstlichen Ufer des Dongting-Sees. Sie liegt nur wenige Kilometer von einer weit nach Süden führenden Biegung des träge dahinziehenden Changjiang, des Yang-Tze-Flusses, entfernt. Hier gibt es noch keinen Tourismus, bis vor kurzem war Ausländern der Zutritt nicht gestattet. Die einzige halbwegs annehmbare Unterkunft der Stadt, das »Yueyang-Hotel«, wurde nur von chinesischen Gästen bewohnt. Sie und die auf jedem Stockwerk obligatorischen Aufpasserinnen bestaunten uns wie Wesen von einem anderen Stern. Wir waren wohl auch die ersten westlichen Besucher, die Gelegenheit bekamen, hier relativ frei und ungestört ihrer Tätigkeit nachzugehen.

## Geheimnisvolle Schreie

Der Dongting-See machte übrigens einmal zu Beginn der achtziger Jahre von sich reden. In der Volksrepublik sorgte diese Meldung für reichlich Wirbel, bis in unsere Breiten drang sie jedoch nicht vor. So stand in einer Ausgabe des Massenblattes »Shaanxi Daily« aus dem Februar 1981 zu lesen, daß »geisterhafte Hilferufe« von einem Felsvorsprung oberhalb des See zu vernehmen waren. Deutlich hatten die Zeugen diese gellenden Rufe gehört, doch war weit und breit keine Person zu sehen, von der sie kommen konnten. Die Zeitung äußerte die eigenwillige Vermutung, daß der Felsen die Todesschreie ertrunkener Bootsfahrer auf irgendeine Weise gespeichert hatte und sie unter günstigen Licht- und Wetterbedingungen wiedergab.

Nur soviel hierzu: Die Parapsychologen sprechen in diesem Zusammenhang von einem »Gedächtnis der unbelebten Materie«. Es gibt inzwischen eine so große Anzahl gut recherchierter Beispiele für dieses Phänomen, daß man ein eigenes Buch damit füllen könnte. Und ein englischer Forscher machte verblüffende Entdeckungen bei der Untersuchung der Megalithen im Steinkreis von Rollright (England).[87, 88]

Hier ist noch eine sonderbare Geschichte von chinesischen Seen, um die sich offenbar gerne derartige Stories ranken. Im Südwesten der Provinz Yünnan, beiderseits der Grenze der Volksrepublik China und der Republik Burma, erstreckt sich das Gaoliang-Gebirge. Dort liegen auch die »Geheimnisvollen Seen«. Einheimische wissen zu berichten: Wer sich zu diesen Seen begibt und ruft, wird mit einem Regenschauer belohnt. Je lauter die Schreie sind, desto heftiger wird der Schauer, je länger der Schrei, um so länger hält der Regen an.[89] Die Welt steckt voller Wunder!

Doch zurück in die Provinz Hunan, an den riesigen Dongting-See mit den sich noch immer um seine Geheimnisse rankenden Spekulationen. In Yueyang beabsichtigten wir uns auf die Spur jener mysteriösen Relikte zu setzen, die vor bald 40 Jahren auf einer damals »Jotuo« genannten Insel in diesem Binnenmeer gefunden worden sein sollen.

Es war der deutsche Autor Hans E. Stumpf, der zu Mitte der sechziger Jahre in seinem Buch über biblische Archäologie zum ersten Mal darüber berichtete.[90] Demzufolge entdeckte der Archäologe und Ethnologe Professor Chi Pen-Lai – man liest auch Chi Pen-Lao – von der Pekinger Akademie für Altertumsforschung im Jahre 1957 auf der besagten Insel eine Reihe ungewöhnlicher Hinterlassenschaften. Er schätzte sie allesamt auf ein unglaublich hohes Alter, nämlich 45 000 Jahre. Nach unserer landläufigen Lehrmeinung hausten zu jenen Zeiten nur einige grunzende Urmenschen in ihren Höhlen.

Für das angegebene Alter können wir uns nicht verbürgen, es ist uns nicht bekannt, welche Umstände den Forscher zu der ungewöhnlich hohen Datierung veranlaßt haben. Es kann sich genausogut eine Null eingeschlichen haben, doch wären selbst 4500 Jahre noch eine Zeitspanne, die tief in die Ära der »Götter« auf unserer Erde zurückreicht. Chi Pen-Lai will in

Granit gearbeitete Flachreliefs gefunden haben, auf denen menschenähnliche Wesen in Anzügen mit rüsselähnlichen Auswüchsen zu erkennen sind – ähnlich den Druckanzügen, wie sie von Tauchern oder auch von Weltraumfahrern benutzt werden.

Abbildungen dieser Art findet man auf der ganzen Welt. So fotografierte Erich von Däniken Rüsselwesen in Tula und auf dem Monte Alban in Mexiko, in Copan (Honduras) sowie in Tikal und in El Baul (Guatemala). Im asiatischen Raum sind es die »Kappas« aus dem Mittelalter der japanischen Inselwelt und die Darstellungen des Hindu-Gottes Ganescha, die dieselben Charakteristika aufweisen.[91]

Die rüsseltragenden Gestalten auf den Reliefs von der »Jotuo«-Insel sind sowohl auf der Erde stehend als auch auf der Oberfläche zylindrischer Objekte dargestellt, die am Himmel zu schweben scheinen.

Am selben Platz stieß der Professor mit seinen Helfern bei der Untersuchung eines vor schätzungsweise 3000 Jahren mit Teilen der Insel abgesunkenen Mauerwalls auf bis dahin unentdeckte Höhlen im Inneren der Insel. Taucher, die zur Unterstützung der Expedition angefordert wurden, fanden 30 Meter unter der Oberfläche des Sees ein tief in die Granitfelsen führendes Labyrinth. An den wie glasiert wirkenden Wänden der unter Wasser liegenden Höhlengänge sollen ebenfalls Gravuren existieren. Eine davon zeige, wie Wesen aus einem offenbar schwebenden Fluggerät heraus mit modern aussehenden Waffen auf vor ihnen flüchtendes Wild zielen. Die Forscher beschrieben diese Gestalten als modern gekleidet, mit Jacken und langen Hosen. Deutlich abgesetzt von den fliegenden Wesen seien am Boden Eingeborene dargestellt, die mit primitiven Blasrohren ebenfalls Jagd auf die Tiere machen.[92, 93]

Im Jahre 1959 soll die ganze Region von einem Erdbeben erschüttert worden sein. Diese Naturkatastrophe soll wiederum an der Oberfläche der Insel die Reste dreier »Rundpyramiden« freigelegt haben. Im Juli 1961 begab sich der erwähnte Professor Chi Pen-Lai noch einmal mit seinen Assistenten auf die Felseninsel »Jotuo«. An den Pyramidenresten vorgenommene Vermessungen sollen ergeben haben, daß jedes dieser Bauwerke ursprünglich bis zu 300 Meter hoch gewesen sein muß. Diese Monumente datierte der Pekinger Wissenschaftler – wie schon die wenige Jahre zuvor gefundenen Gravuren und Reliefs – gleichfalls auf das unglaublich hohe Alter von 45 000 Jahren. Der Fundort auf der mysteriösen »Jotou«-Insel wurde den Berichten zufolge mit »Granittal« oder auch »Tal der Steine« bezeichnet.[90]

An dieser Stelle erhebt sich zunächst einmal die Frage: Was soll man unter »Rundpyramide« eigentlich verstehen? Rein geometrisch definiert, hätten wir es in diesem Fall mit kegelförmigen Bauten zu tun. Kennen wir in unserer an Wundern so reichen Welt etwas Derartiges?

Ein zumindest annähernd vergleichbares Objekt steht auf der zu Großbritannien gehörenden Kanalinsel Jersey. Die betreffende Fundstelle ist unter dem Namen »La Hougue Bie« bekannt und wird von den Archäologen auf ein Alter von ungefähr 6000 Jahren datiert. Das heute nur mehr neun Meter hohe und sich auf einer Grundfläche von 2000 Quadratmetern erstreckende Steinmonument hatte ursprünglich einmal die Form eines spitz zulaufenden Kegels. Gemäß der obigen Definition könnte man es durchaus als »Rundpyramide« bezeichnen.

Die Basis jener Pyramide von La Hougue Bie bildet eine Erdterrasse mit einem außen herumführenden niedrigen Steinwall. Für die Prähistoriker ist sie von großer Bedeutung, denn sie enthält das erste vollständig erhaltene Ganggrab, das in Europa gefunden wurde. In der Nähe des Einganges zu diesem wurde kürzlich eine Steinfassade entdeckt. Die daraufhin er-

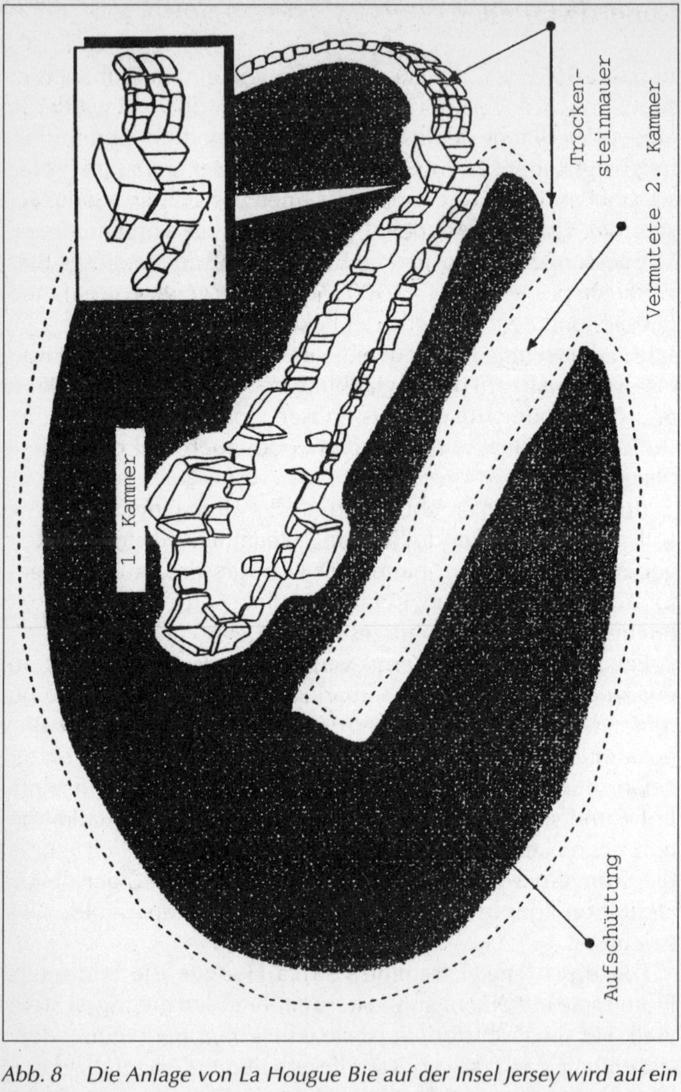


*Abb. 8 Die Anlage von La Hougue Bie auf der Insel Jersey wird auf ein Alter von 6000 Jahren datiert. Das heute nur noch neun Meter hohe Steinmonument hatte die Form eines spitzen Kegels.*

folgte Radaruntersuchung läßt die Vermutung zu, daß sich eine zweite Kammer neben der ersten befindet. Mittlerweise sind Archäologen mit einer weiteren Untersuchung und der Freilegung der Oberfläche der Rundpyramide beschäftigt.[59]

Aber wenden wir uns nun wieder unseren Nachforschungen vor Ort am Dongting-See zu. In unserem Gepäck hatten wir mehrere Kopien einer Satellitenaufnahme, die vom »NASA-LANDSAT« von jener Gegend um das Binnenmeer gemacht worden ist. Deutlich sind hierauf vier in einer Reihe liegende Inseln im nördlichen Bereich des Sees zu erkennen.

War möglicherweise unsere fieberhaft gesuchte »Jotuo«-Insel darunter? Unser in Yueyang für uns zuständige Dolmetscher mußte erst einmal passen, ihm war diese Bezeichnung kein Begriff. In den folgenden Tagen dürfte in ziemlich vielen Häusern der Stadt der Name der gesuchten Insel gefallen sein, doch hatte keiner der Befragten je etwas von ihr gehört. Wir schienen beständig einem Phantom hinterherzulaufen. Immerhin konnte Mr. Feng, wie sich unser Guide nannte, die vier auf dem Satellitenfoto abgebildeten Inseln sowie zwei weitere, im südlichen Teil des Sees liegenden identifizieren. Und unabhängig von unseren Bemühungen, das geheimnisumwobene Eiland aufzuspüren, fanden sich immer wieder neue Indizien, die das eine oder andere Detail der Berichte um die Felseninsel »Jotou« bestätigen sollten.

## Spuren von einem Erdbeben?

Die vier nahezu in einer Reihe liegenden nördlichen Inseln werden »Jun Shan«, »Bian Shan«, »Zhou Shan« und »Yue Shan« genannt. Unser Dolmetscher organisierte am Hafen ein mit einem asthmatischen Dieselmotor bestücktes Fischerboot, das wir in einem bühnenreifen Balanceakt über ein schmales Brett betraten. Ein falscher Tritt, und wir wären auf Nimmerwiedersehen in dem gelbbraunen Schlick versackt, der auf dem Grund des Sees jegliches Entkommen unmöglich gemacht hätte.

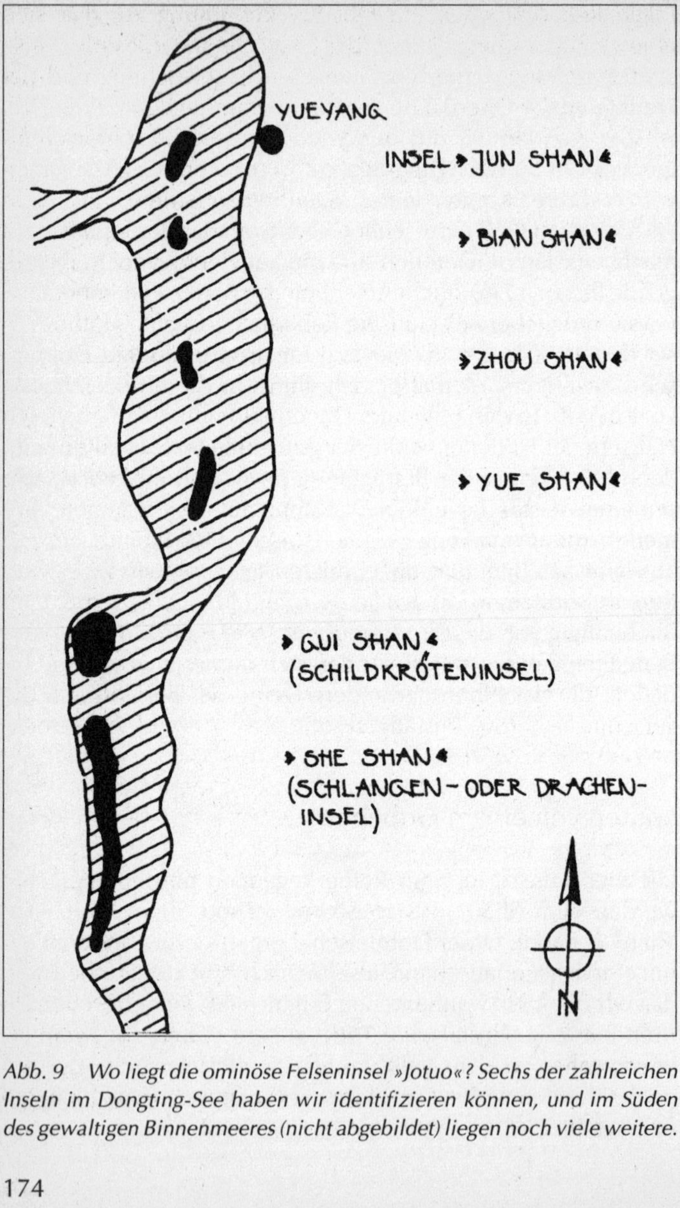


*Abb. 9 Wo liegt die ominöse Felseninsel »Jotuo«? Sechs der zahlreichen Inseln im Dongting-See haben wir identifizieren können, und im Süden des gewaltigen Binnenmeeres (nicht abgebildet) liegen noch viele weitere.*

Für die auf dem Boot lebende Familie waren wir sicher eine nie gekannte Abwechslung. Nur rätseln wir heute noch, welchen Anteil vom ausgehandelten Fährpreis der Fischer bekam und wieviel wohl in den tiefen Taschen unseres cleveren Mr. Feng verschwand. Schätzungen über ein Verhältnis von 1:10 dürften sich durchwegs in realistischen Bereichen bewegen.

Wir steuerten also die nächstgelegene Insel an, Jun Shan. Die Fahrt von Yueyang dorthin dauerte eine gute Stunde. Auf unserem Weg über den See begegneten uns immer wieder wahre Seelenverkäufer: zwei Boote nebeneinander, gut acht bis zehn Meter hoch mit Schilfmatten beladen. Obendrauf saßen mit stoischer Ruhe die Bootsleute. Da heißt es eben Ruhe bewahren und das Gleichgewicht!

Noch bevor wir das Eiland Jun Shan betraten, fiel uns beim Anlegen eine nicht unwichtige Kleinigkeit ins Auge. Auf einer mit großen Granitquadern (!) ursprünglich sauber gepflasterten Mole schienen die Blöcke irgendwann ordentlich durcheinandergewürfelt worden zu sein. Wie von einer gewaltigen Urkraft umhergeschleudert: Spuren des Erdbebens, das diese Region im Jahre 1959 heimgesucht hat? Das scheint uns auch am wahrscheinlichsten, denn die sanft wogenden Wellen des Dongting-Sees waren es wohl kaum. Sie hätten – wenn überhaupt – jene Quader, welche der Wasserlinie am nächsten sind, unterspült und herausgelöst. Die beschriebenen Schäden aber finden sich auf der Oberseite der Mole.

Während wir über das bewohnte Eiland stapften, fielen uns wiederum unzählige Granitbrocken am Wegesrand auf, die dort zu Bauzwecken abgeladen worden waren. Herr Feng erklärte uns, das Material würde in einem Steinbruch abgebaut, der in einem Tal westlich des Dongting-Sees liegt. Sollte dies am Ende das »Granittal« sein? Ein düsterer Gedanke beschlich uns. Granitvorkommen werden praktischerweise mit Hilfe von Sprengstoff abgebaut. Zerstörte man in den letzten Jahren verantwortungslos Unwiederbringliches? Wir ließen diese Befürchtung nicht weiter auf uns wirken, wird in allen Quellen doch immer wieder darauf hingewiesen, daß die besagten Funde auf einer Insel gemacht worden sind.

Zwei Details der Berichte um die rätselhaften Relikte konnten nun als bestätigt gelten. Zum einen gibt es größere Vorkommen dieses Minerals im Bereich des Dongting-Sees, somit kann es sich bei der Ortsbezeichnung »Granittal« (oder auch: »Tal der Steine«) kaum um einen Phantasienamen handeln. Tage später, als wir in Changsha, der Provinzhauptstadt von Hunan, waren, sollten wir noch einen weiteren Hinweis erhalten. Nordwestlich des Sees existiert ein Verwaltungsbezirk, dessen Bezeichnung »Tor der Steine« lautet.

Zum zweiten fand tatsächlich vor Jahren ein Erdbeben in dieser Region statt, wie uns die Spuren auf der Hafenmole deutlich verrieten. Auf dem Satellitenbild wird es offenbar: Das ganze Gebiet stellt einen riesigen, von Norden nach Süden verlaufenden Grabenbruch dar. Wie Geologen bestätigen können, eine für Erdbeben geradezu prädestinierte Zone!

Wir erkannten übrigens recht schnell, daß diese von uns angesteuerte Insel Jun Shan nichts, aber auch nicht das Geringste mit der gesuchten Felseninsel Jotuo zu tun hatte. Es wäre ja auch ebenso naiv wie vermessen gewesen, zu glauben, daß wir gleich beim ersten Anlauf alle von uns anvisierten Ziele erreichen würden. Unsere leichte Enttäuschung darüber blieb aber dem Dolmetscher nicht verborgen, und so erzählte er uns eine alte Überlieferung, die sich um diese Insel dreht.

## Der Drachenkönig vom Dongting-See

Auf dieser Insel Jun Shan befindet sich in einer herrlichen Gartenanlage der Liu-Yi-Brunnen. Zu Zeiten der T'ang-Dynastie (618–907 n. Chr.) lebte und studierte dort der Gelehrte Liu Yi. Dieser ging eines Tages in die damalige Hauptstadt Chang'an (Xian), um die Prüfung als kaiserlicher Hofbeamter abzulegen. Leider bestand er sie nicht, und so mußte er sich wieder auf den Weg in seine Heimat machen.

Unterwegs traf er ein schönes Mädchen, das traurig am Wegesrand saß und die Schafe hütete. Liu Yi hielt an und fragte das Mädchen nach dem Grund seiner Trauer. Da erzählte sie dem Gelehrten, sie sei die Tochter des Drachenkönigs vom Dongting-See. Sie habe den Drachenprinzen von Shaanxi geheiratet, doch dieser würde sie nur mehr sehr schlecht behandeln. Sie bat Liu Yi inständig, einen Brief für ihren Vater, den Drachenkönig, zum Dongting-See mitzunehmen. Liu Yi vermochte ihr diesen Wunsch nicht abzuschlagen, und am Ziel angekommen, stieg er mit dem Brief in den Brunnen auf der Insel Jun Shan. Durch einen tiefen Schacht gelangte er in den unterirdisch gelegenen Drachenpalast.

Als der Drachenkönig nun die Kunde vom traurigen Schicksal seiner Tochter vernahm, stieg er sofort in die Lüfte (!) und flog nach Norden, in Richtung Xian, um das Mädchen zu retten. Nach einem kurzen, heftigen Kampf befreite er sie und, zurückgekehrt auf die Insel, gab er sie dem gelehrten Liu Yi aus Dank zur Frau.

Noch heute ist der Liu-Yi-Brunnen auf der Insel Jun Shan zu bewundern. Seine Tiefe ist nicht bekannt, wahrscheinlich aber steht er unterirdisch mit dem Wasserspiegel des Sees in Verbindung.

## Die Legende von der Dracheninsel

Auch über ein weiter südlich im Dongting-See gelegenes Eiland, die »Schlangen«- oder »Dracheninsel« She Shan, erfuhren wir eine sehr interessante Überlieferung aus dem Mythenschatz dieser Region. Sie ist ungleich älter als die vorangegangene, denn sie wurde bereits während der Qin-Dynastie (221–206 v. Chr.) als Legende aus alter Zeit wiedergegeben.

Einer der legendären Urkaiser aus dem Reich der Mitte schob diese Insel mit Hilfe »göttlicher Kräfte« durch die Luft. Als er gerade über den Dongting-See hinwegflog, war er einen kurzen Moment lang unaufmerksam, und die Insel fiel ihm herunter. Seit dieser Zeit liegt sie, ihrer langgestreckten Form wegen »Schlangeninsel« genannt, an dieser Stelle im See. Der zweite Name aber, »Dracheninsel«, soll wohl an die ungewöhnliche Beförderung durch die Luft erinnern.

Der Drache stand im alten Reich der Mitte von jeher für die Fluggeräte der »Götter«, verweist auf deren direkte Herkunft vom Himmel. Und die Schlange? Bei einer Vielzahl von Völkern rund um den Globus – zum Beispiel bei den Mayas – symbolisiert sie gleichfalls das Fliegen von Stern zu Stern, erinnert an das Auftauchen der legendären Kulturbringer aus dem Weltraum.

Die Legende von der »Drachen«- oder »Schlangeninsel« hatte unser Interesse geweckt, bei derartigen Überlieferungen werden wir immer hellhörig.

So teilten wir unserem Mr. Feng den dringenden Wunsch nach einem Ausflug dorthin mit. Was daraufhin geschah, was so grotesk, daß es eher in eine jener billigen Comedy-Serien passen würde, in welchen das Lachen der Zuschauer bereits von vorneherein eingeblendet wird.

## »Wo, bitte, geht's zur Schlangeninsel?«

Nachforschungen vor Ort können – gelinde gesagt – manchmal ungemein nervenaufreibend sein. Besonders in solchen Fällen, in denen das Verständnis (oder noch mehr die Motivation) eines örtlichen Dolmetschers sich in sehr engen Grenzen hält. Nachstehendes ist, wie bereits angedeutet, kein Witz, sondern die staunend erlebte Realität.

Am folgenden Tag wollten wir also zu der besagten She Shan, jener »Drachen«- oder »Schlangeninsel«, fahren. Auf dem Rückweg von der Insel Jun Shan fragten wir vorsichtshalber noch einmal unseren »ortskundigen« Guide, ob denn das angepeilte Eiland in südlicher Richtung von uns läge.

»Ja, ja, südlich. Man kann von hier sehen.«

»Aber die Insel muß doch viel weiter von hier entfernt liegen. Sie haben sie uns doch gestern noch auf dem Satellitenfoto gezeigt!«

»Ja, ja, weit weg. Aber da drüben Schlangeninsel.«

»Da drüben stehen aber Häuser. Sie haben uns vorhin erst erzählt, daß die Schlangeninsel unbewohnt ist.«

»Ja, ja, nicht bewohnt, aber nur in die Berge.«

In diesem Moment fuhr ein Zug in der Ferne über eine Bahnbrücke, genau in die Richtung dieser Pseudo-Schlangeninsel. Es war der Zug, der von Yueyang weiter in Richtung Süden, nach Guangzhou fährt.

»Aber das ist ja Festland, da verläuft ja die Bahnlinie nach Süden. Das ist nie und nimmer eine Insel!«

(Etwas kleinlaut) »Nein, nix Insel.«

Heiliger St. Debilius, hilf allen einfältigen Gemütern auf diesem weiten Erdenrund!

Am Tage nach diesem grotesken Debakel unternahm noch einmal einer der Autoren (H. H.) eine Bootsfahrt zu einer weiteren Insel im Dongting-See. Zwar hatte es unser leicht geknickter Mr. Feng jetzt aufgegeben, den Höhenzug auf dem gegenüberliegenden Ufer als »Schlangeninsel« anzupreisen, es stellte sich jedoch heraus, daß der Weg dorthin zu weit gewesen wäre für den angejahrten Schiffsdiesel. Es sind über 100 Kilometer. Die »echte« Schlangeninsel liegt etwa 50 Kilometer nördlich von Changsha in diesem unermeßlichen Binnenmeer.

So fuhr man also die zweite der vier in einer Reihe liegenden Inseln an, marschierte eine knappe Stunde lang über dieses felsige Eiland inmitten der ockerbraunen Brühe des Dongting-Hu. Von irgendwelchen vorgeschichtlichen Relikten, seien es nun Pyramidenreste oder Felszeichnungen, fand sich an dieser Stelle nicht die geringste Spur.

Nun ja. Kein Ergebnis ist auch ein Ergebnis. Wenigstens ist uns jetzt klargeworden, wo wir nicht mehr zu suchen brauchen. Die Inseln drei und vier auf dem Satellitenbild, also »Zhou Shan« und »Yue Shan«, sind nur bessere Kiesbänke. Was den Versuch betrifft, jene ominöse Insel »Jotuo« zu lokalisieren, können wir alle vier Inseln im Nordteil des Sees von unserer Suchliste streichen.

Einen Tag früher als geplant brachen wir unseren Aufenthalt in Yueyang ab. Uns war inzwischen klargeworden, daß die Suche nach unserer geheimnisvollen Insel am nördlichen Ende des Sees vergeblich war. Wenn es das gesuchte Eiland wirklich gab, dann mußte es viel weiter im Süden liegen. Neben der Suche hiernach gab es ja noch einen weiteren Grund, warum wir unsere Reisepläne ein wenig umdisponierten: um einen zusätzlichen Tag in der Provinzhauptstadt Changsha zu gewinnen. Professor Wang Shiping hatte uns bereits in Xian auf eine bei uns im Westen noch völlig unbekannte Entdeckung aufmerksam gemacht, die im »Hunan Provincial Museum« ihr Dasein fristet.

Und noch ein Gutes hatte unsere überstürzte Abreise aus Yueyang. Ursprünglich hätten wir die Fahrt nach Changsha mit der Eisenbahn antreten sollen. Doch nach der zwanzigstündigen Fahrt von Xian aus war unser Bedarf nach öffentlichen Fortbewegungsmitteln erst einmal bis auf weiteres gedeckt. Wir zogen es vor, die 150 Kilometer auf den nicht immer guten Straßen mit einer Limousine gefahren zu werden. Lachenden Auges löhnten wir 600 Yüan Renminbi – das sind umgerechnet 120 Deutsche Mark – für diesen Luxus.

»Arrive in a better shape« – »In einer besseren Verfassung ans Ziel kommen«, lautet ja auch der Werbeslogan einer größeren Fluggesellschaft aus dem asiatischen Raum.

## Unter dem Boden des Dongting-Sees

Im Provinzmuseum von Hunan in Changsha stand uns der emeritierte Direktor, Professor Gao Zhi Xi, der gleichzeitig auch den Posten des Vorsitzenden der Chinesischen Archäologischen Gesellschaft bekleidet, für eine Fragestunde zur Verfügung. In Yueyang hatten unsere Nachforschungen nicht allzuweit geführt, darum versuchten wir, hier noch ein wenig nachzubohren. Immerhin konnte uns Professor Gao einige weitere Informationen liefern, kleine Bruchstücke, die in unser Puzzle paßten. Sie betreffen archäologische Ausgrabungen, die man auf der kleinen Insel »Shijun Shan« im Süden des Gewässers gemacht hat. Der Name dieser Insel bedeutet übersetzt soviel wie »Steingebirge«. Ist es am Ende unsere verzweifelt gesuchte Felseninsel »Jotuo«? »Shijun Shan« liegt beinahe die Hälfte des Jahres unter Wasser. Das Eiland ist nur während der Monate November bis Mai sichtbar, wenn der mächtige Changjiang (Yang-Tze-Kiang) Niedrigwasser führt. Die restlichen Monate ergießt er seine lehmigen Fluten in den Dongting-See, wo der Wasserstand dann bis zu acht Meter über das normale Jahresmittel steigen kann.

Direktor Gao Zhi Xi berichtete uns von unterirdischen Funden auf dieser kleinen Insel, aber auch von Entdeckungen, die man unter dem Seeboden gemacht hat. Im Durchschnitt beträgt die Tiefe dieses geologisch noch recht jungen Gewässers sechs bis acht Meter, an den tiefsten Stellen mißt er 30 Meter. Die Funde, von denen Professor Gao sprach, wurden allesamt im südlichen Teil des Dongting-Sees gemacht. Kein Wunder also, daß unsere Suche im Norden alles andere als ergiebig war. Datiert werden die ausgegrabenen Artefakte, über die sich der Museumsdirektor jedoch nicht annähernd ausließ, in die Jungsteinzeit, auf etwa 6000 Jahre vor Christus.

Diese Spur erscheint uns nicht uninteressant, könnte hierbei doch ein weiteres Detail an den Schilderungen über die Felseninsel »Jotuo« bestätigt werden. Auch dort wird von tief unter den Wasserspiegel führenden Gängen eines Labyrinthes berichtet.

## Die Suche geht weiter

Was uns noch immer fehlt, ist der genaue Ort, an dem wir unser verwunschenes Eiland suchen müssen. Die vier im Norden gelegenen Inseln können wir nach unserem Gastspiel in Yueyang getrost von der Liste streichen. Als mögliche Aspiranten kommen hingegen noch in Frage:

– Die »Schlangen«- oder »Dracheninsel« She Shan, die sich etwa 50 Kilometer nördlich von Changsha in einer beträchtlichen Länge erstreckt.

– Etwas nördlich davon liegt die Insel »Gui Shan«, die »Schildkröteninsel«.

– Die kleine Insel »Shijun Shan«, auf der nach den Angaben des Professors Gao Zhi Yi archäologische Funde gemacht worden sind. Sie ist jedoch fast die Hälfte des Jahres von den Wassermassen des Sees überflutet.

– Schließlich liegen noch weiter südlich mehrere Inseln, über die wir aber weder Namen noch irgendwelche Einzelheiten in Erfahrung bringen konnten.

Und noch etwas müßte geklärt werden: der Name dieser ominösen Insel. Allen Befragten war »Jotuo« kein Begriff. Möglicherweise ist diese Bezeichnung schon sehr alt, seit langem nicht mehr gebräuchlich und dürfte daher in Vergessenheit geraten sein. Oder der Name kommt aus einem der zahlreichen Dialekte. Sicher heißt die Insel heute – in der modernen *Hanyu-Pinyin-Umschreibung* – ganz anders. Oder wurde in dem aus den sechziger Jahren stammenden Bericht ein gänzlich falscher Name angegeben oder mangels Kenntnissen der chinesischen Sprache verdreht und verändert? Es wird noch jede Menge Forschungsarbeit notwendig sein, um dieses Rätsel zu klären, auf dessen Spuren wir uns als erste seit 30 Jahren gesetzt haben.

Schützenhilfe könnte dabei aus einer ganz unerwarteten Ecke kommen. Die Chinesen planen derzeit bei Yichang in der Provinz Hubei ein Jahrhundertbauwerk, mit dem der Changjiang, der »Lange Fluß«, aufgestaut werden soll. Eingepfercht von einem gigantischen Staudamm aus elf Millionen Tonnen Beton und 1,8 Millionen Tonnen Stahl, soll der Strom einen ganzen Landstrich unter dem Stausee verschlingen. In der Folge werden die alljährlichen Hochwasser ausbleiben, die den Spiegel des Dongting-Sees um bis zu acht Meter ansteigen lassen. Ein langfristiges Absinken des Wasserstandes wird die unausweichliche Folge sein. Einmal abgesehen von den sicher schwerwiegenden ökologischen Folgen[94], zu welchen neuen Erkenntnissen auf dem Gebiet der Archäologie wird der Jahrhundertbau verhelfen? Und welche längst verschwundenen Relikte werden dann aus den braunen Fluten des Sees wieder auftauchen?

Kommen wir nun zu einem für uns absolut neuen, noch erregenderen Rätsel aus Chinas großer Vergangenheit, das die

Zeiten erstaunlich gut überdauert hat. Und das Schlußfolgerungen nach sich zieht, die an die Grenzen unseres »gesunden Menschenverstandes« zu stoßen scheinen.

## Ma Wang Dui – die hochbrisante Entdeckung

Inmitten von Wulipai, einem östlichen Randbezirk von Changsha, der Hauptstadt der Provinz Hunan, liegt ein kegelförmiger Hügel von ungefähr 500 Meter Umfang. Schon seit geraumer Zeit trägt dieser Ort den Namen »Ma Wang Dui«, was soviel bedeutet wie »Begräbnishügel des Königs Ma Yin«. Besagter König war ein Herrscher aus der unruhigen Zeit der »Fünf Dynastien« (907–960 n. Chr.), in der das Reich der Mitte wieder einmal in einzelne Teilstaaten gespalten war.

Es war Anfang Januar des Jahres 1972, und der kalte Krieg zwischen den Mächten des Westens und den kommunistischen Staaten im Osten entzweite die Welt, beeinflußte Politik und Tagesgeschehen. Die Vereinigten Staaten traten im Vietnamkrieg auf der Stelle, und ein Übergreifen auf Rotchina, das nicht nur ideologisch auf der Seite Nordvietnams stand, schien beinahe unvermeidlich. Überall in der Volksrepublik wurden Vorbereitungen getroffen, falls es zu einer Ausweitung des Indochinakrieges nach Norden kommen sollte.

In Changsha machte sich eine Pionierabteilung der »Volksbefreiungsarmee« daran, am Fuße des Ma Wang Dui einen Stollen in den Hügel zu treiben. Es war geplant, an dieser Stelle ein unterirdisches Militärlazarett einzurichten. Nachdem man sich ungefähr zehn Meter ins Innere des Berges vorgearbeitet hatte, kam es zu einem plötzlichen Erdrutsch. Die Pioniere fanden eine weißliche Substanz, die sich als eine Art von Tonerde erweisen sollte, wie sie an diesem Ort nicht vorkam. Man war unversehens auf ein bislang unentdecktes Grab gestoßen und rief eilends die Archäologen aus dem »Hunan-Museum« herbei. An einen Weiterbau des unterirdischen Notlazaretts war jetzt natürlich nicht mehr zu denken. Bei unserem Besuch im März 1994 bekamen wir auch diesen Stollen zu Gesicht, der nach wenigen Metern im Berg endet.

Bereits am 16. Januar – nur wenige Tage nach ihrer zufälligen Entdeckung – grub man die später als »Grab Nr. 1« bezeichnete Begräbnisstätte im östlichen Abschnitt des Hügels aus. Bis zur vollständigen Bergung des gesamten Inhaltes sollten aber noch mehr als drei weitere Monate vergehen: Die Ausgrabungen wurden offiziell am 28. April 1972 abgeschlossen.

»Grab Nr. 2« befand sich im westlichen Teil des Hügels, während das »Grab Nr. 3« zunächst noch unentdeckt blieb. Denn es wurde erst einmal im Zuge der Bergungsarbeiten am »Grab Nr. 1« mit dem Abraum desselben zugeschüttet. In allen drei Gräbern machte man reiche Funde, deren sensationeller Charakter sich erst jetzt, nach über 20 Jahren, langsam offenbart.

## Eine tadellos erhaltene Mumie

In der zentralen Kammer des ersten Grabes wurde eine Konstruktion von vier ineinander verschachtelten Sarkophagen gefunden. Im innersten von diesen entdeckte man eine weibliche Mumie, die in 80 Litern einer gelblichen Flüssigkeit von bislang unbekannter Zusammensetzung schwamm. Diese Flüssigkeit diente zweifellos zur Konservierung der Leiche. Die Verstorbene war 1,54 Meter groß, außergewöhnlich gut erhalten, und ihr Körper wog zum Zeitpunkt der Entdeckung 34,3 Kilogramm. Wer immer diesen Leichnam für die Nachwelt erhalten hat, mußte sein Handwerk aufs allerbeste verstanden haben. So waren die Zellstruktur und die inneren Organe, wie die an der medizinischen Fakultät in Changsha vorgenommene Autopsie ergab, vom Aufbau her in einem noch immer hervorragenden Zustand. Der gelbliche Teint war nicht verfärbt, und selbst die Muskeln waren noch vollkommen elastisch. Die Ärzte bezeichneten es als ein Wunder, daß diese Mumie die Zeiten so tadellos überstanden hat. Tatsache ist, daß die hier angewandte Technik der Konservierung nicht nur in diesem Teil der Welt beispiellos ist. So manche ägyptische Mumie ist ein Wrack dagegen, sind es doch einzig die Bandagen, die diese noch zusammenhalten.

Die Archäologen fanden heraus, daß es sich bei der Toten um Xin Zhui handelte, der Frau von Li Chang, einem hohen Adeligen aus dem Volk der Dai (Thai). Dieser bekleidete während der Periode der westlichen Han-Dynastie das Amt des Premierministers im Hofstaat des Prinzen von Changsha. Xin Zhui starb im Jahre 168 v. Chr., also vor über 2160 Jahren.[95, 96]

War im alten China die Mumifizierung auch nicht gang und gäbe, so ist Xin Zhuis Mumie weder die einzige noch die älteste dort gefundene. So wurde erst 1981 in der Provinz Xinjiang eine weitere, erstaunlich gut erhaltene Mumie entdeckt. Experten schätzen, daß die »Junge Lady von Loulan« ein Alter von über 6400 Jahren hat und sich darum mit den ältesten Mumien Ägyptens messen kann. Manche Wissenschaftler bezeichnen sie sogar als die älteste der Welt.[61]

Doch kehren wir zurück zu den sensationellen Funden von Ma Wang Dui.

## Unerklärliches Wissen

Xin Zhui war zu ihrer Zeit eine hochrangige Persönlichkeit, eine »VIP« gewesen. So ist es kein Wunder, daß man ihr, nachdem sie mit ungefähr 50 Jahren verstarb, reichhaltige Grabbeigaben auf ihren letzten Weg mitgab.

Was man alles an Kostbarkeiten im »Grab Nr. 1« und den beiden anderen Begräbnisstätten fand, sprengt den Rahmen unserer landläufigen Vorstellungen, bringt unser tradiertes Geschichtsbild arg ins Wanken. So wurden zum Beispiel zehn Bücher über Medizin ausgegraben, die den unerklärlich hohen Stand der Heilkunst in China belegen. Einer der Autoren stellte ja in seinem vorangegangenen Buch die Frage, ob die phänomenalen medizinischen Kenntnisse der alten Chinesen nicht auch ein von den »Göttern« aus dem All mitgebrachtes »Geschenk« waren.[3]

Unsere Gelehrten vertreten heute überwiegend die Ansicht, daß die Chirurgie erst in der westlichen Medizin der Neuzeit ihren heutigen Stellenwert erhielt, die traditionelle chinesische Heilkunde sich dagegen hauptsächlich auf die Herstellung von Medikamenten beschränkte. Die in Ma Wang Dui entdeckten Werke beweisen, daß schon vor mehr als 2000 Jahren in der chinesischen Medizin komplizierte chirurgische Eingriffe genauso an der Tagesordnung waren wie in unserer Zeit. In dem Buch »Beschreibungen von 52 Krankheiten« findet man denn auch detaillierte Anweisungen für die Durchführung so schwerwiegender Operationen wie der Entfernung eines Tumors oder anderer komplizierter Eingriffe. Und das »Buch über die elf Arten des Pulses an Armen und Beinen« stellt ein exaktes Kompendium der angewandten Diagnostik dar. So führt es die genauen Symptome einer in vielen Fällen tödlich verlaufenden Gefäßkrankheit auf, die der deutsche Pathologe Ludwig Traube erstmals im Jahr 1872 beschrieben und kommentiert hat.

An dieser Stelle unbequeme Fragen zu stellen ist überfällig. Woher stammte jenes exakte medizinische Wissen, auf das die in Ma Wang Dui gefundenen Fachbücher zurückgreifen konnten? Diese Erkenntnisse können vor über 2100 Jahren ja auch nicht *ad hoc* greifbar gewesen sein, sie müssen vielmehr auf noch ältere Quellen zurückgehen. Unsere westliche Medizin entdeckte viele der hierin beschriebenen Fakten erst im ausgehenden 19. und dem beginnenden 20. Jahrhundert.

Aber es kommt noch besser!

## Phänomenale Kenntnisse der Astronomie

Im »Grab Nr. 3« von Ma Wang Dui wurde ein weiterer aufsehenerregender Fund gemacht, der unsere etablierten Wissenschaften provoziert. Es ist das Manuskript »Umläufe von fünf Planeten«, eine auf Seide verewigte Beschreibung der Umlaufzeiten von den fünf Planeten Merkur, Venus, Mars, Jupiter und Saturn um unser Zentralgestirn.

Die Aufzeichnungen verraten geradezu ungeheuerliche Kenntnisse auf dem Gebiet der Astronomie. So werden etwa die relativen Positionen der Planeten Venus, Jupiter und Saturn zueinander für den Zeitraum von 246 bis 177 v. Chr. verzeichnet. Besondere Aufmerksamkeit wurde auch den Bahndaten unseres Nachbarplaneten Venus gewidmet. Die Dauer eines *synodischen* Umlaufes – das ist das Zeitintervall, in welchem der Planet dieselbe *relativ zur Sonne* gesehene Position wieder einnimmt – wurde hier mit 584,4 Tagen angegeben. Dieser Wert differiert nur um 0,48 Tage zu dem von heutigen Astronomen errechneten synodischen Umlauf von 583,92 Tagen.

Was wäre, wenn sich der Wert dieses Umlaufs in den Jahrtausenden etwas verschoben hätte? Es wäre phantastisch, im Moment allerdings nur Spekulation.

Der Inhalt dieser phänomenalen Aufzeichnungen wird den Astronomen Gan De und Shi Shen zugeschrieben, zwei genialen Wissenschaftlern aus der unruhigen Periode der »rivalisierenden Staaten« (472–221 v. Chr.). In China werden diese akribischen Beschreibungen der Planetenbewegungen zu den ältesten Astronomiebüchern der Welt gezählt.[95] Für uns aber sind sie ein weiteres Beispiel unerklärlicher wissenschaftlicher Erkenntnisse in einer Zeit, welcher nur zu gerne der Stempel des Barbarentums und der Ignoranz aufgedrückt wird.

Wiederum stellt sich uns die fast schon zur Gewohnheit gewordene Frage: Woher kommen diese astronomischen Meisterleistungen, woher stammt dieses Wissen, das uns immer wieder aufs neue verblüfft und unser tradiertes Weltbild in seinen Grundfesten erschüttert?

Sind es wieder Geschenke jener »Götter« und »Drachensöhne«, die aus dem Weltall kamen und uns Menschen Intelligenz und Kultur brachten?

## Die Karte aus dem All

Der sensationellste Fund wurde gleichfalls im »Grab Nr. 3« von Ma Wang Dui gemacht. Bereits während unseres Aufenthaltes in Xian hatte Professor Wang Shiping im Historischen Museum auf eine Entdeckung hingewiesen, die unter seinen Kollegen für beträchtlichen Wirbel gesorgt hatte. Bei uns im Westen hingegen wird sie – wenn überhaupt! – allenfalls ein paar wenigen Fachgelehrten geläufig sein. Der »normale« Leser wird in diesem Buch zum ersten Mal darüber erfahren.

Es handelt sich um eine topographische Landkarte, 96 mal 96 Zentimeter im Quadrat und auf feiner Seide dargestellt. Darauf sind die Regionen der aneinandergrenzenden Provinzen Guangxi, Guangdong und Hunan abgebildet. Genauer gesagt, erstreckt sich diese Karte vom Distrikt Daoxian in der Provinz Hunan über das Tal des Xiao-Flusses bis zur Gegend um die Stadt Nanhai in der Provinz Guangdong. Zudem ist das im Maßstab 1 : 180 000 gehaltene Kartenwerk unglaublich genau!

Professor Wang Shiping eröffnete uns in Xian, diese Karte aus den Funden von Ma Wang Dui mache auf *ihn* den unbestreitbaren Eindruck einer aus großer Höhe aufgenommenen topographischen Erfassung. Wörtlich sagte er uns: »Wenn es nicht so phantastisch klingen würde, müßte man sagen, das Vorbild für diese Karte ist eine Satellitenaufnahme, die vor Jahrtausenden von einem fremden Satelliten aus dem Erdorbit gemacht worden ist.« Und tatsächlich: Wie auf einer zum Vergleich vorliegenden modernen Aufnahme, beispielsweise vom »NASA-LANDSAT«, schlängeln sich hier Flüsse, zeigen sich auch andere Einzelheiten. Selbst ausgetrocknete Wasserläufe sind auf dieser phantastischen Karte zu erkennen. Sie sind in einer blasseren, sich aber trotzdem vom Grundton abhebenden Farbe gehalten. Dies erinnert sehr an die nur bei der Kartographie aus großen Höhen gegebene Möglichkeit, auch Einzelheiten zu erfassen, die sich dem Betrachter auf der Erde entziehen.

Die Archäologen haben auf diese Weise Funde gemacht,

die Erdboden und Vegetation längst verschlungen hatten – auf den Luftaufnahmen tauchten sie als blasse Umrisse wieder auf. Ein Indiz, das uns nachdenklich stimmen sollte.

Unser auch ungewöhnlichen Blickrichtungen aufgeschlossener Gastgeber in Xian gab denn auch unumwunden zu, daß es zahllose Dinge zwischen Himmel und Erde gibt, die sich die Wissenschaft nicht erklären kann. Er prägte hierfür den Ausdruck »heimliche Kultur«. Er fand damit nur eine andere Umschreibung für die in alten Zeiten von den »Göttern« den Menschen gewährte »Entwicklungshilfe«. Professor Wang neigt auch zu der Annahme, daß die topographische Landkarte aus dem »Grab Nr. 3« nur einen Bruchteil einer gesamten kartographischen Erfassung Chinas in vorgeschichtlicher Zeit darstellt. Nach den Weltkarten des türkischen Admirals Piri Reis wäre dies ein weiterer Hinweis für eine Kartierung unserer Erde durch raumfahrende Intelligenzen in grauer Vorzeit.

Die Gegenüberstellung dieser in dem über 2100 Jahre alten Grab entdeckten Landkarte mit einer modernen Satellitenaufnahme, wie wir sie unseren Lesern im Bildteil dieses Buches präsentieren, ist in der Tat gewagt und äußerst provokant. Natürlich behaupten wir keinesfalls, daß diese Grabbeigabe selbst ein Weltraumfoto sein soll – das dürfte sich eigentlich von selber verstehen. Aber war das Vorbild für diesen erstaunlichen Fund, kopiert und immer wieder kopiert, ein Satellitenbild? Angefertigt vor Tausenden von Jahren von einem außerirdischen Flugkörper (oder dessen Besatzung), der unseren Planeten umrundete?

## Signale aus dem Weltraum

Es mag vollkommen verrückt klingen, aber es gibt eine heiße Spur, die diesen kühnen Gedankengang unterstützt. Und es ist keineswegs ausgeschlossen, daß dieser Flugkörper einer fremden Intelligenz noch heute in unserem Sonnensystem seine Kreise zieht!

Das ist zwar – zugegeben – noch eine etwas abenteuerliche

Spekulation, aber vielleicht läßt sie sich abstützen. Also was – um alles in der Welt – bringt uns auf eine so haarsträubende Idee?

Im Dezember 1927 erfuhr der norwegische Professor Carl Störmer von den beiden Amerikanern Taylor und Young, daß diese im Verlauf ihrer Experimente mit Radiowellen seltsam verzögerte Signale aus dem Weltall empfangen hatten. Der Spezialist für elektromagnetische Wellen setzte sich daraufhin mit dem Holländer Van der Pol in Verbindung, der Versuchsleiter bei der Firma Philips in Eindhoven war. Am 25. September 1928 starteten die beiden ihrerseits eine ausgiebige Versuchsreihe. In Intervallen von jeweils 30 Sekunden strahlten sie Radiozeichen in verschiedenen Wellenlängen aus. Es vergingen drei Wochen, dann wurden am 11. Oktober dieselben Zeichen wieder im Empfänger registriert, jedoch mit deutlich meßbarer Rücklaufverzögerung zwischen drei und fünfzehn Sekunden. Am 24. Oktober 1928 wurden – gleichfalls mit den charakteristischen Verzögerungen – weitere 48 zuvor ausgestrahlte Signale empfangen. Die verblüfften Experimentatoren Störmer und Van der Pol wandten sich ratlos an die Fachwelt.

Es wurde nun eine Anzahl Hypothesen aufgestellt, wie dieser versetzte Rücklauf von Kurzwellenimpulsen erklärt werden könnte. So dachte man an kosmische Strahlungen, an Anomalien innerhalb der Stratosphäre, aber auch an Reflexionen vom Mond oder von anderen Himmelskörpern. Damit kam man jedoch nicht weiter, denn diese mysteriösen Echos trafen ja in unterschiedlichen Intervallen ein.

Im Jahre 1929 wiederholte sich dieses Phänomen am 14., 15., 18., 19. und 28. Februar, ebenso am 4., 9., 11. und am 23. April. Die Echos wurden von verschiedenen Wissenschaftlern auf der ganzen Welt registriert. So notierte der oben erwähnte Professor Störmer während einer Zeitspanne von 15 Minuten die folgenden Empfangsintervalle in Sekunden:

15 – 9 – 4 – 8 – 13 – 8 – 12 – 10 – 9 – 5 – 8 – 7 – 6 – 12 – 14 – 12 – 8 – 12 – 5 – 8 – 12 – 8 – 14 – 14 – 15 – 12 – 7 – 5 – 5 – 13 – 8 – 8 – 8 – 13 – 9 – 10 – 7 – 14 – 6 – 9 – 5 – 9.

Entsprechende Beobachtungen wiederholten sich in den

Jahren 1934, 1947, 1949 und 1970. Inzwischen war der schottische Astronom Duncan Lunan auf das Rätsel aufmerksam geworden, und er beschloß, sich eingehender mit diesen Signalverzögerungen zu befassen. Lunan war nun wirklich kein unbedeutender Zeitgenosse, der sich vielleicht durch ebenso schockierende wie weit hergeholte News ins Rampenlicht der Medien zu katapultieren versuchte. Zu jener Zeit hatte er das Amt des Präsidenten der »Scottish Association for Technology and Research« inne, darf also durchaus als ernstzunehmende Kapazität auf seinem Fachgebiet angesehen werden.

Das Ergebnis seiner Untersuchungen war eine unerhörte Sensation: In ein Sekundengitter abgetragen, ergaben die am 11. Oktober 1928 aufgefangenen Echos eine *Sternkarte*, welche das 103 Lichtjahre (1 Lichtjahr = 9,461 Billionen Kilometer) entfernte Sonnensystem *Epsilon Bootes* darstellte. Der Astronom überprüfte gewissenhaft, um mögliche Irrtümer auszuschließen, auch die in der Folgezeit empfangenen Funkdaten. Doch auch hier war die Überraschung perfekt. Als Resultat lagen dem Forscher letztendlich sechs detaillierte Sternkarten vor. Es waren jeweils Vergrößerungen der Umgebung des Weltraumes um das Sternenbild Epsilon Bootes herum. Und jedesmal aus einer etwas geänderten Perspektive.

## Ein Satellit der »Götter«

Bereits im Jahre 1960 hatte Professor R. N. Bracewell vom Radio-Astronomischen Institut der Stanford-Universität in Kalifornien die folgende Möglichkeit in Betracht gezogen: »Wenn eine außerirdische Intelligenz mit uns Kontakt aufnehmen wollte, so könnte dies möglicherweise durch die Verzögerung von Radiosignalen erfolgen.« Und die Resultate des schottischen Astronomen kommentierte er wie folgt: »Die auf Grund von Lunans Analyse erstellten Karten können als eine Möglichkeit der Verbindung zu einer anderen Intelligenz ausgelegt werden. Wenn ich jemandem, dessen Sprache ich nicht spreche, mitteilen will, woher ich komme, so benutze ich dazu am

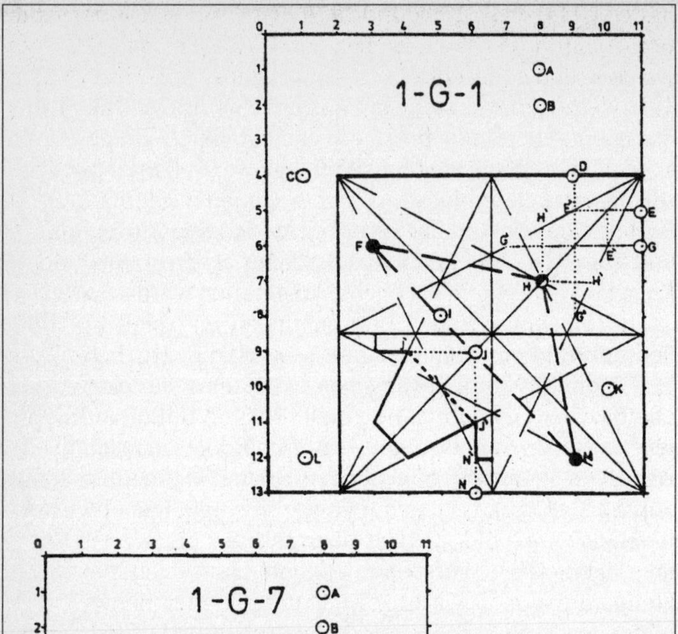


*Abb. 10 Zwei der Sternkarten mit dem Sektor um das Sternsystem Epsilon Bootes, die der schottische Astronom Duncan Lunan erhielt, als er die mysteriösen Signalverzögerungen näher untersuchte.*

besten ein Bild. ... Die von Lunan beschriebene Sonde könnte von der Erde aus mit den stärksten Teleskopen nicht gesehen werden. Wir sehen unsere eigenen Weltraumsonden, die den Mond umkreisen, auch mit unseren stärksten Teleskopen nicht.«[97]

In »Spaceflight« veröffentlichte Lunan 1973 unter dem Titel »Spaceprobe from Epsilon Bootes« die Ergebnisse seiner Berechnungen. Im darauffolgenden Jahr erschienen sie dann in Buchform.[98] Gelinde gesagt, schockierte er damit seine Kollegen in der ganzen Welt. Der schottische Astronom kam nämlich aufgrund der Konstellation der Sonne Epsilon Bootes in den Sternenkarten zu der Schlußfolgerung, daß bereits seit über 12 600 Jahren ein künstlicher Satellit, geschaffen von einer fremden raumfahrenden Zivilisation, in unserem Sonnensystem kreist. Dieser sei derart programmiert, daß er auf Radiowellen vom Planeten Erde anspricht, sobald die Position in seiner Umlaufbahn für einen Empfang geeignet ist.

Die von der Erde kommenden Signale werden registriert und dann mit absichtlichen Verzögerungen auf derselben Wellenlänge zurückgefunkt. Diese Vorgehensweise verrät Weitblick und Strategie. Die unbekannten Wesen müssen gewußt haben, daß sich die auf der Erde vorherrschende Rasse technisch entwickeln würde. Früher oder später müßten die Empfänger dann merken, daß etwas »da oben« nicht stimmt, und würden dann Nachforschungen in die Wege leiten.

## Mit Absicht im Orbit plaziert

Von wem auch immer diese Raumsonde stammt, sie muß mit voller Absicht im erdnahen Bereich unseres Sonnensystems ausgesetzt worden sein. Und die Wesen, die dies taten, müssen zu jener Zeit hier auf der Erde gewesen sein!

Als Duncan Lunan zu Anfang der siebziger Jahre mit seinen Schlußfolgerungen an die Öffentlichkeit trat, fühlte sich die Fachwelt aufs äußerste provoziert. Hatte man nicht kurz zuvor die Bücher eines von Däniken, Kolosimo, Charroux, die sich mit der Möglichkeit eines Besuches intelligenter Wesen aus dem All positiv auseinandersetzten, in Bausch und Bogen als haltlose Spekulationen abgetan? Wie groß mußte der Schock gewesen sein, wenn jetzt einer aus dem Lager der etablierten Wissenschaften auf dieselben ketzerischen Gedanken kam und sich nicht scheute, diese auch noch zu publizieren!

So trat eiligst die Phalanx der »Widerleger« und der »Dementierer« auf den Plan, die den angeblichen Gegenbeweis anzutreten vorgab. Sie sind ihn freilich bis heute schuldig geblieben. Im Brustton tiefster Überzeugung stellten diese ehrenwerten Herrschaften fest, Lunan müsse sich ganz einfach geirrt haben, und die mysteriösen Signalverzögerungen könnten nur auf »natürliche« Ursachen in der Stratosphäre zurückzuführen sein. Müßten sich nach dieser bestechenden Logik nicht bereits unsere Radio- und Fernsehprogramme selbständig gemacht haben und der weltweite Funkverkehr in einem Chaos von ungleichmäßigen Verzögerungen untergegangen sein?

Bald darauf, leider viel zu schnell, wurde es ganz still um die atemberaubenden Entdeckungen des mutigen Astronomen, hatte man wieder einmal ein paar unbequeme Tatsachen unter den Teppich der Vertuschung gekehrt. Sogar bei uns wären sie beinahe der Vergessenheit anheimgefallen, wenn wir nicht Kenntnis von einer Landkarte bekommen hätten, die den Eindruck einer Satellitenaufnahme aus großer Höhe vermittelt. Wie gut, daß diese Interpretation zuerst aus berufenem Wissenschaftlermunde kam und wir erst dadurch auf diese Idee gebracht wurden.

Im folgenden Kapitel geht es um andere Landkarten, die ebenfalls den begründeten Verdacht erwecken, als beruhten sie auf Vorbildern, die von einem im Erdorbit kreisenden Flugobjekt gemacht worden wären. Brandneu an der Sache ist, daß eine »heiße Spur« ins Reich der Mitte führt...

# 7 Ein verschollener Beweis? Die »Chinakarte« des Piri Reis

Begonnen hatte alles mit einer unscheinbaren Notiz, die jedoch Zündstoff in sich barg: eine kleingedruckte Fußnote in einer Publikation, die 1989 in der ehemaligen DDR verlegt worden war und sich »Landkarten – Entdecker – Konquistadoren« nannte. Ein Autor namens Andreas Weise hatte die Arbeit in der Geographisch-Kartographischen Anstalt der sächsischen Stadt Gotha veröffentlicht und sich darin auch mit dem Fragment einer Weltkarte beschäftigt, die im 16. Jahrhundert vom türkischen Flottenadmiral Piri Reis angefertigt worden war.

Über diesen Seefahrer wird noch ausführlich berichtet, vorerst aber war es die kurze Information, die – eher beiläufig formuliert – unsere Aufmerksamkeit erregte:

»Im Jahre 1985 informierte die Zeitschrift ›Landkarten – Vermessung – Entdeckungsgeschichte der Erde‹ (4/1985, S. 99), daß Professor Dr. Leitner aus Graz auf der Grundlage eigener Studien den östlichen Teil der Piri-Reis-Karte in einem Archiv in Beijing vermutet.«[99]

Die paar Zeilen wirkten auf den ersten Blick unverfänglich, sie wurden vermutlich von den meisten Lesern dieser Broschüre glatt übergangen.

Für uns jedoch waren sie elektrisierend!

Wir sind im Besitz einer Farbkopie in Originalgröße dieser sogenannten Weltkarte des türkischen Admirals, die sich beim näheren Hinsehen allerdings als ein Fragment erweist, von dem – gut erkennbar – Kartenteile fehlen. Der abhanden gekommene Rest gilt noch immer als spurlos verschwunden.

Kaum jemand, der sich in den vergangenen Jahrzehnten mit der außergewöhnlichen Hinterlassenschaft des türkischen Flottenadmirals befaßt hatte, scheint sich über diese Tatsache besondere Gedanken gemacht zu haben. Was in den Wirren der Zeit abhanden kam, wurde letztlich als unwiederbringlich verloren angesehen.

Ausgenommen vielleicht jener bereits erwähnte Professor aus Graz, dessen Personalien sich aber leider nur auf eine dürftige Angabe des Familiennamens beschränkten. Darum galt es, die geringe Chance wahrzunehmen und den Mann ausfindig zu machen. Schien dieser Dr. Leitner doch sehr viel mehr über das allgemein zugängliche Fragment der Piri-Reis-Weltkarte zu wissen, als die üblichen Informationen darüber auszusagen hatten. Kontaktaufnahme war deshalb angesagt, um Näheres und Genaueres zu Karte und Studienergebnissen von Professor Dr. Leitner zu erfahren.

## Wer ist der »richtige« Professor Leitner?

Einer der Autoren (P. K.) lebt in Wien. Von dort nach Graz, der Hauptstadt des österreichischen Bundeslandes Steiermark, ist es dank guter Verkehrsverbindungen nicht sehr weit. Als wahrscheinlichste Arbeitsstätte des uns noch unbekannten Hochschulpädagogen mußte die Karl-Franzens-Universität in Betracht gezogen werden. In diese Richtung gingen die Nachforschungen – es galt schließlich, den *richtigen* Professor Leitner aufzuspüren.

Tatsächlich sind an der betreffenden Hochschule *mehrere* Träger dieses Namens tätig. Es mußte also noch der Vorname dieses für uns relevanten Pädagogen ausfindig gemacht werden. Zahlreiche Telefonate von Wien nach Graz waren hierfür notwendig, und die Spurensuche nahm fast detektivische Formen an. Aber letztlich verlief sie erfolgreich und führte uns zu Professor *Wilhelm* Leitner.

Für uns war es vorrangig, weiterführende Informationen über mögliche Studienergebnisse des Grazer Forschers zu erhalten. Unsere China-Reise war gebucht und, was die Route betraf, weitgehend festgelegt. Es war bereits Februar, und bis zur Abreise Mitte März war nicht mehr allzuviel Zeit.

Professor Dr. Leitner erwies sich als überaus kooperationsbereit und auch willens, Co-Autor Peter Krassa in seinem Büro an der Karl-Franzens-Universität in Graz zu empfangen. Der Gelehrte ist 69 Jahre alt und leitet die Abteilung für Human-Geographie dieser Hochschule. Trotz seines fortgeschrittenen Alters ist er noch immer höchst aktiv, denn ausgedehnte Exkursionen ins Ausland stehen bei ihm regelmäßig auf der Tagesordnung. Sein bevorzugtes Ziel ist die Türkei – daher rührt wohl auch Dr. Leitners besonderes Interesse an bestimmten Funden in diesem Gebiet.

Vor allem die Kartographie hat es ihm angetan.

Dabei stieß er zwangsläufig im Topkapi-Palast in Istanbul, der im Jahr 1929 in ein Museum für Altertümer umgewandelt worden war, auf das berühmte und wertvolle Fragment jener Weltkarte, die auf den nicht unumstrittenen türkischen Flottenadmiral Piri Reis zurückgeht. Professor Leitners zusätzliche Recherchen in den Bibliotheken der großen Moscheen des Landes führten ihn auf neue Spuren. Da er sehr schnell erkannt hatte, daß diese in feinen Farben auf Gazellenhaut wiedergegebenen Weltteile nicht vollständig waren und die Karte rechtsseitig ganz offensichtlich einen gewaltsamen Eingriff erlitten hatte, fragte er sich, was davon wohl fehlen mochte.

Er fand es heraus.

Seinen Untersuchungen zufolge mußte es sich bei dem abhanden gekommenen Kartenrest um die Wiedergabe des asiatischen Kontinents, insbesondere um China gehandelt haben.

Natürlich vermag auch Professor Leitner nicht mit absoluter Gewißheit zu sagen, was damals, im Verlauf des 16. Jahrhunderts, der Anlaß gewesen sein mochte, die ursprünglich vollständige Weltkarte des Seefahrers in Einzelteile zu zerlegen. Er vermutet, daß der fehlende Teil mit der (fern-)östlichen Hemisphäre in jenen Tagen als Gastgeschenk des Sultans Selim Chan an einen der damaligen Mongolenfürsten in China ging. Vielleicht, um die ins Stocken geratenen Handelsbeziehungen zwischen den beiden Ländern wieder in Gang zu bringen.

Daß diese Annahme des Grazer Experten in Sachen Kartographie keineswegs auf unbeweisbaren Spekulationen beruht, zeigt die Einleitung, die Piri Reis in der uns erhalten gebliebenen Beischrift zu seiner Sammlung von 215 Land- und Seekarten speziell über diese Weltkarte verfaßt hat. In dem bewußten Kommentar mit dem Titel »Bahriye« heißt es:

»Dieser Arme hat auch seinerzeit eine Karte entworfen, die viel mehr Einzelheiten aller Art zeigte als die bisherigen Karten und die auch die neu herausgekommenen Karten der Segelhandbücher über Indien und China, mit denen sich bisher niemand in diesem Land bekannt gemacht hat, verwertete. Und sie wurde der glückseligen Port seiner Exzellenz des verstorbenen Sultans Selim Chan in Ägypten selbst überreicht und ward wohlwollend angenommen.«[100]

## Vetternwirtschaft auf osmanisch

Um unseren Lesern einen fundierten Einblick in die Entstehungsgeschichte dieser einmaligen Weltkarte des türkischen Admirals zu ermöglichen, sollte zunächst auf die Besonderheiten des kartographischen Meisterwerkes hingewiesen werden.

Doch zuallererst zu ihrem Schöpfer selbst.

Piri Reis war der Neffe von Kemal Reis, einem seinerzeit berühmten Admiral des Osmanischen Reiches im Mittelmeer. Dieser Seemann hatte seine führende Position zwischen 1475 und 1500 inne. Wenn man weiß, welche Macht damals verschiedene Clans besaßen, wird man verstehen, daß Kemal Reis bestrebt war, vor allem Mitglieder der eigenen Familie zu fördern. Auf diese Weise gelangte auch sein Neffe Piri Reis in späteren Jahren zu bestimmendem Einfluß und in den Rang eines Admirals der osmanischen Flotten im Roten Meer und im Persischen Golf.

Aber Piri Reis avancierte nicht nur zum Befehlshaber auf hoher See. Er betätigte sich auch auf geistiger Ebene. Ihn interessierte einfach alles, was sich im Rahmen der Seefahrt wissenschaftlich erforschen ließ. Seine Admiralsfunktion allein füllte ihn nicht aus. Piri Reis war ein kreativer Mensch und bewies besondere Begabung darin, wenn es galt, seine Kenntnisse und Fähigkeiten während seiner verantwortungsvollen Tätigkeit zur Geltung zu bringen.

Das läßt sich deutlich anhand der von ihm geschaffenen Weltkarte sowie den dazugehörigen Kommentaren feststellen. Wir finden dort relativ genaue zeichnerische Darstellungen und detaillierte Beschreibungen des Mittelmeeres sowie von den an seinen Küsten liegenden Ländern und Städten. Sie enthalten wichtige Angaben sowohl über das Seewesen als auch über die Schiffahrt im 16. Jahrhundert.

## Sein Vorbild war Kolumbus

Nach offizieller Lesart soll Piri Reis seine außergewöhnliche Karte im Jahre 1513 in der Stadt Gallipoli (der an der Meerenge der Dardanellen gelegenen heutigen Stadt Gelibolu) angefertigt haben. Vier Jahre danach, 1517, machte er seine bemerkenswerte Arbeit Sultan Selim I., dem Eroberer von Ägypten, höchstpersönlich zum Geschenk. Die Beischrift selbst, »Bahriye« betitelt, wurde von dem Admiral erst acht Jahre später in Form von Notizen ebenfalls in Gallipoli abgeschlossen und in den folgenden sieben Jahren verbessert und lesbar gemacht. Wieder ließ es sich der Seefahrer nicht nehmen, diese wichtige Ergänzung zu seinem Kartenwerk dem gekrönten Oberhaupt seines Reiches zu verehren. Er überreichte die informative Beischrift in Istanbul dem Sultan Suleyman Kânunî.

Es ist sehr bedauerlich, daß uns von dieser ursprünglichen Weltkarte nur noch ein Teilstück erhalten geblieben ist. In einer offiziellen Publikation des Topkapi-Museums aus dem Jahre 1966 ist ausdrücklich vermerkt, daß das wertvolle, gut vierhundertjährige Relikt »an den Rändern auf der Ostseite... mitten entzweigeschnitten« sei, woraus abgeleitet werden kann, »daß die vollständige Karte sämtliche Teile der damals bekannten Welt gezeigt hat, also Europa, Asien, Afrika und die damals bekannten Gebiete von Amerika«.[100]

Der vielseitige Admiral war jedoch keinesfalls darauf aus, Lorbeeren für die Herstellung seiner Karte allein für sich zu reklamieren. Vielmehr verweist er auf sein Vorbild, das ihm Anregungen vermittelte, seine verschiedenen Land- und Seekarten anzufertigen. Nicht zuletzt auch die uns erhalten gebliebene, jetzt unvollständige Weltkarte. Sein Vorbild war niemand Geringerer als Christoph Kolumbus!

Im Kommentar »Bahriye« verschweigt Piri Reis auch nicht, welche Karten er für den Entwurf zu seiner eigenen herangezogen und aufmerksam studiert hatte. Er bekennt offen, für die kartographisch exakte Wiedergabe verschiedener geographischer Punkte – etwa jener des Antilia-Gestades mit dazugehörigen Inseln – die Karte des Christoph Kolumbus benützt zu haben. Hierbei war ihm ein Spanier, der bei seinem Onkel Kemal Reis in Gefangenschaft fiel und beteuerte, gleich dreimal mit dem genuesischen Seefahrer im Dienste der spanischen Krone nach Amerika gesegelt zu sein, eine große Hilfe. Piri Reis ließ sich von dem Seemann alles berichten, was dieser während der Schiffsreisen erlebt hatte. Auch Karten von vier Portugiesen, welche man ihm zeigte, waren ihm bei der Anfertigung seiner Weltkarte von großem Nutzen. Freimütig bekennt er in einer uns erhalten gebliebenen Notiz:

»Diese Namen, soviel ihrer bei den erwähnten Inseln und Küsten stehen, hat sämtlich Kolumbus gegeben, daß sie unter ihnen bekannt seien. Was es an Küsten und Inseln gibt, *ist alles von der Karte des Kolumbus abgezeichnet.*«

Professor Dr. Leitner, unser »Gewährsmann« in Graz, neigt im übrigen zu der Ansicht, daß Piri Reis seine Weltkarte nicht – wie weithin vermutet – im Jahre 1513 verfertigt habe, sondern erst vier Jahre später, 1517. Seiner Meinung nach sei dies deshalb wahrscheinlicher, da die betreffende Karte einige geographische Merkmale enthält, nämlich bestimmte Landstriche, welche erst *nach* dem Jahre 1513 entdeckt worden waren. Aus Piri Reis' Originalanfertigung (die ihm zugeschriebene »Urkarte« befindet sich im Marine-Museum am Bosporus) geht laut dem Grazer Universitätsprofessor eindeutig hervor, daß die Fahrtroute des Christoph Kolumbus viel weiter südlich verlaufen sein muß, als dies später allgemein angenommen wurde.

## Mallerys sensationelle Entdeckung

Um die außergewöhnliche Karte des türkischen Admirals ranken sich viele Spekulationen. Und seitdem es für unsere Technologie beinahe zur Routine geworden ist, auch in den erdnahen Raum vorzustoßen, wurden ihren geographischen Darstellungen bald die unorthodoxesten Interpretationen zuteil. Ausgelöst wurde dies vor allem dadurch, daß auf der Karte die Antarktis eingezeichnet ist – von deren Existenz Piri Reis nach unseren Erkenntnissen damals noch nichts gewußt haben konnte![101]

Diese sensationelle Entdeckung verdanken wir dem amerikanischen Kartographen Arlington H. Mallery. Er hatte eine Kopie dieser bald 500 Jahre alten Weltkarte erhalten, die in vervielfältigter Stückzahl in den vierziger Jahren von mehreren Museen und Bibliotheken weltweit erworben wurde. Mallery hatte sich schon in den Jahren zuvor auf alte Seekarten spezialisiert und war erst recht von der des Piri Reis fasziniert. Grübelte er doch intensiv über der Schlüsselfrage, woher der türkische Seefahrer sein Wissen um die Existenz dieses südpolaren Kontinentes überhaupt hatte.

Mallery bat daher seinen Kollegen Walters vom Hydrographischen Institut des US-Marine um Hilfe. Was den beiden Wissenschaftlern dann bei genauerer Überprüfung auffiel, machte sie erst richtig stutzig. Piri Reis hatte entweder die zu seiner Zeit gebräuchlichen Koordinaten nicht benutzt oder war noch in dem Irrtum befangen gewesen, die Erde sei eine Scheibe. Diese Unstimmigkeit wollten sie klären. So bastelten sie kurzerhand ein Lesegitter und machten sich daran, die alte Karte, die der türkische Admiral aus mehreren Teilen zusammengesetzt hatte, auf einen modernen Globus zu übertragen.

Das Ergebnis machte die beiden Fachleute sprachlos. Nicht nur die Konturen der Küsten von Südamerika, sondern auch die Kanarischen Inseln, die Azoren, aber vor allem die Umrisse der Antarktis befanden sich genau dort, wo sie nach heutigem Wissensstand auch hingehören. Lediglich eine Unstimmigkeit wurde von Mallery und Walters aufgespürt. Denn auf der Piri-Reis-Karte mündet der äußerste Zipfel Südamerikas – Feuerland – in eine schmale Landverbindung mit der Antarktis. An dieser Stelle gibt es heute jedoch nur noch Wasser, und die See ist gerade hier besonders stürmisch: Kap Hoorn!

Jetzt wird es äußerst unheimlich.

Ozeanographen, die sich mit dieser Abweichung beschäftigten, kamen nämlich zu der Erkenntnis, daß vor gut 11 000 Jahren – also zum Ende der letzten Eiszeit – eine Landbrücke existiert hat, die Südamerika und die Antarktis miteinander verband!

Was nicht nur Mallery und Walters ganz besonders beeindruckte, war die Tatsache, daß Piri Reis es verstanden hatte, sämtliche Küstenlinien, Inseln, Buchten sowie Berggipfel in der Antarktis mit beispielloser Genauigkeit zu kartographieren. Es sind dies geographische Gegebenheiten, die heute nicht mehr mit bloßem Auge erkennbar sind, weil alles unter einer dicken Eisdecke liegt und unseren Augen verborgen bleibt.

Erst 1949 und 1952 konnten die Angaben auf den Reis'schen Karten wissenschaftlich untermauert werden. Es war das Resultat zweier norwegisch-schwedisch-britischer Antarktis-Expeditionen – nur der Wald der Fragezeichen wurde deshalb nicht kleiner. Zu viele Widersprüche blieben ungeklärt.[102]

## »Seekönige« vor 12 000 Jahren?

Woher hatte Piri Reis seine Kenntnisse bezogen? Was hatte ihn veranlaßt, die Antarktis in *der* Form darzustellen, wie sie sich präsentiert hatte, bevor sie von einer Eisdecke umschlossen wurde?

Immer mehr qualifizierte Fachleute auf dem Gebiet der Kartographie begannen sich für dieses Mysterium zu interessieren. Am 26. August 1956 wurde auch Charles Hapgood, damals Professor für Geschichte am Keene-State-College in Philadelphia, zufällig Ohrenzeuge einer Radiosendung, in der über »neue und alte Entdeckungen in der Antarktis« debattiert wurde. Arlington H. Mallery, M. I. Walters und der Jesuitenpater Daniel L. Lineham (Direktor der Sternwarte Weston und ein versierter Kartograph) führten eine lebhafte Diskussion über verschiedene alte Karten, auf denen merkwürdigerweise die Antarktis bereits verzeichnet worden war. Und dies noch ehe deren offizielle Entdeckung im Jahre 1820 überhaupt stattgefunden hatte.[103]

Auch das Fragment der ursprünglichen Piri-Reis-Weltkarte von 1513 kam dabei zur Sprache. Auf diese Weise wurde Professor Hapgood erst auf das offenkundig herrschende Mißverhältnis aufmerksam, das zwischen der wohl schon vorhanden gewesenen Kenntnis von der Existenz der Antarktis und dem unbestreitbaren Wissen um deren kartographische Lokalisierung vorlag. Hapgood behielt nichts für sich. Er präsentierte alles ohne Umschweife seinen Studenten.

Der Professor liebte es nämlich, die jungen Leute mit problematischen Themen zu befassen, und die Studenten nahmen sich der Sache sofort begeistert an. Keiner der wißbegierigen Studiosi ahnte allerdings, daß sie dieser Lehrstoff über volle sieben Jahre beschäftigen würde. Dann aber lag ein brauchbares Ergebnis vor. Gleich einem Puzzle ergab sich, daß die Karte des türkischen Admirals aus verschiedenen Teilkarten zusammengesetzt war, womit die Angaben von Piri Reis auch wissenschaftlich bestätigt werden konnten. Wichtig in diesem Zusammenhang war auch, daß sich die Wiedergabe der auf der Karte erkennbaren Kontinente und Inseln samt den Küsten, aber auch der Berge und Flüsse als exakt dargestellt erwiesen hatte.[103]

Anderer Auffassung als Piri Reis war Hapgood einzig in seiner Annahme, jene Teilkarten, aus denen die von ihm untersuchte Weltkarte bestand, seien in der Zeit Alexanders des Großen (356–323 v. Chr.) angefertigt worden – was in keiner Weise mit den Aussagen des Admirals harmonierte.

Hapgood und seine Studenten interpretierten den abgebildeten Teil des europäischen und des afrikanischen Kontinents sowie die Inselgruppen der Azoren, der Kanaren und der Kapverden ebenso, wie dies vor ihnen auch andere Kartenforscher getan hatten. So etwa der deutsche Orientalist Paul Kahle. Gewisse Unterschiede gab es hingegen im zentralamerikanischen Bereich sowie im Umfeld der Karibischen Inseln. Hapgood identifizierte die Küstenlinien von Yucatan und Honduras. Wo er Kuba zu erkennen glaubte, sah Kahle Haiti; was für Hapgood Haiti war, bestimmte wiederum Paul Kahle als Puerto Rico. Im südamerikanischen Abschnitt der Karte bestätigte Hapgood die Küstenlinien von Kolumbien mit dem Fluß Atrato, ebenso die gesamte atlantische Küste einschließlich des Amazonas – der auf Piri Reis' Kartenfragment sogar zweimal vermerkt wurde. Der südlich eingezeichnete Strom läßt allerdings die im Deltagebiet gelegene Insel Marajo unberücksichtigt.

Richtig sind die auf dem südamerikanischen Kontinent ausgewiesenen Flüsse, und auch die Anden wurden nach der Auffassung Hapgoods so eingezeichnet, wie sie von der pazifischen Seite her gesehen werden können. Die südliche Ostküste des Kontinentes läßt hingegen etwa 900 Meilen vermissen.

Am äußersten Ende Südamerikas finden wir dann die umstrittenste Darstellung auf dieser Karte: die Nordküste der Antarktis. Allerdings so, wie sie sich dem Betrachter präsentierte, bevor die Eismassen sie bedeckten.

Sowohl Mallery als auch Hapgood geben den Ursprungskarten, die Piri Reis für sein Werk benutzte, ein Alter von mindestens 5000 Jahren. Andere Forscher verdoppeln sogar diese Zeitspanne.

Natürlich, wie das unter wissenschaftlichen Kapazitäten immer wieder vorkommt, teilen viele Kollegen von Mallery und Hapgood deren Schlußfolgerungen nicht. Sie halten sie für übertrieben und neigen zu der Ansicht, die Kartographen des 15. und 16. Jahrhunderts hätten ihrer Phantasie freien Lauf gelassen und einen imaginären Südkontinent auf ihren Karten wiedergegeben. Wie immer man dazu stehen mag, eines ist dabei jedenfalls bemerkenswert: Die Ähnlichkeit dieses angeblich erfundenen Kontinents mit modernen Darstellungen der Antarktis ist mehr als verblüffend.[103]

Daß bei manchen Autoren die Auffassung vorherrscht, Außerirdische könnten für die unglaublich präzise Kartographie der Piri-Reis-Weltkarte verantwortlich sein, dürfte ihren Ursprung in jener Radiosendung haben, die – wie erwähnt – Professor Hapgood im August 1956 hörte. Worin auch Arlington H. Mallery zur einleitenden Frage Stellung nahm, mit der ihn der Gesprächsleiter der Sendung konfrontierte:

»Es ist für uns schwer zu verstehen, wie die Karten vor vielen tausend Jahren so genau sein konnten, wo wir gerade jetzt, oder erst seit kurzem, die modernen kartographischen Methoden entwickelt haben. Wie ist das möglich?«

## Oder doch »von oben«?

Mallerys Antwort war nicht dazu angetan, diesen Widerspruch aufzuklären. Im Gegenteil:

»Dies ist ein Problem, über dem auch wir gerätselt haben. Wir können nicht verstehen, wie die Karten so genau sein können. Natürlich ist erst einmal klar, daß es damals dort wenig Eis gab. Aber zweitens hatten sie Aufzeichnungen – beispielsweise von jedem Berg im Norden Kanadas und in Alaska –, die der kartographische Dienst der Armee zu der Zeit, als Mr. Walters und ich unsere Untersuchungen anstellten, nicht besaß. Inzwischen hat die Armee diese Aufzeichnungen. Aber um auf die Frage zurückzukommen: Wie konnten sie das damals? Sie werden sich wahrscheinlich an die Traditionen der Griechen und an das Flugzeug erinnern – vielleicht hatten sie das Flugzeug. Aber Tatsache ist, daß sie es getan haben. Nicht nur das, sie kannten sogar die geographische Länge ganz genau. Das ist etwas, was *wir* bis vor ungefähr zwei Jahrhunderten selbst noch nicht wissen konnten.«[103]

Zogen diverse Autoren aus dieser Antwort und der darin wiedergegebenen Andeutung »vielleicht hatten sie das Flugzeug« die falschen Schlüsse? Kam es deshalb zu Fehlinterpretationen? Tatsächlich muß hier die Frage gestellt werden, mit welchen Hilfsmitteln es den Altvorderen vor Tausenden von

Jahren gegeben war, eine dermaßen präzise Kartographie der auf Piri Reis' Weltkarte verzeichneten Gebiete anzufertigen. So man doch damals – unserer gängigen Lehrmeinung zufolge – keine Geräte besaß, um ein solches Vorhaben »von höherer Warte« aus zu bewerkstelligen.

Vor allem das kartographische Abbild der eisfreien Antarktis hatte es den Wissenschaftlern angetan – an erster Stelle natürlich Professor Charles Hapgood. In seinem mehrfach aufgelegten Standardwerk, »Maps of the Ancient Sea Kings«[104, 102], verstieg er sich zu der erstaunlichen Behauptung, es müsse vor etwa 12 000 Jahren eine Rasse von unbekannten »See-Königen« gegeben haben, deren enorme Kenntnisse ausgereicht haben, die Antarktis in ihrem damaligen Aussehen exakt zu kartographieren. Aber keineswegs dieses Gebiet allein. Seitenweise präsentiert Hapgood in seinem mit großer Leidenschaft verfaßten Buch Tabellen, in denen er verschiedene geographische Positionen auf der Piri-Reis-Karte miteinander vergleicht und sie obendrein unserem modernen Wissen gegenüberstellt. Dabei kommt der »Grand Old Man der Kartographie« zu der sensationellen Erkenntnis, daß die Abweichungen auf der Karte des türkischen Flottenbefehlshabers unwesentlich, bezüglich der Antarktis sogar gleich Null sind!

»Eigenartig«, befindet hierüber Erich von Däniken, der sich in seinen Büchern ebenfalls Gedanken über die Herkunft jener Karten gemacht hat, die Piri Reis (und vielleicht auch Kolumbus) als Vorlage gedient haben könnten. Mit dem von ihm gewohnten Engagement zieht er Hapgoods Schlußfolgerung in Zweifel, wenn er analysiert: »Vor 12 000 Jahren war die Antarktis, zumindest nach unserem gegenwärtigen Wissensstand, nicht eisfrei.« Im Gegenteil! Woher also sollten die fabulösen »Seekönige« ihre Kenntnisse über die Küstenlinien, Buchten und Berge der Antarktis bezogen haben?

Eine plausible Antwort findet Erich von Däniken bei einem versierten Gutachter: Colonel Harold Z. Ohlmeyer, Kommandant bei der US Air Force. In dessen über die Piri-Reis-Karte verfaßter Expertise, die er brieflich Professor Hapgood übermittelte, ließ er diesen wissen: »... die geographischen Details im unteren Kartenteil stimmen auf bemerkenswerte Weise mit den Ergebnissen des seismographischen Profils überein, das die schwedisch-britisch-norwegische Expedition 1949 über der Eiskappe aufgezeichnet hat. Dies deutet darauf hin, daß die Küstenlinie in die Landkarte aufgenommen wurde, bevor das Eis sie zudeckte. Wir haben keine Ahnung, wie die Angaben der Karte mit dem für das Jahr 1513 anzunehmenden Wissensstand in Übereinstimmung gebracht werden können.«[101, 102, 103]

Erich von Däniken – und er steht hier nicht mehr allein! – sieht sich dadurch in seiner präastronautischen Annahme bestätigt und legt deshalb »noch ein Schäufelchen« nach, wenn er resümiert: »Küstenlinien *unter dem Eis* lassen sich nur durch modernste Messungen *aus der Luft oder über Satelliten* kartographieren. Ich frage mich, weshalb man angesichts dieser harten Tatsachen die Dinge nicht beim Namen nennt. Entweder konnte vor 12000 Jahren jemand fliegen und besaß zudem das technologische Gerät, Küstenlinien unter einer dicken Eisdecke anzupeilen, oder die Antarktis-Karte wurde von einer Orbitalstation aus dem Weltraum erstellt. Als heilige Reliquien überdauerten sie (die uralten Vorlagen für die jüngeren Piri-Reis-Karten, d. V.) Jahrtausende und gelangten schließlich in die Hände des tüchtigen Admirals. Als Piri Reis seine Weltkarte und insbesondere die Antarktis zeichnete, ahnte er wahrscheinlich nicht, welchen Kontinent er da der Gazellenhaut anvertraute. Er selbst *kann* 1513 die Antarktis *nicht* kartographiert haben.«[102]

## Satelliten? Welche Satelliten?

Erich von Däniken hat sie erstmals ins Spiel gebracht. Die Möglichkeit, daß jene Urkarten, deren sich später Kolumbus und nach ihm Piri Reis für eigene Kartenwerke bedient hatten, womöglich vor Jahrzehntausenden nicht von irgendwelchen imaginären »Seekönigen«, sondern von einer uns überlegenen außerirdischen Intelligenz angelegt worden sein könnten.

Wird hier eine hypothetische Annahme – die des Kartographen Charles Hapgood – nur durch eine andere, noch weit spekulativere ersetzt? Ist es im Rahmen unserer Zeitreise durch namenlose prähistorische Epochen statthaft, Satelliten ins Spiel zu bringen, die die Erde umkreist haben und sie aus dem Weltraum kartographierten?

Gibt es für solch eine schockierende Überlegung überhaupt weitere Anhaltspunkte?

Wir glauben, ja! Und wir sind ziemlich sicher, dafür einen weiteren stichhaltigen Beweis gefunden zu haben: in Gestalt jener über 2100 Jahre alten Karte, die im »Hunan-Museum« in der Stadt Changsha aufbewahrt wird. Sie zeigt ein großes Gebiet im Bereich der aneinandergrenzenden Provinzen Guangxi, Guangdong und Hunan (siehe vorhergehendes Kapitel). Eine Perspektive übrigens, die uns nicht als erste zu der abenteuerlichen Schlußfolgerung kommen ließ, daß das noch viel ältere Vorbild dieser uralten topographischen Karte ganz offensichtlich aus dem Himmelsraum kartographiert worden sein muß.

Professor Wang Shiping, der Leiter der Forschungsabteilung im Historischen Museum von Xian, meinte beim Anblick jener außergewöhnlichen Karte, die 1972 als Grabbeigabe in der Totengruft der erwähnten Xin Zhui aufgefunden worden war, kryptisch, wenn es nicht so phantastisch klänge, müßte man annehmen, das kartographische Know-how der auf diesem Dokument wiedergegebenen Gebiete habe im Weltraum, wahrscheinlich von einem nichtirdischen Satelliten, seinen Ausgang genommen.

Diese kühne Spekulation des chinesischen Wissenschaftlers wurde nicht grundlos von ihm ausgesprochen. Hatten wir ihm zuvor doch eine Satellitenaufnahme des »NASA-LANDSAT« von einem Gebiet im Bereich des Dongting-Sees gezeigt. Die Ähnlichkeit der Karte in ihrer optischen Erscheinung zu der in Prinzessin Xin Zhuis Grabstätte aufgefundenen topographischen Karte springt geradezu in die Augen!

Satellitenfotos hier wie dort? Wir sind davon überzeugt.

Auch wenn im Moment unbestimmbar bleibt, wie Xin Zhuis

hochherrschaftlicher Gespons, der Thai-Fürst Li Chang, in den Besitz dieses wertvollen Relikts gekommen ist. Bezeichnend für die damals unleugbar bereits vorhandenen Kenntnisse der Chemie ist auch die Tatsache, daß die aristokratische Tote bis in unser Jahrhundert auf geradezu perfekte Weise konserviert werden konnte. Ihr unverwester Leichnam lag in rund 80 Litern einer gelben Flüssigkeit, welche die Verstorbene vor dem Zugriff zerstörerischer Bakterien bewahrte. Freimütig ließ man uns im Museum wissen, daß die chemische Zusammensetzung der eigenartigen Flüssigkeit bis zum heutigen Tag nicht analysiert werden konnte.

Seit ihrer Exhumierung und anschließenden Obduktion ist Xin Zhui in einem gläsernen Sarkophag im Museum aufgebahrt. Die etwa fünfzigjährige Frau wirkt selbst als Tote noch unglaublich gut erhalten. Vorzeitliches Wissen scheint uns auch hier unwiederbringlich verlorengegangen zu sein. Wurde es seinerzeit »von außen« vermittelt? Und – von wem?

## Wer war Piri Reis?

Kehren wir nochmals zu Piri Reis, dem osmanischen Flottenadmiral, zurück. Wie verlief sein Leben? Zunächst sei erwähnt, daß der Türke fast 30 Jahre auf See verbrachte, wo er Erfahrungen als Seemann sammelte und sich großes Wissen aneignen durfte. Bereits als zwölfjähriger Knabe ging Piri, gemeinsam mit seinem prominenten Onkel Kemal Reis, auf große Fahrt. Anfangs ein gefürchteter Pirat, avancierte dieser später zum nicht minder respektierten Admiral der Osmanischen Flotte. Unter Schutz und Obhut dieses Mannes eignete sich Piri in den folgenden 14 Jahren alles an, was ihm als Seefahrer nützlich war. Der Onkel lehrte seinen Schützling alles Wissenswerte über Nautik, Astronomie, Navigation und Kartographie. Ohne seine Hilfe hätte es Piri wahrscheinlich niemals geschafft, zum Nachfolger desselben aufzusteigen und ebenfalls Admiral der Osmanischen Marine zu werden.[103]

Drei Jahrzehnte war Piri Reis auf hoher See zu Hause gewesen. Die dabei gemachten Erfahrungen veranlaßten ihn, all das, was er sich aneignen konnte, schriftlich zu verarbeiten sowie kartographische Skizzen anzulegen. Er verfaßte den Text seiner *Kitab-i-Bahriye* zusätzlich zu der von ihm geschaffenen ersten Weltkarte. Eine weitere sollte Jahre später folgen.

Piris Reis galt zu seiner Zeit als einer der besten Kartographen des Osmanischen Reiches und war ein geachteter Mann. Für seine »Bahriye« zog er nicht nur fremdes Material heran, sondern schuf auch Wesentliches aufgrund eigener Eindrücke.

Dennoch blieb Piri Reis sich selbst gegenüber keineswegs unkritisch. Im Gegensatz zu vielen europäischen Kartographen hütete er sich davor, unsichere Berichte und zu phantasievoll erscheinende Geschichten für seine Karte zu berücksichtigen, was vor allem für seine zweite Weltkarte nützlich war. Der Admiral schuf sie 15 Jahre nach der ersten, also 1528. Sie enthält keinerlei unautorisierte Angaben und zeigt ausschließlich Landmassen, Gebirgszüge, Meere und Flüsse, die einwandfrei nachgewiesen waren.

Seine zuvor erwähnten europäischen Kollegen hatten es sich bei ihren kartographischen Werken wesentlich leichter gemacht: Noch bis zur Mitte des 16. Jahrhunderts zögerten sie keineswegs, Phantasieinseln und -länder in ihre Karten einzuzeichnen. Was einmal mehr beweist, wie gering damals die Urteilskraft einiger Leute war.[103] Auf diese Weise zog Piri Reis einen deutlichen Trennungsstrich zwischen den Kartenzeichnern, welche sich lediglich als Kopisten betätigt hatten, und jenen, die man mit Recht als wissenschaftliche Kartographen bezeichnen konnte.

## Ein unrühmliches Ende

Sein Glücksstern verglühte 1554. Piri Reis vermochte nicht zu begreifen, weshalb gerade ihn das Schicksal so gnadenlos bestrafte, weshalb sein Leben auf so unrühmliche Art zu Ende gehen sollte.

Piri Reis war auf dem Weg zur Hinrichtungsstätte. Dort war

ihm bestimmt worden, durch das Richtbeil zu sterben. Was hatte er verbrochen? Weshalb hatte ihm der Sultan Suleyman I., auch »der Prächtige« genannt, seine Gunst entzogen? Gerade ihm, der doch so viel für das Osmanische Reich und für den Sultan selbst geleistet hatte! Es hieß, er hätte sich durch eine hohe Bestechungssumme dazu hinreißen lassen, die Seeblockade von Gibraltar aufzuheben. Vielleicht nur ein Vorwand. Neider, Emporkömmlinge und Mißgesinnte hatten sich gegen ihn verschworen, hatten, von ihm unbemerkt, bei Suleyman intrigiert und ihm buchstäblich den Teppich unter den Füßen weggezogen. In einer Kerkerzelle in Kairo – Ägypten stand Mitte des 16. Jahrhunderts unter osmanischer Herrschaft – wartete der greise Piri Reis auf seinen Tod.

Kurz nach Sonnenaufgang, nachdem der im achten Lebensjahrzehnt stehende Mann seine rituellen Waschungen beendet und das morgendliche Pflichtgebet gesprochen hatte, nahmen ihn Wachsoldaten in ihre Mitte und führten ihn in den Gefängnishof. Dort hatte sich bereits die Prominenz eingefunden: Der Statthalter von Kairo war gekommen, und Angehörige aus Armee und Verwaltung waren da. Sie wollten sich die Vollstreckung des Todesurteils an einem früher so hochgeehrten politischen Rivalen auf keinen Fall entgehen lassen.

Auch auswärtige Zuschauer von hohem Rang bemerkte Piri Reis auf seinem Weg zum Richtblock. Nicht zuletzt der Statthalter von Basra, Kubat Pasha, dem der greise Todeskandidat diesen seinen letzten Gang zu verdanken hatte, war gekommen, um dem für ihn überaus befriedigenden letzten Akt eines unwürdigen Schauspiels persönlich beizuwohnen. Doch selbst in dieser Situation bewahrte der vormalige Befehlshaber der Flotte Würde, Haltung und Disziplin. Mit stolz erhobenem Haupt und starrem Gesichtsausdruck machte er sich zum Sterben bereit. Obgleich schon 80 Jahre alt, war Piri Reis das hohe Alter kaum anzumerken. Seine hagere Gestalt wirkte kräftig, sein von vielen Falten durchfurchtes Gesicht, von der Sonne und den Stürmen auf hoher See gebräunt, umrahmte ein dichter Vollbart, was dem Ex-Admiral ein würdiges und geradezu weises Aussehen verlieh.

Ohne zu zögern, geradezu demütig legte Piri Reis den Kopf auf den Richtblock, der sich in der Mitte des Gefängnishofes befand. Das Ende kam schnell. Eine knappe Geste des Statthalters von Kairo in Richtung des Henkers, und dieser ließ sein scharfes Richtbeil herniedersausen. Zielsicher traf die Scheide den Nacken des alten Mannes und trennte den Kopf von dessen Rumpf.

So grausam endete das Leben einer ungewöhnlichen Persönlichkeit, die in acht Jahrzehnten ihres Daseins Gewaltiges bewirkt hatte. Obwohl heute die meisten Europäer mit dem Namen Piri Reis nichts mehr anzufangen wissen, muß der türkische Seefahrer dennoch in einem Atemzug mit den Fachleuten unseres Kontinents genannt werden, die als hervorragende Kartographen in die Geschichte eingegangen sind. Seine im Jahre 1513 oder auch etwas später geschaffene Weltkarte gelangte jedenfalls zu historischer Bedeutung.

China könnte es jetzt – an der Schwelle zum dritten Jahrtausend – möglich machen, dem Türken Piri Reis zu einem ungeahnten Comeback zu verhelfen.

## Außerirdische Einflüsse?

Das ungewöhnliche Fundstück aus dem Topkapi-Museum in Istanbul ist an sich bereits eine ausgesprochene Attraktion. Spätestens seit 1968 umweht es auch noch die Aura des Geheimnisvollen, als Bestseller-Autor Erich von Däniken die provokante Hypothese aufstellte, die Vorlage für Piri Reis' Kartenfragment sei vor langer Zeit von außerirdischen Besuchern angefertigt worden. In mehreren seiner Bücher, zuerst in »Erinnerungen an die Zukunft«, stellte der »Götterforscher« diese Möglichkeit zur Diskussion. Und in der Dokumentarverfilmung seiner ersten beiden Bücher[4,77] verfaßte der Filmkommentator und frühere Däniken-Buchbearbeiter Utz Utermann (Pseudonym: Wilhelm Roggersdorf) folgenden der Piri-Reis-Karte unterlegten Text:

»Machen wir ein Experiment. Nehmen wir an, wir sitzen in

einem Raumschiff hoch über Kairo. Dann sehen wir die Kontinente in dieser Verzerrung.«

Dazu wurde eine Karte der US Air Force eingeblendet, die in ihrem Zentrum die ägyptische Hauptstadt zeigt sowie die angrenzenden Gebiete, die aufgrund der Kugelgestalt der Erde verzerrt dargestellt sind. Utermanns Kommentar: »Und jetzt passen Sie auf: Die Piri-Reis-Karte entspricht genau unserem Blick aus Weltraumhöhe... Will man diese Erdkarten erklären, dann muß man sagen, die Vorlagen dieser Karten sind aus Weltraumhöhe entworfen worden.«[101]

Gegner dieser Hypothese verneinen derartige Möglichkeiten entschieden. »Ein über Kairo stehendes Raumschiff könnte in seinem äußersten Radius den gesamten afrikanischen Kontinent, Europa, weite Teile Asiens, den Indischen Ozean sowie Teile des Atlantiks mit Grönland und der äußersten Ostküste Nordamerikas erfassen. Völlig außerhalb des Erfassungsbereiches lägen der westliche Atlantik, der gesamte amerikanische Doppelkontinent sowie die Antarktis. Insbesondere für Südamerika ist dies wichtig, das auf der Piri-Reis-Karte vollständig abgebildet ist. Man mag außerirdischen Besuchern viel zutrauen, doch daß sie um die Ecke fotografieren können, scheint mir doch sehr weit hergeholt.«[101]

Um es klar zu sagen: Die Karte der US Air Force war nur ein Hilfsmittel, um die Verzerrungen auf der Piri-Reis-Karte erklären und verdeutlichen zu können. Aber es gibt noch eine andere Möglichkeit. Geht man nämlich nicht von einem *stationären* Satelliten aus, sondern von einem ganz »normal« die Erde im Orbit umrundenden Trabanten, dann stimmt die Logik wieder! Außerdem wurde die Weltkarte des osmanischen Admirals aus *mehreren* Teilkarten zusammengesetzt. Warum sich also hier an *einer* Fotografie aus einem *nur über Kairo* stehenden Flugkörper festbeißen?

## Professor Leitners Erwägungen

Der eingangs bereits vorgestellte Grazer Professor Dr. Wilhelm Leitner räumt ein, daß bei Schrägaufnahmen – zum Beispiel durch »SKYLAB«, »LANDSAT« oder »METEOSAT« – aus einer Höhe von 920 bis 1400 Kilometern Verzerrungen denkbar sind. »Vor allem, wenn man einkalkuliert, daß Wolken, Wolkenbänder, der Polarfront-Strahlstrom, Cirreneinzüge und Dunst die Erkennbarkeit der Erdoberfläche beeinträchtigen.«

Professor Leitner gibt aber noch weiteres zu bedenken. Um nämlich das Werk des Türken Piri Reis besser beurteilen, einordnen und vergleichen zu können, bedürfe es zuallererst fundierter Kenntnisse der kulturellen und politischen Verhältnisse im Osmanischen Reich des 16. Jahrhunderts. Insbesondere das beachtliche Wissen des Islam über Geographie und Kartographie sei bei einer fundierten Beurteilung dieser Weltkarte zu berücksichtigen – auch wenn es im 16. Jahrhundert das Spezialgebiet »Geographie« im eigentlichen Sinn noch nicht gegeben habe. Leitner: »Zwar fehlen in der ›Amerikakarte‹ Koranzitate... dennoch fußt das wissenschaftlich-kartographische Beweisverfahren des Piri Reis generell auf dem Autoritätsprinzip. Für den türkischen Admiral war Kolumbus die Autorität. So heißt es im Abschnitt Nr. VII der Legende: ›Die Namen, die Küsten und Inseln bezeichnen, stammen von Kolumbus. Kolumbus war ein großer Astronom.‹«

Der Grazer Wissenschaftler ist sich heute nach eingehenden Untersuchungen der Karte sicher, »daß Piri Reis alle wichtigen Informationen seiner Zeit verarbeitet hat, auch die von Amerigo Vespucci, Pincón und Juan de Solis. Er berücksichtigte anonyme Seekarten, rang um die Problematik der Projektion, übersah aber, daß viele portugiesische Küstenkartierungen mit einem mißweisenden Kompaß gemacht worden sind.«

Professor Leitner sieht bezüglich einiger auf der Karte verzeichneter Gebiete dennoch keine Indizien, die auf eine außerirdische Herkunft der »Urkarten« hinweisen – auch wenn er keineswegs pauschal die Überlegungen des Schweizer »Götterforschers« Erich von Däniken in Abrede stellt. Vielmehr neigt dieser Experte zu der Auffassung, die eigenwilligen Darstellungen auf dem Kartenfragment eher als »künstlerische Gestaltung« zu interpretieren, die sich in der Folge nachteilig für die darauf erkennbaren kartographischen Wiedergaben ausgewirkt haben dürfte.[105]

## Spuren nach Fernost

Der Fingerzeig unseres Grazer Gewährsmannes, Professor Wilhelm Leitner, wonach sich ein Abriß der Piri-Reis-Weltkarte in einem Archiv in Beijing befinden könnte, ist keineswegs reine Spekulation. Bei unserer Überprüfung der historischen Geschehnisse aus der Zeit des türkischen Admirals entdeckten wir manche überraschende Querverbindung zu dem damaligen »Reich der Mitte«.

Die Bedeutung der kartographischen Werke des Piri Reis war für das Osmanische Reich Anfang des 16. Jahrhunderts ungemein wichtig. 1513 entstand seine erste Weltkarte, 1521 sein Kommentar »Kitab-i-Bahriye«, 1525 erschien die überarbeitete Fassung der Beischriften und im Jahre 1528 schließlich die zweite Weltkarte.

Aus heutiger Sicht müssen wir uns bewußt machen, welch ungeheure Machtgelüste den Türken vor nicht ganz fünf Jahrhunderten zu eigen waren. Das Osmanische Reich betrieb eine gezielte Expansionspolitik, und nicht zuletzt ihre diversen Regenten meldeten verstärkt Machtansprüche an. Im besonderen waren dies die Sultane Bayazid II. (1481–1512), Selim I. (1512–1520) und Suleyman I., genannt »der Prächtige« (1520–1566). In der Türkei wurden die verschiedenen Entdeckungsfahrten und Eroberungen der europäischen Seemächte sehr aufmerksam verfolgt. Gerne bediente man sich angeworbener italienischer Spione, die ihre Tätigkeit vornehmlich am kastilischen und portugiesischen Hof betrieben und den Türken die erhofften Informationen zugänglich machten. Selim I. und Suleyman I. waren machthungrige Potentaten und scheuten zu keiner Zeit davor zurück, sich mit Gewalt zu holen, was ihnen auf friedlichem Wege verwehrt geblieben wäre. Ihnen waren die einlaufenden Mitteilungen ihrer gedungenen Agenten besonders nützlich. Das Material wurde sofort nach Istanbul weitergeleitet, dort vom militärischen Geheimdienst bearbeitet, um dann entsprechend ausgewertet werden zu können. Dann deponierte man alles in einem Geheimarchiv, wo es auf Abruf für Militäraktionen zur Verfügung stand.

Den Machthabern ging es vordringlich darum, der osmanischen Flotte ein entsprechendes Übergewicht im Mittelmeer, im Roten Meer sowie am Persischen Golf zu sichern. Um jeden Preis waren sie bestrebt, die in diesen Regionen bestehende Oberhoheit zu Wasser aufrechtzuerhalten.

Natürlich spekulierten damals die türkischen Herrscher auch damit, selbst Entdeckungsfahrten zu unternehmen, und waren deshalb bemüht, ihre Armada gewaltig aufzurüsten. Doch dieses Vorhaben scheiterte. Der Grund hierfür ist höchstwahrscheinlich in dem Umstand zu suchen, daß die Osmanen über keine Handelsflotte im eigentlichen Sinn verfügten. Ihre Schiffe dienten in erster Linie kriegerischen Zwecken. Dazu kam noch das Dilemma mit den Besatzungen. Der größte Teil der Kapitäne und ebenso der Seeleute war alles andere als kaufmännisch ausgebildet. Im wesentlichen zwangsverpflichtet, handelte es sich bei diesen Männern fast durchweg um ehemalige Piraten – wovon übrigens Piri Reis und sein Onkel Kemal Reis auch nicht ausgenommen waren. Solche Gesellen waren nur schwer unter Kontrolle zu bringen. Viel zu häufig kam es vor, daß die Besatzung eines der Kriegsschiffe, wenn irgendwo Beute zu holen war, wieder in ihre altvertrauten Gewohnheiten zurückfiel und ihre räuberischen Gelüste befriedigte.

Zu guter Letzt waren die osmanischen Befehlshaber gezwungen, Pläne, welche die Entdeckung neuer Gebiete zum Ziel gehabt hatten, gänzlich fallenzulassen. Ihre Macht nahm stetig ab, und auch das Osmanische Großreich ging unaufhaltsam seinem Untergang entgegen.[103]

Piri Reis' aktive Zeit war davon freilich noch nicht beeinflußt. Als Admiral einer gewaltigen Seemacht unterstützte dieser natürlich die Bestrebungen des jeweiligen Sultanates, dem er verpflichtet war. Er wußte gut Bescheid über die Absichten Selim I., der, nachdem sein Admiral Barbaros Hayrettin Pascha die Kriegsflotte verstärkt hatte, seinen persönlichen Gesandten und Ratgeber Ali Ekber nach China delegierte, um sich über die dort herrschenden Machtverhältnisse zu informieren. Selim I. und erst recht sein Nachfolger auf dem Sultansthron, Suleyman I., hatten Appetit bekommen, sich das alte fernöstliche Kaiserreich einzuverleiben.

Piri Reis berücksichtigte dies bereits vorweg, deshalb vermerkte er die Expansionspläne des Sultanats kartographisch auf seiner ersten Weltkarte von 1513. Sie enthielt bereits alle wesentlichen Angaben über das von den Osmanen in Aussicht genommene, neu zu erobernde Hoheitsgebiet.

## »Eine Karte von dieser Art...«

Der Abschnitt Nr. VI zur Legende seiner Kartenbeischrift »Kitab-i-Bahriye« legt deutlich offen, nach welcher Methode der Admiral sein kartographisch hervorragend gezeichnetes Meisterwerk gestaltete:

»Eine Karte von dieser Art besitzt dieser Zeit niemand. Verfaßt von der Hand dieses Armen, ist sie jetzt hergestellt worden. Zumal hat er von rund 20 Karten und Mappamondos – und zwar ist da die zur Zeit des Iskender des Zweigehörnten (der auf Münzen häufig mit Ammonshörnern dargestellte Alexander der Große, d. Verf.) verfaßte Karte, auf der die bewohnte Welt bekannt gemacht ist. Die Araber nennen diese Karte Dschaferiye. Von acht solcher Dschaferiye-Karten also und von einer arabischen Indien-Karte und von den Karten, die eben von vier Portugiesen verfaßt worden sind und auf welchen die Länder Sind und Hind (das Indusgebiet und Indien, d. Verf.) und *China* nach der Methode der Geometrie eingezeichnet sind, und von einer Karte, die Kolumbus in der westlichen Gegend gezeichnet hat, hat er dies entnommen und auf einen Maßstab gebracht. Und so hat sich diese Form ergeben, so daß also in demselben Grade, als Karten dieser Gegend unter den Seeleuten als richtig und vertrauenswürdig gelten, auch die vorliegende Karte mit den sieben Meeren richtig und vertrauenswürdig ist.«[100]

Abschnitt IV zur Legende »Kitab-i-Bahriye« enthält eine für uns geradezu demütig klingende »Danksagung« des Kartenzeichners. Obgleich in bestimmender Position in der osmanischen Marine, bekundet Piri Reis seine muselmanische Unterwürfigkeit gegenüber Allah und dem Sultanat:

»Gezeichnet hat diese Karte der arme Piri, Sohn des Hadschi Mehmet, der bekannt ist als Brudersohn des Kemal Reis, in der Stadt Gallipoli. Gott verzeihe ihnen beiden, im Monat des geheiligten Muharrem des Jahres 919« (9. März–7. April 1513).[97, 100]

Vier Spezialisten auf dem Gebiet der Kartographie, nämlich Adolf Deissmann, Erich Bräunlein, Ibrahim Hakki sowie der vorweg genannte Orientalist Paul Kahle, bemühten sich schon frühzeitig um die Weltkarte des Piri Reis. Unabhängig voneinander untersuchten sie das uns erhalten gebliebene Fragment. Die daraus resultierende Erkenntnis stimmte überraschenderweise bei allen überein. Sie sehen den Wert dieses Werkes aus dem frühen 16. Jahrhundert vor allem darin, daß es ohne jeden Zweifel die verschollene Karte des Kolumbus zum Vorbild hatte. Diese Auffassung der vier Wissenschaftler wird auch durch die von Piri Reis selbst angeführten Quellen bestätigt, auf die er seine Arbeit zurückführt. Bestätigt wird dadurch auch die Ansicht so mancher Kartographen, wonach der türkische Admiral ursprünglich eine originale Weltkarte anfertigte, von der große Abschnitte abhanden gekommen sind.

## Verschollene Vorlagen

Es ist bedauerlich, daß keine jener kartographischen Unterlagen, die Piri Reis in seiner Beischrift als Quellen erwähnt, jemals wieder zum Vorschein gekommen ist. Das ändert freilich nichts am Wahrheitsgehalt seiner Angaben. Längst wurde nachgewiesen, daß die Osmanen als die unmittelbaren Nachfolger der arabischen wie auch der byzantinischen Kultur eine reichhaltige Erbschaft kartographischer Tradition übernehmen konnten. So umgab sich einer ihrer Herrscher, Mehmet II., »der Eroberer«, während seiner Regierungszeit vorzugsweise mit Gelehrten und Wissenschaftlern aus verschiedenen Ländern. Davon profitierte nicht zuletzt die reich ausgestattete Bibliothek im Topkapi-Palast, die später mit umfassenden Beständen an außergewöhnlichen literarischen Werken aufwarten konnte: Platon, Ptolemäus und Grazioso Benicasa waren darunter. Von letzterem ein zwölf Karten enthaltender Atlas aus der zweiten Hälfte des 15. Jahrhunderts. Ferner zahlreiche katalanische und italienische Seekarten.

Ein weiterer Hinweis läßt uns sicher sein, daß die Karte des Piri Reis, wie sie sich heute präsentiert, unvollständig ist. Er selbst nannte sein Werk »die Karte mit den sieben Meeren«. Auf dem erhalten gebliebenen Fragment ist jedoch gerade der Atlantische Ozean mit seinen angrenzenden Landmassen sichtbar. Im Ostteil erkennt man Westafrika und das westliche Europa, im Westteil das amerikanische Festland. Auf der ursprünglichen Kartenansicht waren mit ziemlicher Gewißheit sämtliche im 16. Jahrhundert bekannten Meere und Landstriche unseres Planeten wiedergegeben. Im Moment haben wir hingegen nur den westlichen Abschnitt der Weltkarte zur Verfügung.

Piri Reis zeichnete seine geographischen Erkenntnisse in neun verschiedenen Farben. Er bediente sich der sogenannten Gouachemalerei. Städte und Burgen sind durch rote, unbewohnte Gebiete durch schwarze Linien gekennzeichnet. Klippen und Felsenriffe hob der Kartograph durch schwarze Punkte, unsichtbare Riffe in den Ozeanen durch Kreuze hervor.[103]

Wohin könnten die so schmerzlich vermißten Reste der alten Weltkarte gekommen sein? Wurden sie tatsächlich als willkommene Gastgeschenke bei der Kontaktaufnahme mit fremden Ländern herangezogen, wie dies Professor Wilhelm Leitner aus Graz vermutet? Wurde ein Kartenteil einer Delegation aus dem chinesischen Kaiserreich als Präsent für ihren »Himmelssohn« mitgegeben? Gut möglich. Ebenso könnten die fehlenden Teile in kriegerischen Zeiten für immer verlorengegangen sein.

Nach eingehendem Studium des uns zugänglichen Materials aus dem Nachlaß des türkischen Admirals und Kartographen Piri Reis neigen auch wir der Ansicht zu, daß zumindest ein weiterer Abschnitt der Weltkarte irgendwo erhalten geblieben ist.

Wahrscheinlich sogar in China.

## Wir suchen gemeinsam

Als wir Mitte März 1994 das würdige Terrain des Archäologischen Instituts der Akademie der Wissenschaften in Beijing betraten, waren wir voll ungeduldiger Spannung. Wie würden diese gelehrten Herren dort auf unser Ansinnen reagieren, in den Archiven ihres Institutes nach dem verschollenen Teil einer mysteriösen Weltkarte zu suchen, die vor bald fünf Jahrhunderten angefertigt worden war?

Der Leser macht sich wahrscheinlich keinen Begriff, wie irrational unsere Situation im Grunde genommen war. Da hatten wir das Entree in ein Institut des offiziellen China erhalten, durften auf eine Begegnung sowie Gespräche mit den *führenden* Akademikern des Landes hoffen, ohne in offizieller Mission und Protektion durch unsere entsprechenden Stellen angereist zu sein. Zwei Buchautoren, fern jedweder akademischer Würden, die sich keines Professoren- oder Doktortitels rühmen konnten. Zwei Autodidakten also, die sich ihr vergleichsweise bescheidenes Wissen angelesen und durch manche persönlichen Recherchen vor Ort nach und nach angeeig-

44

44 Im Inneren dieses Hügels, des »Ma Wang Dui« am östlichen Stadtrand von Changsha, wurde eine echte Sensation ausgegraben. Ihretwegen warfen wir den weiteren Verlauf unserer Forschungsreise über den Haufen!

45

45 In diesem schmucklosen Gebäude, dem »Hunan-Museum« in Changsha, der Hauptstadt der Provinz Hunan, sind die sensationellen Artefakte von Ma Wang Dui aufbewahrt. Über sie war bisher in unseren Breiten nichts bekannt.

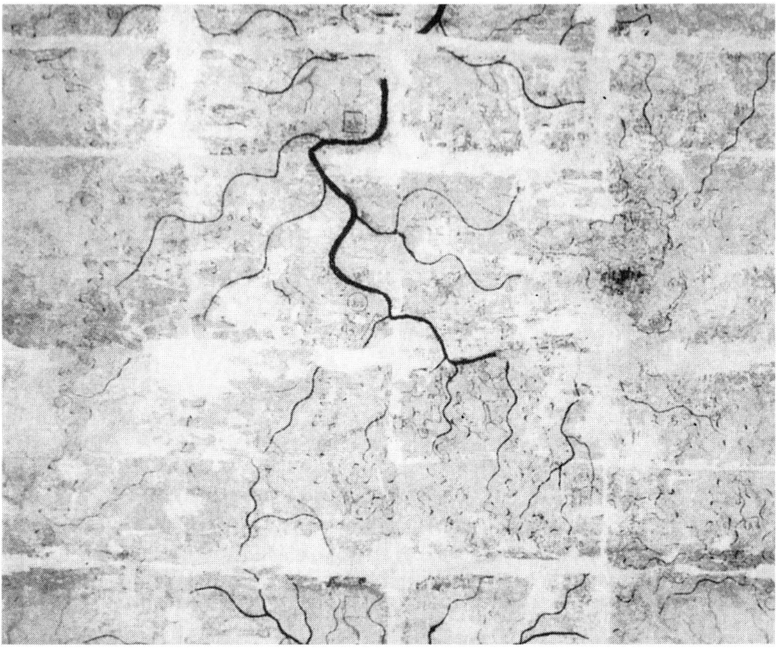
46

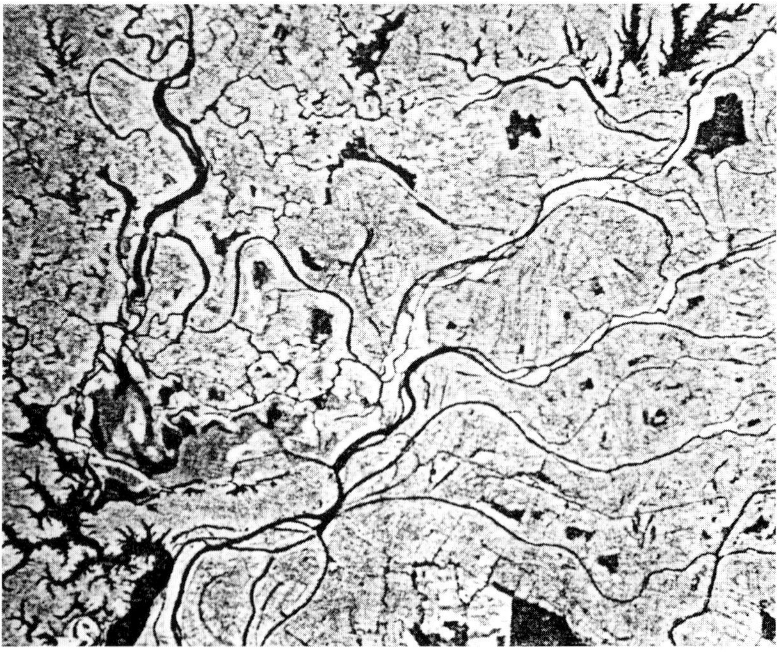
47

48

46, 47 Der Vergleich der topographischen Karte von Ma Wang Dui mit einer modernen Satellitenaufnahme (unten) weckt Assoziationen, die uns den Atem rauben. Die beiden Bilder zeigen nicht dieselbe Gegend, doch die Übereinstimmung der optischen Erscheinung ist verblüffend! War das Vorbild für die Karte aus dem »Grab Nr. 3« ein Satellitenbild – gemacht vor über 2100 Jahren? Ein prominenter chinesischer Archäologe zieht dies in Betracht …

48 Das Buch »Beschreibungen von 52 Krankheiten« offenbart ein geradezu unglaubliches medizinisches Wissen im alten China. Es diagnostiziert Krankheiten, die erst in unserer Zeit beschrieben wurden. Ein Geschenk der aus dem Weltraum gekommenen »Götter«?

49

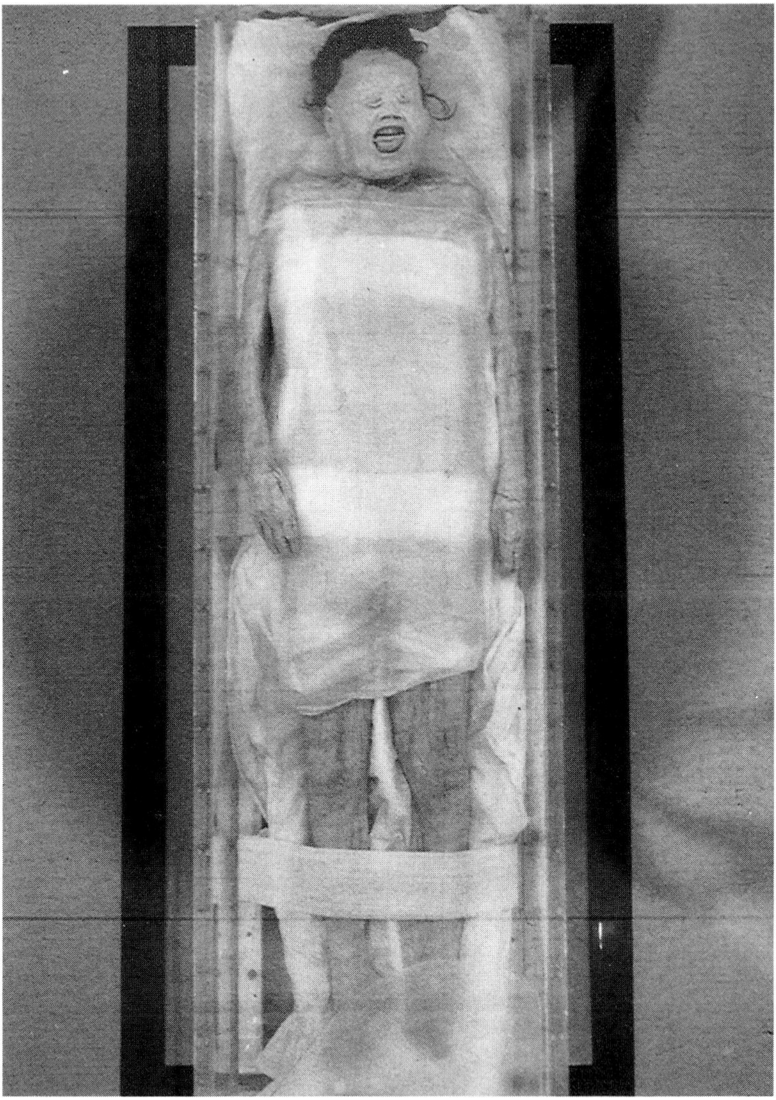

49 Die tadellos erhaltene Mumie von Xin Zhui, der Gattin eines hohen Adeligen am Hof des Prinzen von Changsha. Sie starb im Jahre 168 v. Chr. – also vor mehr als 2160 Jahren. Als man sie fand, schwamm sie in etwa 80 Litern einer gelblichen Flüssigkeit, deren chemische Zusammensetzung bis heute nicht analysiert werden konnte.

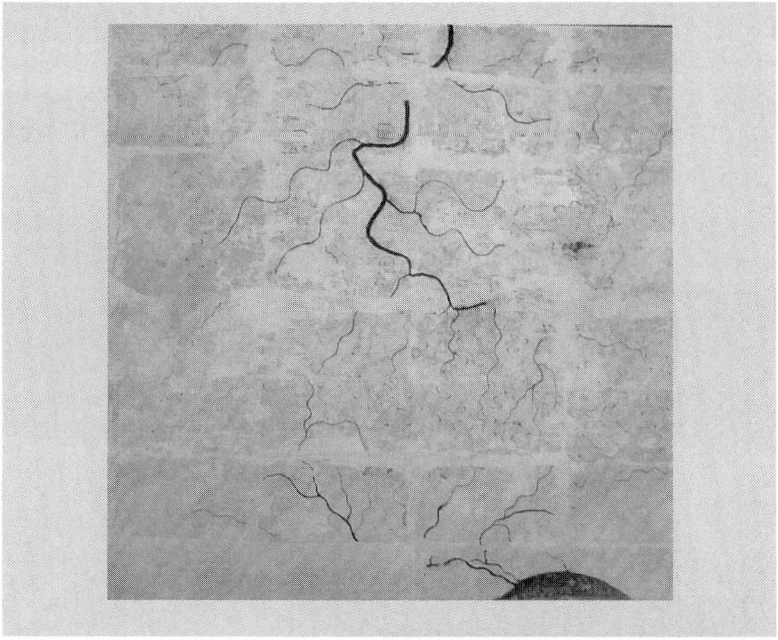

50

50 Die topographische Karte aus dem »Grab Nr. 3« von Ma Wang Dui – hier in der Originalfarbe wiedergegeben. Im Gegensatz zu unseren Karten ist der Norden hier unten.

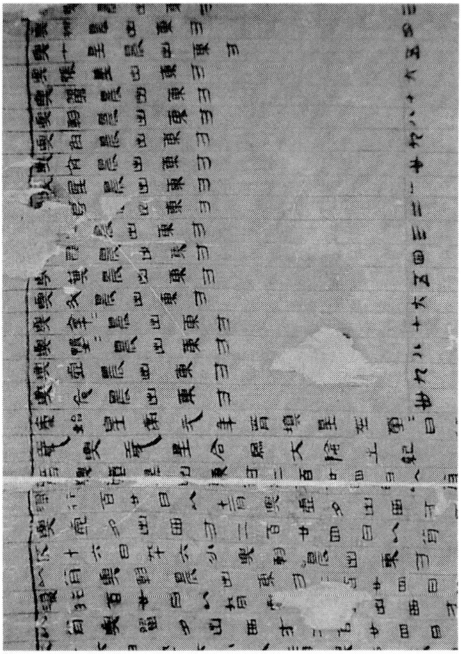

51

51 Das Manuskript »Umläufe der fünf Planeten« aus derselben Fundstelle (rechts). Woher hatten die alten Chinesen ihre phänomenalen Kenntnisse auf dem Gebiet der Astronomie?

52 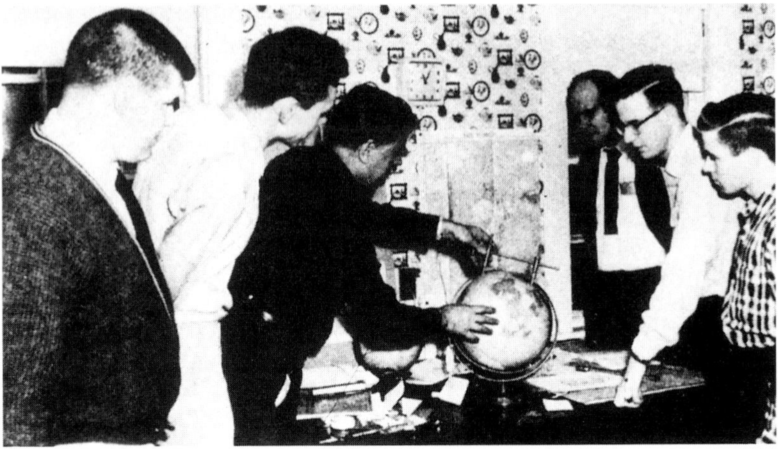

53 

 54

52 Der »große alte Mann der Kartographie«, Professor Charles Hapgood, im Kreise seiner Studenten (oben).

53 Universitätsprofessor Dr. Wilhelm Leitner. Er hat gute Gründe für die Vermutung, daß sich ein verschollener Teil der Weltkarte des Piri Reis in Beijing befindet.

54 Piri Reis, Admiral der Osmanischen Flotte. Ihm haben die Türken in jüngster Zeit ein Denkmal gesetzt, das ihn mit seiner berühmt gewordenen Weltkarte zeigt.

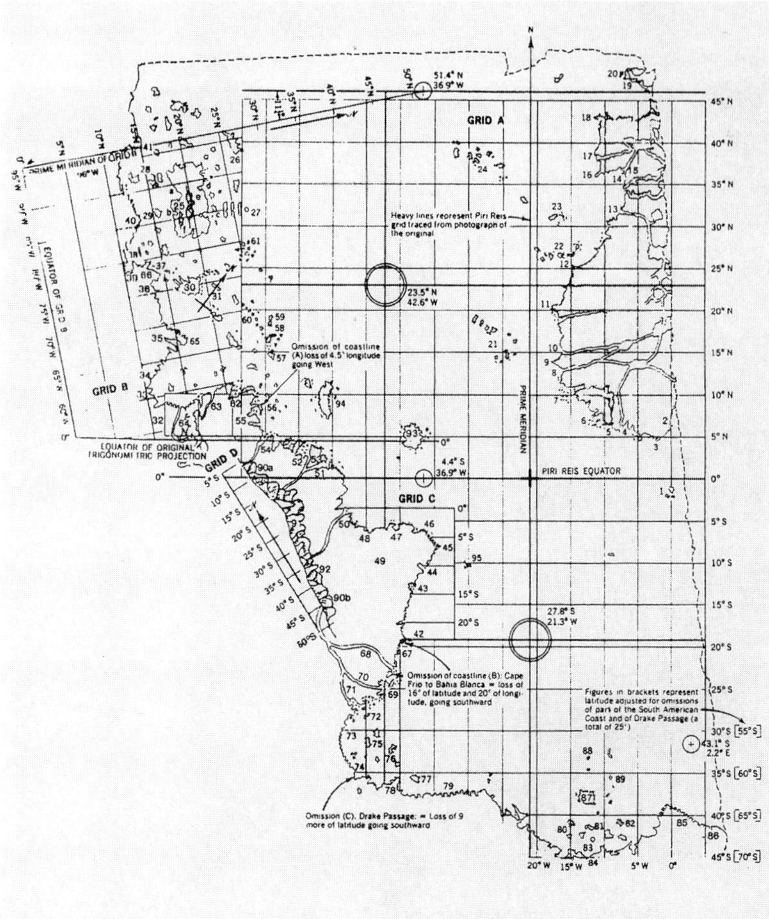


55

55 In den fünfziger Jahren legten Kartographen über die Piri-Reis-Karte ein Koordinatennetz, um es auf einen Globus übertragen zu können. Die Überraschung war perfekt: Auf der alten Karte sind Einzelheiten eingezeichnet, die den damaligen Kartographen nach deren Wissensstand unmöglich bekannt gewesen sein konnten. Auch dieses Artefakt legt den provokanten Schluß nahe, daß sein Vorbild eine Satellitenaufnahme war. Aufgenommen vor Tausenden von Jahren von einem außerirdischen Raumfahrzeug!

56 (folgende Seite) Die Karte des türkischen Admirals Piri Reis, 1929 im Topkapi-Palast in Istanbul wiedergefunden und seither Inhalt zahlreicher Spekulationen.

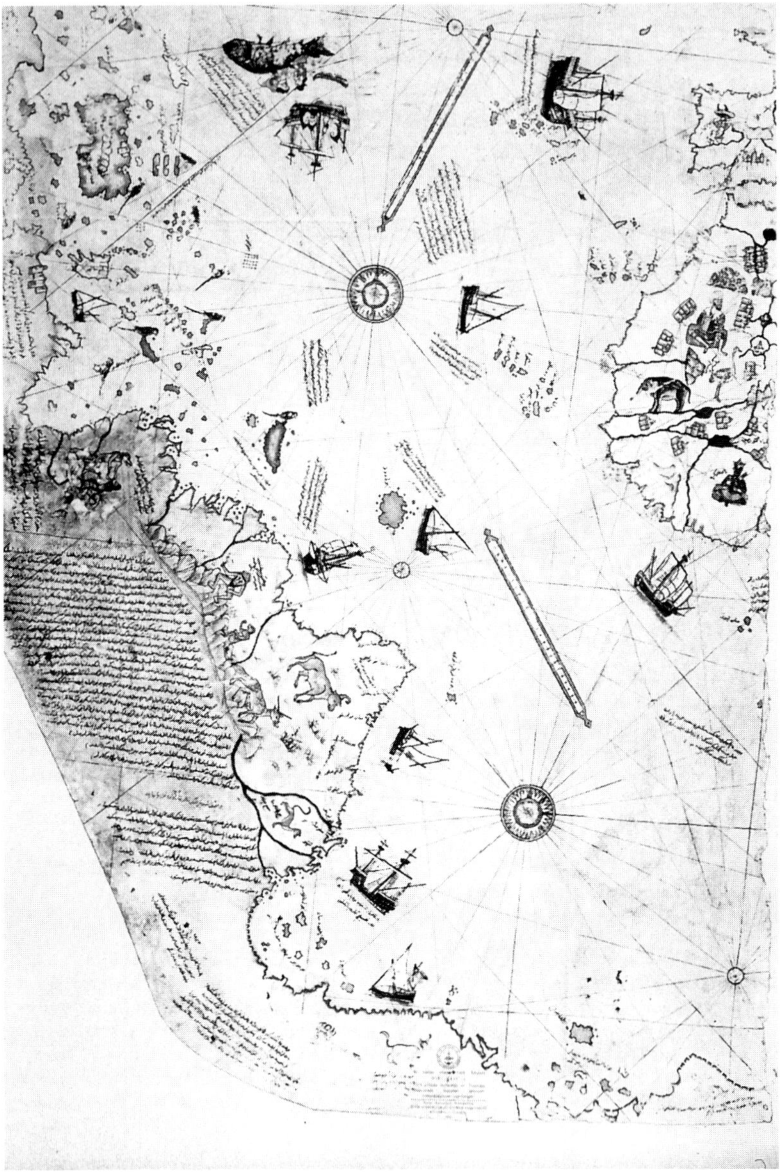

net hatten. Sich umgekehrt eine ähnliche Einladung vorzustellen, die beispielsweise chinesischen Hobbyforschern Zutritt auf akademischem Boden in Deutschland, Österreich oder der Schweiz verschaffen könnte – undenkbar und völlig abstrus!

Aber die Chinesen scheinen auch in dieser Hinsicht anders zu sein. Wovon wir uns in Beijing überzeugen konnten!

Man empfing uns mit ausgesuchter Höflichkeit, und kurz darauf saßen wir, unterstützt von unserem vorzüglichen chinesischen Dolmetscher Tang Shi, einem 5-Mann-Komitee gegenüber. Angeführt von den Professoren Feng Haozhang und Xie Duan Ju, zwei leitenden Mitgliedern der Akademie, denen wir unsere Fragen stellten.

Zunächst machte sich bei uns herbe Enttäuschung breit, als wir feststellen mußten, daß diese Kapazitäten ganz offensichtlich keine Kenntnisse über die ungewöhnliche Karte des Piri Reis besaßen. Dank unseres Dolmetschers gelang es uns jedoch sehr schnell, das Interesse der gelehrten Herren zu wecken. Es war höchst erfreulich festzustellen, mit welchem wissenschaftlichen Eifer die von uns mitgebrachte, in Originalgröße vorhandene Farbkopie des kartographischen Meisterwerkes von den fünf Chinesen studiert und besprochen wurde. Auf ihre ausdrückliche Bitte hin stimmten wir dem Ansinnen der Gelehrten zu, die Karte an Ort und Stelle fotokopieren zu lassen.

Erwartungsgemäß zeigten sich unsere Gastgeber ebenso unwissend, was die mögliche Existenz eines China enthaltenden Kartenteiles betrifft, welcher vielleicht in einem der Archive in der Akademie verstaubt. Allerdings gab man uns mit großem Ernst das Versprechen, danach suchen zu wollen und uns darüber, sollte man fündig werden, entsprechend zu informieren. So gesehen, verlief unsere erste Kontaktaufnahme »in Sachen Piri Reis« auf chinesischem Boden nicht sehr erfolgreich. Aber wer weiß: Mit etwas Glück könnte das uns verbliebene Fünkchen Hoffnung letztlich doch noch zu einer leuchtenden Flamme werden. Denn unsere Spurensuche geht ja weiter – und jetzt sogar mit hochoffizieller Unterstützung!

## Ein Fall für die UNESCO!

Am 8. Juni 1994 erhielt Co-Autor Peter Krassa den folgenden Brief von Universitätsprofessor Dr. Wilhelm Leitner, dem schon ausführlich zitierten Vorstand des Institutes für Geographie an der Karl-Franzens-Universität in Graz:

»Lieber Herr Krassa, es ist längere Zeit verstrichen, bis ich Ihnen antworten konnte... Wie besprochen setzte ich mich mit dem österreichischen Außenministerium in Verbindung. Die Antwort von Herrn Botschafter Dr. Prohaska zog sich deshalb etwas hinaus, weil er jetzt dienstlich häufig in Paris weilt. Sein Schreiben an mich lege ich bei... Ich hoffe, wir haben über den ständigen Vertreter Österreichs bei der UNESCO Erfolg. Herzliche Grüße Ihr W. Leitner.«

Diesem Schreiben lagen die Kopien zweier Briefe bei (s. Anhang), welche belegen, daß sich nunmehr offizielle Stellen der Republik Österreich bemühen, in China selbst darauf zu dringen, die Suche nach dem verschollenen Teil der Piri-Reis-Weltkarte voranzutreiben.

Hier der Brief des österreichischen Botschafters Dr. Anton Prohaska, ständiger Vertreter Österreichs bei der UNESCO in Paris, an das Bundesministerium für auswärtige Angelegenheiten in Wien vom 1. Juni 1994:

»Die Vertretung legt anverwahrt ein gegenständliches Ersuchen des Vorstandes des Instituts für Geographie der Karl-Franzens-Universität Graz vor. Nach Rücksprache mit der hiesigen chinesischen Delegation erscheint es am erfolgversprechendsten, die Nachforschungen nach der Karte im Wege der Österreichischen Botschaft Peking durchzuführen. Eine Befassung der Österreichischen Botschaft Peking darf somit angeregt werden. Abgabenachricht wurde erteilt. Der Botschafter.«

Eingeleitet wird dieses Schreiben (Zl. 778-A/94) mit dem Vermerk: »Aufsuchen einer historischen Karte des türkischen Admirals Piri Reis in Peking. 4 Beilagen, 1 BK.«

Professor Leitner sandte uns auch die Briefkopie des offiziellen Schreibens (Zl. 778-A/94, Beilage), welches der österreichische Botschafter Dr. Prohaska mit Datum vom 1. Juni 1994 an ihn gerichtet hatte:

»Sehr geehrter Herr Universitäts-Professor! Besten Dank für Ihr Schreiben vom 17. Mai 1994, das ich mit Interesse gelesen habe. Nach einer Rücksprache mit meinen chinesischen Kollegen erscheint es mir am zielführendsten, die weiteren Nachforschungen über die Österreichische Botschaft Peking zu veranlassen. Ich habe mir eine derartige Anregung an das Bundesministerium für auswärtige Angelegenheiten erlaubt und sende Ihnen zu Ihrer Information eine Kopie meines Berichtes. Mit herzlichen Grüßen, Ihr Dr. Anton Prohaska, der ständige Vertreter Österreichs bei der UNESCO.«

So ist jetzt eine vielversprechende Aktion ins Rollen gekommen, und wir sind zuversichtlich, daß die maßgeblichen Stellen in Beijing entsprechend »Dampf machen« werden. Damit die Herren Professoren an der dortigen Akademie der Wissenschaften nicht ihr uns gegebenes Versprechen vergessen, die Institutsarchive zu durchforsten. Auf der Suche nach der wahrscheinlich dort zu findenden China-Karte aus dem Nachlaß des türkischen Admirals Piri Reis.

Sollte dieses unschätzbar wertvolle Dokument die Wirren vergangener unheilvoller Epochen, beispielsweise der »Kulturrevolution«, unversehrt überstanden haben, dann bietet sich die einmalige Chance, eine wirkliche Weltsensation ausfindig zu machen.

In *Abwandlung* der berühmt gewordenen letzten Worte des großen italienischen Gelehrten Galileo Galilei (1564 bis 1642) wollen wir diese Betrachtungen abschließen:

»Und etwas bewegt sich doch!«

# Ausklang
# Es begann in Las Vegas ...

Unsere erste Begegnung ergab sich an der Theke einer Hotelbar in Amerikas »Sündenbabel« Las Vegas. Nicht des Glücksspiels wegen waren wir angereist, sondern um einen internationalen Kongreß zu besuchen, der sich mit unserer gemeinsamen, bevorzugten Thematik befaßte: der möglichen Existenz außerirdischer Intelligenzen und ihrer offenkundigen Spuren auf diesem Planeten.

Während ich gerade meinen Gin-Tonic genoß, wurde ich von einem mir unbekannten jungen Mann angesprochen, der sich mir als Hartwig Hausdorf vorstellte, aus Bayern gekommen war sowie gleichfalls zu den zahlreichen Kongreßteilnehmern gehörte, die sich in dem Hotel, in dem diese Veranstaltung stattfand, versammelt hatten. Organisiert wurde dies alles von einer Gesellschaft, die sich »Ancient Astronaut Society« (AAS) nennt und die sich die zentrale Überlegung an ihre Fahnen geheftet hat, wonach wir Menschen in grauer Vorzeit von Raumfahrern anderer Welten besucht und kulturell beeinflußt worden sind. Galionsfigur dieser Denkrichtung ist, nicht erst seit der Gründung jener AAS, der wohl eifrigste Verfechter dieses Gedankens: *Erich von Däniken*.

Er war in Las Vegas – wie auch ich – einer der zum Kongreß eingeladenen Referenten und hat schon so ziemlich die gesamte Welt bereist. Mit Ausnahme eines Gebietes, dessen Bevölkerung und frühgeschichtlicher Werdegang mich seit nunmehr weit über zwanzig Jahren interessiert und fasziniert: *China*.

Ich hatte dieses riesige fernöstliche Land bereits in den Jahren 1972 und 1982 bereist und darüber in zwei Büchern geschrieben. So war es überhaupt nicht verwunderlich, daß Hartwig und ich an der Hotelbar des »Imperial Palace« sofort ein gemeinsames Gesprächsthema fanden. Denn auch er interessierte sich brennend für alles, was mit dem einstigen »Reich der Mitte« an Rätseln und Ungereimtheiten in Verbindung gebracht wurde. Wie ich hatte auch er die Volksrepublik bis dahin zweimal besucht, was wohl etwas mit seinem beruflichen Werdegang zu tun hat. Hartwig Hausdorf ist Leiter eines Reisebüros im bayerischen Städtchen Burghausen.

Zu meiner nicht minderen Überraschung eröffnete mir mein Gesprächspartner, eben ein Sachbuch über China sowie den gesamten fernöstlichen Raum geschrieben zu haben, welches in einigen Monaten in einem Münchner Verlag erscheinen würde. Dies war dann der zweite Paukenschlag! War es doch ausgerechnet »mein« Verlag, Langen Müller/Herbig, in dem ich erst kürzlich mein letztes Buch veröffentlicht hatte und in dem auch Hartwig Hausdorfs Erstlingswerk herauskommen sollte.

Er wußte natürlich genau über meine China-Ambitionen Bescheid, wußte auch, daß ich über diese alte Kultur jede Menge Text- und Bildmaterial gesammelt hatte. So kamen wir ins Reden, tauschten Gedanken aus, und schließlich bat mich der junge Autor um die leihweise Überlassung einiger Fotos für seine kommende Publikation. Ich hatte keine Veranlassung, diesen Wunsch abzuschlagen, noch dazu, als mir Hartwig eröffnete, im Frühjahr 1994 eine richtiggehende Forschungsreise – auf neuen Wegen durch die Volksrepublik China – in Angriff zu nehmen. Seine hintergründige Frage, ob ich mir vorstellen könnte, an einer solchen Tour teilzunehmen, war zu verlockend. Nicht allein deshalb, weil berechtigte Aussicht bestand, dabei *endlich* auch in Regionen zu gelangen, wohin es bislang noch keines Touristen Fuß verschlagen hatte.

Schon nach meiner letzten Reise durch China hatte ich mir fest vorgenommen, unbedingt einmal auch in jene Gebiete zu kommen, die mir damals noch von den chinesischen Behörden aus für mich nicht ganz durchschaubaren Gründen verwehrt worden waren. Nun schien sich unvermittelt eine günstige Gelegenheit zu ergeben, diesen seit langem von mir gehegten Wunschtraum doch noch zu realisieren. Hartwig

Hausdorf vermochte sehr überzeugend auf seine vorteilhaften Kontakte zu wichtigen chinesischen Stellen und Gewährsleuten zu verweisen, ebenso zu solchen zur deutschen Lufthansa, deren Interessen er im Rahmen seiner Tätigkeit in der Reisebranche schon seit längerem vertritt. In jedem der Fälle war folglich mit (preis-)günstigen Konditionen zu rechnen sowie mit der wohlwollenden Realisierung unserer Reisepläne.

Unsere Zwiegespräche wurden zunehmend intensiver von einer gemeinsamen Begeisterung für die Sache getragen. Und als wir am Ende des Kongresses in Las Vegas voneinander Abschied nahmen, schieden Hartwig und ich als Freunde. Über die eigentliche Chinatour hinaus kamen wir überein, das bei unserem ambitionierten Vorhaben gesammelte Material an Indizien und Beweisen in ein *gemeinsames* Buchprojekt einzubringen.

Und so ist es auch gekommen. Unsere gut dreiwöchige Reise quer durch die chinesische Volksrepublik (an der sich schließlich auch noch eine rüstige Weltenbummlerin und gleichfalls an der Thematik interessierte Dame beteiligte) verlief äußerst erfolgreich. Natürlich gab es zwischen Hartwig Hausdorf und mir manchmal auch bestimmte Auffassungsunterschiede. Dies darf aber bei zwei von ihrer Sache so überzeugten Autoren nicht irritieren. Letztlich rauften wir uns immer wieder zusammen.

Was in der Glücksmetropole Las Vegas seinen Ausgang genommen hatte – die gemeinsame Basis unserer Gedanken und Gespräche –, findet nunmehr seinen Niederschlag in diesem hier vorliegenden Buch. Es scheint mir folgerichtig das kontinuierlich realisierte Gemeinschaftswerk zweier Idealisten zu sein, die sich auch als Freunde gefunden haben.

*P. K.*

# Liebe Leserin,
# lieber Leser,

zwei Autoren, die bereits in den vergangenen Jahren Bücher zum Thema »Hatten unsere Vorfahren Besuch aus dem Weltall?« verfaßt haben, taten sich für dieses Buch zusammen, um einen Schritt zu unternehmen, der längstens fällig war. Denn nahezu dreißig Jahre lang geisterten ein paar spektakuläre Stories über Funde in China durch die Literatur, von verschiedenen Autoren beiläufig zitiert, übernommen und kopiert. Nie wurde auch nur der Ansatz eines Versuchs unternommen, an die Orte des Geschehens zu gelangen. Was aber nicht in der Zuständigkeit der jeweiligen Autoren lag, denn politische Gründe standen dagegen, diese Orte waren schlicht und ergreifend für jeglichen Zutritt abgesperrt.

Uns ist gelungen, wovon in den vergangenen Jahrzehnten sicher nicht wenige Autoren und Publizisten unserer Forschungsrichtung geträumt hatten.

Über die auf der Reise gemachten Entdeckungen und die zu »alten« Rätseln gewonnenen neuen Erkenntnisse haben Sie in dem vorliegenden Buch gestaunt. Doch wir werden auch in den kommenden Jahren nicht »lockerlassen«, es gibt noch jede Menge zu erforschen. Sollten Sie – nicht nur im Fernen Osten, sondern wo immer auf dieser Welt – Dinge gesehen oder sogar fotografiert haben, die in diesen Kontext passen könnten, würden wir uns sehr freuen, wenn Sie uns dieses über unseren Verlag mitteilen würden:

Hartwig Hausdorf/Peter Krassa
c/o Verlagsgruppe Langen Müller/Herbig
Thomas-Wimmer-Ring 11
D-80539 München

Und sollten Sie ganz allgemein an der hier behandelten Thematik Interesse gefunden haben, möchten wir Ihnen last but not least die ANCIENT ASTRONAUT SOCIETY – kurz AAS genannt – vorstellen. Mit ihren im deutschsprachigen Raum bereits über 8000 Mitgliedern hat die AAS das Sammeln, Austauschen und Publizieren von Indizien zum Ziel, die geeignet sind, die folgenden Ideen zu unterstützen:

– In vorgeschichtlicher Zeit erhielt unsere Erde Besuch aus dem Weltall.

– Die gegenwärtige technische Zivilisation auf unserem Planeten ist nicht die erste.

– Oder beide Theorien kombiniert.

Die Mitgliedschaft in der ANCIENT ASTRONAUT SOCIETY steht jedermann offen. Im Zweimonatsabstand gibt sie ein Mitteilungsblatt heraus, die »ANCIENT SKIES«. Die AAS organisiert Studienreisen zu archäologisch interessanten Fundplätzen, an die Stätten der Bücher ihrer Autoren. Periodisch finden internationale Kongresse und nationale Tagungen statt.

Weitere Auskünfte über die AAS fordern Sie bitte an bei:

Ancient Astronaut Society
CH-3803 Beatenberg
Schweiz

# Danksagung

Es gibt eine ganze Reihe von Personen, die auf vielfältige Weise am Zustandekommen dieses Buches mitgewirkt haben. Ihnen hier unseren herzlichsten Dank auszusprechen ist uns ein besonderes Anliegen.

Das gilt für Erich von Däniken, Jörg Dendl, R. S. Djurischek, Uli Dopatka, Viktor Farkas, StR. Willi Grömling, Michael Haase, Reinhard Habeck, Walter Hain, Trude Hayer, J. R. Hefner, Walter Kessler, Walter-Jörg Langbein, Klaus Melzer (Deutsche Lufthansa München), Masaru Mori (Japan), Hans-Werner Sachmann, Martin Schmidt-Bredow, Wolfgang Sibenhaar sowie unsere rührige Reisebegleiterin im März 1994, Frau Julia Zimmermann.

Nicht zu vergessen die Teilnehmer der Leserreise, die Hartwig Hausdorf im Oktober 1994 nach China begleiteten. Hier vor allem Dank an Herrn Ingenieur Helmut Fürnrieder für seine Entdeckungen rund um den »Goldenen Schnitt«.

Großen Dank schulden wir auch unseren chinesischen Freunden, ohne deren Hilfe wir sicher nicht so viel in Bewegung gebracht hätten: Chen Jianli, die Professoren Gao Zhi Xi, Feng Haozhang, Ma Wen Kuan, Xie Duan Ju und Wang Zhijun, den Herren Tang Shi, Xiong »Dieter« Wei und Zhou Sheng Qiao (unsem guten Geist in Changsha), aber vor allem Professor Wang Shiping, dem auch ungewöhnlichen Ideen aufgeschlossenen Forscher aus Xian.

In besonderem Maße haben wir zwei Menschen zu danken, die – jeder auf seine Weise – zum Gelingen bzw. zur Gestaltung unseres Buches beigetragen haben: Professor Dr. Wilhelm Leitner, dem verantwortlichen Leiter der Abteilung für Geographie an der Karl-Franzens-Universität in Graz, der uns in jeder Hinsicht im Zusammenhang mit der Suche nach der verschollenen China-Karte des Piri Reis behilflich war, und Frau Jutta Ostermaier, die uns die Abbildungen im Textteil gestaltete.

*Hartwig Hausdorf*
*Peter Krassa*

STÄNDIGE VERTRETUNG ÖSTERREICHS

BEI DER UNESCO

Paris, am 1. Juni 1994

1, rue Miollis, F-75732 PARIS CEDEX 1!

Telefon : 45 68 34 57

Zl. 778-A/94

Aufsuchen einer historischen Karte
des türkischen Admirals PIRI RE'IS
in Peking

4 Beilagen
1 BK

An das
Bundesministerium für auswärtige Angelegenheiten

W i e n Abteilung V.2

Die Vertretung legt anverwahrt ein gegenständliches Ersuchen des Vorstandes des Instituts für Geographie der Karl-Franzens-Universität Graz vor.

Nach Rücksprache mit der hiesigen chinesischen Delegation erscheint es am erfolgversprechendsten die Nachforschungen nach der Karte im Wege der Österreichischen Botschaft Peking durchzuführen. Eine Befassung der Österreichischen Botschaft Peking darf somit angeregt werden.

Abgabenachricht wurde erteilt.

Der Botschafter:

DER STÄNDIGE VERTRETER ÖSTERREICHS
BEI DER UNESCO

Paris, am 1.Juni 1994

Zl. 778-A/94

Beilage

Sehr geehrter Herr Universitäts-Professor!

Besten Dank für Ihr Schreiben vom 17. Mai 1994, das ich mit Interesse gelesen habe. Nach einer Rücksprache mit meinen chinesischen Kollegen erscheint es mir am zielführendsten die weiteren Nachforschungen über die Österreichische Botschaft Peking zu veranlassen. Ich habe mir eine derartige Anregung an das Bundesministerium für auswärtige Angelegenheiten erlaubt und sende Ihnen zu Ihrer Information eine Kopie meines Berichtes.

Mit herzlichen Grüßen

Ihr Anton Prohaska

(Dr.Anton Prohaska)

Herrn Univ.Prof.
Mag. Dr. W. Leitner
Vorstand des Instituts f.Geographie
Karl-Franzens-Universität Graz

G r a z

# Quellennachweis


1 Krassa, Peter: »Als die gelben Götter kamen.« Wien 1973
2 Krassa, Peter: »...und kamen auf feurigen Drachen.« München 1990
3 Hausdorf, Hartwig: »Die Weiße Pyramide.« München 1994
4 Däniken, Erich von: »Erinnerungen an die Zukunft.« Düsseldorf 1968
5 Pers. Brief v. Peter Krassa an Hartwig Hausdorf, 7.2.1994
6 Kanjilal, Dileep K.: »Vimana – Flying Machines in Ancient India.« Kalkultta 1985
7 Krassa, Peter, und Habeck, Reinhard: »Die Palmblatt-Bibliothek.« München 1993
8 Pers. Brief von Julia Zimmermann an Hartwig Hausdorf vom 5.3.1994
9 Gööck, Roland: »Alle Wunder dieser Welt.« Gütersloh 1968
10 Berlitz, Charles: »Die größten Rätsel und Geheimnisse unserer Welt.« München 1989
11 Berlitz, Charles: »Unglaublich.« München 1992
12 Gabriel, K., und Trempel, E.: »China.« Berlin 1987
13 o. Verf.: »Tiantan – Temple of Heaven.« Beijing 1993
14 Ferguson, J. G.: »Chinese Mythology.« New York 1964
15 Florenz, Karl: »Japanische Mythologie.« Tokyo 1901
16 Christie, A.: »Chinesische Mythologie.« Wiesbaden 1968
17 Govinda, Lama Anagarika: »Der Stupa – Psychokosmisches Lebens- und Todessymbol.« Freiburg i. Br. 1978
18 Steinbauer, Friedrich: »Die Cargo-Kulte – Als religionsgeschichtliches und missionstheologisches Problem.« Erlangen 1971
19 Däniken, Erich von: »Habe ich mich geirrt?« München 1985
20 Pauwels, L., und Bergier, J.: »Aufbruch ins dritte Jahrtausend.« Bern/München 1962
21 Grünwedel, Albert: »Mythologie des Buddhismus in Tibet und in der Mongolei.« Leipzig 1900
22 Blumrich, Josef: »Da tat sich der Himmel auf – Die Raumschiffe des Propheten Ezechiel.« Düsseldorf 1973
23 Hennig, Richard: »Zur Vorgeschichte der Luftfahrt«, in: »Beiträge

zur Geschichte der Technik und Industrie.« Jahrbuch des Vereins Deutscher Ingenieure, Bd. 18. Berlin 1928
24 Giles, Herbert: »Adversaria Sinica.« Shanghai 1910
25 Giles, Herbert: »Spuren der Luftfahrt im alten China«, in: »Astronomische Zeitschrift«, Heft 9. Hamburg 1917
26 Krassa, Peter, und Habeck, Reinhard: »Licht für den Pharao.« Luxemburg 1982
27 Krassa, Peter, und Habeck, Reinhard: »Das Licht der Pharaonen.« München 1992
28 Sachmann, Hans-Werner: »Ein chinesischer Djed-Pfeiler«, in: »Ancient Skies«, Heft 4/1993
29 Wang, Zhijun et al.: »Selected Papers on the Thirty Year's Academic Study of Banpo Museum.« Xian 1989
30 Charroux, Robert: »Phantastische Vergangenheit.« München 1966
31 Charroux, Robert: »Vergessene Welten.« Düsseldorf 1974
32 Kennedy Easby, E., und Scott, John F.: »Before Cortez – Sculpture of Middle America.« New York 1970
33 Fiebag, Johannes: »Die Anderen.« München 1993
34 Hopkins, Budd: »Intruders.« New York 1987
35 Hopkins, Budd: »Von UFOs entführt.« München 1982
36 Fiebag, Johannes: »Kontakt.« München 1994
37 Dopatka, Ulrich: »Das Spiegelbild der Götter.« Bonn 1975
38 Dopatka, Ulrich: »Lexikon der außerirdischen Phänomene.« Bindlach 1992
39 Guter, Josef (Hrsg.): »Chinesische Märchen.« Frankfurt/M. 1973
40 Zhu Fu-Zheng: »Glücksrede.« Vorwort zu Peter Krassas Buch »... und kamen auf feurigen Drachen.« München 1990
41 Shi Bo: »La Chine et les extra-terrestres.« Paris 1983
42 Schneider, Adolf: »Besucher aus dem All.« Freiburg/Br. 1974
43 Mack/Harwood/Riley: »The World of the Unexplained.« London 1984
44**Kingston, J.: »Rätselhafte Begebenheiten.« Mannheim 1979
45 Dong, Paul, und Stevens, Wendell: »UFOs over Modern China.« Tuscon/Arizona 1983
46 Brookesmith, Peter (Hrsg.): »The Age of the UFO.« London o. J.
47 Krassa, Peter: »Phantome des Schreckens.« Wien 1980
48 o. Verf.: »Weltalmanach des Übersinnlichen.« München 1987
49 Krassa, Peter: Persönliches Gespräch mit den UFO-Forschern Zhu Fu-Zheng und Shi Bo im Hotel Tianmen in Beijing/VR China im April 1982

50 Harrison, Michael: »Vanishings.« London 1981
51 Collington, Patrick: »Keiner kann das Rätsel in der Wüste lösen«, in: »Passauer Neue Presse«, im Juni 1986
52 Collington, Patrick: »Rätsel in der Wüste Gobi«, in: »Glas und Rahmen«, Heft 4/1987
53 Baumann, Bruno: »Takla Makan – mein Weg durch die Wüste des Todes.« München 1990
54 Miers, Horst E.: »Lexikon des Geheimwissens.« München 1986
55 Baxter, John, und Atkins, Thomas: »The Fire Came by.« New York 1976
56**Krassa, Peter: »Tunguska.« Frankfurt/M. – Berlin 1995
57 »UFO-Nachrichten«, Nr. 174/1971
58 Herberts, Gottfried: »Begegnungen mit Außerirdischen.« Frankfurt/M. 1977
59 o. Verf.: »Steht auf Jersey die erste Pyramide der Welt?«, in: »Jersey Holiday News«, April 1994
60 Toth, M., und Nielsen, G.: »Pyramid Power.« Freiburg/Br. 1977
61 o. Verf.: »Phänomene – die Welt des Unerklärlichen.« Erlangen 1993
62 DiPietro, V., und Molenaar, G.: »Unusual Martian Surface Features.« Glenn Dale 1982
63 Knop, Doris: »Reisen in China.« Bremen 1988
64 Krassa, Peter: Persönliches Gespräch mit Professor Xia Nai in Beijing im April 1982
65 Watkins, Alfred: »The Old Straight Track.« London 1925
66 Pennick, Nigel: »Die alte Wissenschaft der Geomantie.« München 1982
67 Fester, Richard: »Protokolle der Steinzeit.« München 1974
68 Fester, Richard: »Die Steinzeit liegt vor deiner Tür.« München 1981
69 Hansson, Preben: »Und sie waren doch da.« München 1990
70 Däniken, Erich von: »Die Steinzeit war ganz anders.« München 1991
71 Crowley, Brian: »The Face on Mars.« South Melbourne 1986
72 Charroux, Robert: »Die Meister der Welt.« Düsseldorf 1972
73 »Die Steine werden sprechen – und der Himmel wird staunen«, in: »Xian Wanbao« vom 15. Januar 1994
74 Saitsew, Wjatscheslaw: »Wissenschaft oder Phantasie«, in: »Sputnik«, 1/1968
75 Höfling, Helmut: »UFOs, Urwelt, Ungeheuer.« Köln 1990
76 Langbein, Walter-Jörg: »Das Sphinx-Syndrom.« München 1995
77 Agamon, David (Hrsg.): »Sungods in Exile.« Sudbury 1978
78 Breuer, Hans: »Kolumbus war Chinese.« Frankfurt/M. 1970

79 Lissner, Ivar: »Rätselhafte Kulturen.« München 1966
80 Krickeberg, Walter: »Altmexikanische Kulturen.« Berlin 1971
81 Kolosimo, Peter: »Woher wir kommen.« Wiesbaden 1972
82 Churchward, James: »The Second Book of the Cosmic Forces of Mu.« New York 1968
83 Kolosimo, Peter: »Unbekanntes Universum.« Wiesbaden 1976
84 »Das Dorf der Zwerge – Umweltgifte schuld?«, in: »Bild« vom 8. November 1995
85 Fax-Mitteilung der chinesischen Tourismusbehörde vom 11. Januar 1996
86 Stoneley, J., und Lawton, A. T.: »Is Anyone out There?« London 1975
87 Robins, G. V.: »The Dragon Stirs«, in: »ALPHA«, Juli/August 1979
88 Däniken, Erich von: »Reise nach Kiribati.« Düsseldorf 1981
89 Brookesmith, Peter (Hrsg.): »Creatures of Fear and Fable.« London 1984
90 Stumpf, Hans E.: »Das Abenteuer der biblischen Forschung.« Wiesbaden 1966
91 Däniken, Erich von: »Der Götter-Schock.« München 1992
92 Däniken, Erich von: »Aussaat und Kosmos.« Düsseldorf 1972
93 Buttlar, Johannes von: »Leben auf dem Mars.« München 1987
94 Job, Bertram: »Vor der Sintflut«, in: »Geo Special China«, Februar 1994
95 Fu, Juyou, und Chen, Songchang: »The Cultural Relics unearthed from the Han Tombs at Ma Wang Dui.« Changsha 1992
96 o. Verf.: »Zhongguo Da Bai Ke Quan Shu (Kao Gujuan)« (Großes Lexikon der Volksrepublik China – Sonderband Archäologie). Beijing 1993
97 Däniken, Erich von: »Meine Welt in Bildern.« Düsseldorf 1973
98 Lunan, Duncan: »Man and Stars.« London 1974
99 Weise, Andreas: »Landkarten – Entdecker – Konquistadoren.« Gotha 1989
100 Akcura, Yusuf (Hrsg.): »Die Karte des Piri Reis.« Istanbul/Cubuklu 1966
101 Siebenhaar, Wolfgang: »Das Rätsel der Piri-Reis-Karte«, in: »G.R.A.L.-Sonderband«, 2/1993
102 Däniken, Erich von: »Die Piri-Reis-Weltkarte bleibt ein Rätsel«, in: »Ancient Skies«, 2/1980
103 Hefner, Johnny R.: »Ein ungewöhnlicher Admiral«, in: »Rätselhafte Türkei«, in: »G.R.A.L.-Sonderband«, 4/1993

104 Hapgood, Charles H.: »Maps of the Ancient Sea Kings.« Philadelphia/Penn. o. J.

105 Leitner, Wilhelm: »Die ›Amerikakarte‹ des Piri Reis von 1513«, in: »Blätter für Heimatkunde«, 3 und 4/1981

# Register


**A**

Ägypten 97, 126
Agartha 85
Aggersborg 113
Akademie der Wissenschaften 75, 100, 126, 220
Alexander der Große 203, 217
Alma-Ata 123
An-Grab 122
»Ancient Astronaut Society« (AAS) 16, 118, 225, 230
Anyang 37
Atlantis 84
Atombombe 87, 94
Azoren 203
Azteken 149, 153

**B**

Bahriye 198 ff.
Baian-Kara-Ula 41, 69, 77, 109, 129 f., 139 f., 144 ff., 152, 158, 161 ff.
Banpo-Dorf 41, 45, 110, 119, 141
Banpo-Museum 19, 41 f., 44, 109, 141 f., 145, 162
Barbaros Hayrettin Pascha 217
Bayazid II. (Sultan) 215
Beijing 19, 22 f., 38, 55, 70, 72, 75 ff., 80 f., 88, 100, 102, 108, 126, 129, 135 f., 153, 163, 195, 215, 200 ff.
Benicasa, Grazioso 219
Bermudadreieck 56, 146
Bian Shan 173
Bishe-Hu 51
Borobodur 32
Bracewell, Professor R. N. 191
Bräunlein, Erich 218
Breuer, Hans 148
Breuil, Abbé Henri 43

**C**

CAAC (Civil Airlines Administration of China) 116
»Cargo-Kulte« 31
Chang-Grab 39, 122
Changjiang 168, 181 f.
Chang-Kuei-Feng 30
Changling 39
Changsha 19, 176, 179 ff., 208
Char Choto 19, 69, 71 ff., 80
Charroux, Robert 193
Chavin-Kultur 149
Cheahan, Maurice 121
Chengde 36
Cheng T'ang 34 f.
Chen Hua-Hsin 153
Chen Jianli 15, 19, 102
Chichen Itza 17, 97
Chi Chong 72

Chieh Kuei 34
Chinggang Ling 91
Chin Hung 11, 49
Chi Pen-Lai/Chi Pen-Lao 169, 171
Chi Pu Tei 130 ff., 152
Chungqiu-Periode 101
Churchward, James 85 f., 150
CIA (Central Intelligence Agency) 89
CITS (China International Travel Service) 19
Collington, Patrick 70, 80
Copan 170
Cydonia-Region 99

## D

Däniken, Erich von 15, 17, 170, 193, 206 f., 212, 215, 225
Dai (Thai) 32, 185
Dao (Kornmaß) 101, 110
Daoxian 188
Deissmann, Adolf 218
Delphi 113
Dendera 36
diPietro, Vincent 99
Djed-Pfeiler 36 ff.
Dongting-See 18f., 167 ff., 172 ff. 152, 208
Dopatka, Ulrich 18
Drachen 29, 30
Dracheninsel 177, 178
Drbal, Karl 98
Dropa 130 ff., 139, 152, 160 ff.
Dunghuang 75
Dzopa 136 ff., 158, 160 ff.

## E

Ejina Qi 72
El Baul 170
Elias 48
Epsilon Bootes 191
Eremitage 77
Eskeholm 113

## F

Feng Haozhang, Professor 100, 221
Fen-Shui 112, 114
Fiebag, Dr. Johannes 147
»Flight 19« 56
Fradin, Claude 43 f.
Fradin, Emile 43
»Fünf Dynastien« 183
Fujian (Provinz) 58
Fyrkat 113

## G

Galilei, Galileo 223
Gallipoli 56, 199, 218
Gan De (Astronom) 187
Gansu (Provinz) 59, 71
Gao Giang, Professor 142
Gaoliang-Gebirge 169
Gao Xiang 119
Gao Zhi Xi, Professor 180 ff.
Gashun Nuur 72
»Gaussman-Foto« 118 f.
Geomantie 112
Gizeh 97, 113, 122
»Glockenturm« 104
Glozel 42 f., 45

Gobi, Wüste 19 f., 30, 69, 71 f., 75, 77 f., 84 ff., 90 f.
»Goldener Schnitt« 108 f.
»Granittal« 175 f.
Große Mauer 23
Guangdong (Provinz) 188, 208
Guangxi (Provinz) 188, 208
Gui Shan 181
Guizhou (Provinz) 54
Guo Po 35

**H**

Haiti 204
Hakki, Ibrahim 218
Haluepantla 150 f.
Han-Dynastie 76, 83, 100 f. 106, 110, 112, 122, 185
Hansson, Preben 113
»Hanyu-Pinyin-Transkription« 71, 182
Hapgood, Professor Charles 202 ff., 208
Hedin, Sven 75
Henan (Provinz) 37
Hesekiel 35, 48, 52
Hezhe (Minderheit) 138
Hiroshima 88 f.
Ho (Fluß) 50
»Holzbücher« 76
Honduras 204
Hongkong 19, 91, 94 f., 163
Hopkins, Budd 147
Hubei (Provinz) 25, 53 ff., 82, 84, 182
Hunan (Provinz) 18 f., 168, 176, 208
»Hunan Provincial Museum« 180 ff., 188 f., 208

**I**

Indien 21, 148

**J**

»Jaguar-Kult« 154, 156
»Jaguarmenschen« 155
Java 31, 148
Jersey 98, 171 f.
Jiangsu (Provinz) 51
Jianshui 66
Jing Ho 111, 114
Jiuquan 19, 72 ff.
Jogyakarta 31
»Jotuo-Insel« 169 ff., 179 ff.
»Journal for UFO-Research« 63 f.
»Junge Lady von Loulan« 185
Jun Shan 173 ff.

**K**

Kahle, Paul 204, 218
Kanaren 203
Kang-Grab 122
Kanjilal, Professor Dileep K. 21
Kappas 170
Kapverden 203
Katharina II. 77
Ke Jingzhi 59
Kemal Reis 198, 200, 209, 216, 218
Kham 130, 152
Khara-Khota s. Char Choto
Kitab-i-Bahriye 210, 215, 218
Kobalt 133, 165
Kohistan 131

Kolosimo, Peter 150, 153, 193
Kolumbus 148, 199f., 206f., 214
Kornkreise 22, 26
Koslov, Professor Pjotr K. 75ff.
Krickeberg, Professor Walter 149
Kuba 204
Kulturrevolution 133, 135
Kunlun-Gebirge 30, 32

L

Ladrow (Archäologe) 75
La Hougue Bie 98, 171f.
Langbein, Walter-Jörg 135f.
Lanzhou 19, 59, 71
Las Vegas 16f., 225
Leitner, Professor Dr. Wilhelm 20f., 195ff., 200, 214f., 220, 222
Leof, Dr. Milton A. 45, 154f.
Lemuria 84
Lester, Dix 92, 94
»Ley-Lines« 113
Li (Kaiser) 33
Li Chang 185, 209
Li Fu Sien 56f.
Lineham, Daniel L. 203
Lissner, Ivar 149
Liu Yi 176f.
»Liu-Yi-Brunnen« 176
Lob Nuur 74, 89
Lolladoff, Professor Sergei 136
Lüxingshe 19, 72
Lunan, Duncan 191, 193

M

Mallery, Arlington H. 201ff.
»Man in Black« 60f.
Mao-Grab 122
Mao Ling 16, 100, 114ff., 119ff.
Mao Zedong 55, 58, 144, 164
»Marsgesicht« 99
Ma Tse Yan 48
Ma Wang Dui 183, 185ff.
Ma Wen Kuan 75
Mawese 48
Mayas 149
Mehmet II. (Sultan) 219
»Meng-Xi-Gespräch« 51, 53
Mexiko 16f., 45, 55, 150ff., 170
Ming-Dynastie 27, 38
Ming-Gräber 38f.
Mongolei, Mongolische VR 19, 71ff., 91
Monte Alban 170
Moses 48
Moskau 77, 92, 133, 136, 164f.
Mu 84f., 150

N

»Naacal-Täfelchen« 86
Nanhai 188
Nanjing 56
Napoleon I. Bonaparte 97
»NASA-LANDSAT« 173, 188, 208
»Nationale Minderheiten« 138
Nihongi 29
Ninigi-No-Mikoto 29
Niven, William 150ff., 154, 156
No-Cha 30

**O**

Oejgoer 86
Ohlmeyer, Col. Harold Z. 206
Olmeken 149, 155
Orakelknochen 37
Orentius-Forschungsinstitut 77
Ostasien 151
Oxford 136

**P**

Padmasambhava 33
Palenque 17, 97, 108, 152
Pamir-Gebirge 123
Pandhavas 48
P'an Ku 32 f.
Pekingmensch 81 f.
Pentagramme 113
Ping-Grab 122
Piri Reis 189, 197 f., 203 ff., 209 f., 212, 216 ff.
Piri-Reis-Karte 20, 196 ff., 202, 205 ff., 212 ff.
Platon 219
Plejaden 28, 50
Pou Chao-fi 87 ff.
Prohaska, Dr. Anton 222
Ptolemäus 219
Puerto Rico 204
Pyramiden
– ägyptische 97, 105, 126
– auf dem Mars 99
– chinesische 12, 16, 19, 97, 100 ff., 112 f., 114 f., 122 ff., 167
– mittelamerikanische 17
»Pyramiden-Effekt« 98

**Q**

Qin Chuan 114
Qin-Dynastie 37, 101 f., 177
Qinghai (Provinz) 83, 130, 137, 141, 165
Qin-Ling-Shan-Gebirge 114, 121 f.
Qin Shi Huangdi 24 f., 37, 102 ff.
Qufu 108 f.

**R**

»Renmin Ribao« 55
Robin-Evans, Dr. Karyl 136 ff., 158, 161
Rundpyramiden 98, 171

**S**

Sachmann, Hans-Werner 36
»SAGA« 94
Saitsew, Wjatscheslaw 134, 139
Sakkara 105
San Miguel Amantla 151
San Xing Dui 77 f.
»Schwarze Stadt« 71 f., 74 ff.
Selim Chan (Sultan) 197 f.
Selim I. 199, 215 ff.
Shaanxi (Provinz) 13, 19, 41, 105, 110, 119, 177
Shangdong (Provinz) 108
Shang-Dynastie 34, 101, 149
Shanxi (Provinz) 60 f.
»Shaanxi Daily« 168
Shao Hao 108
Shen Kuo 51 f.
She Shan 177 ff.

Shi Bo 55, 59, 67
Shijun Shan 180 f.
Shisanling 38
Shi Shen 187
Shi Xing Bang, Professor 118
Shun (Urkaiser) 49 f.
Sichuan (Provinz) 63, 77 f., 137, 159 ff.
Sima Qian 103 f.
Sinanthropus pekinensis 81
Sirius-System 138
»SKYLAB« 214
Sogo Nuur 72
Songxi 53 f.
»Sonnengräber« 106
Spielberg, Steven 146 f.
Steinkreis von Rollright 169
Störmer, Carl 190
Stumpf, Hans E. 169
Stupas 31 f.
Suleyman I. (Sultan) 211, 215 ff.
Suleyman Kânunî 199
Sun Yat-Sen 27
Synodischer Umlauf (der Planeten) 187

**T**

Tabai Shan 122
Takla Makan (Wüste) 30, 74, 123
»Tal der Steine« 176
Tang Shi 221
Tassili-N'Ajjer 44
Tecoco 150
Teotihuacan 17, 97, 125
»Terrakotta-Armee« 23, 103
Tianchang-Bezirk 51
Tikal 97, 170
Topkapi-Museum 212
Topkapi-Palast 20, 197, 199, 219
»Tor der Steine« 176
Traelleborg 113
Traing (Bezirk) 58
Traube, Dr. Ludwig 186
Tsum Um Nui, Professor 129 ff., 162 ff.
Tusu-See 83

**U**

UFOs 30, 35, 47 f., 52 f., 55, 58 f., 61 f., 66 f., 146, 162
Uighuren 72
Ulaan Baatar 93 f.
UNESCO 222 f.
USA 87
Ussuri 90
Utermann, Utz (Pseud. Wilhelm Roggersdorf) 212 f.

**V**

Valdez, Armando 67 f.
Van der Pol 190
Vidal, Dr. Gerardo 54 f.
»Viererbande« 55, 144

**W**

Walters, M. I. 201 ff.
Wang Shiping, Professor 6, 13, 76 f., 80, 110 ff., 118, 122, 127, 180, 188 f., 208
Wang Zhijun, Professor 44, 143
»Wan Li Chang Ching« 25

Warner, Langdon 75
Wegerer, Ernst 140ff., 162
Wei-Grab 122
Weise, Andreas 195
Weiße Pyramide 99, 119f., 126f.
Wladiwostock 92
Wondijna 44
Wulipai 183

**X**

Xia-Dynastie 32, 34, 101
Xian 6, 13, 15f., 19, 36, 41, 44, 46, 76, 99f., 102ff., 106ff., 110ff., 119ff., 142ff., 162, 165, 176ff., 188f., 208
Xianyang 102, 104, 114f.
Xiao-Fluß 188
Xie Duan Yu 100, 221
Xi Gong 34f.
Xinianzui 53
Xinjiang (Provinz) 106, 185
Xinkai-See 51
»Xinmin Wanbao« 82
Xin Zhui 185, 208f.
Xiong Wei 108, 124, 142
Xochipala 45, 154f.

**Y**

Yan-Grab 122
Yang-Grab 122
Yangquan 61
Yangzhou 51
»Yanshao-Kultur« 41
Yao (Urkaiser) 29, 50
Yi 37f.
Yi-Grab 122
»Yin und Yang« 32
»Yishan-Stele« 37
Yong-Le (Kaiser) 39
Yuan Ke 50
Yuan Shihkai 27
Yudhistira 48
Yue Shan 173, 179
Yueyang 167ff., 173ff., 179ff.
Yü 29, 49f.
Yüan Shi Tien Wang 11, 49
Yüchow 34
Yünnan (Provinz) 66, 169

**Z**

»Zeit der kämpfenden Staaten« 101
Zhang Rongchang 63f.
Zhang-Ye 74
Zhou-Dynastie 33, 101, 123
Zhou Mu Wang (Kaiser) 123f.
Zhou Shan 173, 179
Zhu Fu-Zheng 55, 59, 66f.
Zimmermann, Julia 21f., 25f.

*Bildnachweis*

Archiv Autoren: 1, 2, 5, 6, 8, 9, 10, 11, 12, 13, 14, 15, 16, 17, 18, 19, 20, 21, 22, 23, 24, 25, 26, 27, 31, 32, 33, 34, 35, 36, 37, 40, 41, 42, 43, 44, 45, 46, 47, 48, 49, 50, 51, 53
sowie sämtliche Zeichnungen im Textteil
China Esperanto Press: 3
Jörg Dendl: 52
Erich von Däniken: 7, 55, 56
J. R. Hefner: 54
Peter Kolosimo: 38, 39
Ernst Wegerer: 28, 29, 30
Julia Zimmermann: 4